«Das Dorf ist eine Welt. Die Welt, in der ich zu diesem Zeitpunkt lebe, hat ungefähr 2000 Einwohner, die sich auf drei Nachnamen verteilen: Huber, Fuchs und Kraft. Man kennt sich, man grüßt sich. Straße und Gehweg verschmelzen zu einer asphaltierten Einheit. Es gibt Dorfplätze, Parkplätze und Spielplätze – alle sind sauber. Überhaupt ist alles sauber. Kontinuierlich kontrollierte Kehrwoche, blickdichte Buchsbaumburgen, grenzenlose Geraniengärten, Terrassen Tausender Terrakottatiere. Stätte der staunenden Stabreimsüchtigen. Hier ist man von hier oder nicht von hier. Ich bin nicht von hier und möchte Ihnen, hochgeschätzter Leser, erzählen, wie ich hierherkam, um hier dann schließlich nicht von hier zu sein.»

Pierre M. Krause, Jahrgang 1976, gestaltet und moderiert im SWR Fernsehen die wöchentliche Show «SWR3 latenight». Für die Satiresendung «TV Helden» (RTL) wurde er 2009 mit dem Deutschen Fernsehpreis ausgezeichnet und 2011 für den Grimme-Preis nominiert. Pierre M. Krause gehört zum Team von «Die Harald Schmidt Show» und moderiert zudem die Sendung «Es geht um mein Leben», die 2011 für den Grimme-Preis nominiert wurde.

Pierre M. Krause

HIER KANN MAN GUT SITZEN

Geschichten aus dem Schwarzwald

Rowohlt Taschenbuch Verlag

Originalausgabe
Veröffentlicht im Rowohlt Taschenbuch Verlag,
Reinbek bei Hamburg, April 2012
Copyright © 2012 by Rowohlt Verlag GmbH,
Reinbek bei Hamburg
Umschlaggestaltung ZERO Werbeagentur, München
(Foto: Stephanie Schweigert)
Fotos im Buch: Eduard Gerwald, Pierre M. Krause
Satz Arno PostScript, InDesign,
bei hanseatenSatz-bremen, Bremen
Druck und Bindung Druckerei C. H. Beck, Nördlingen
Printed in Germany
ISBN 978 3 499 62797 2

Für den Muck

«In der Stadt lebt man zu seiner Unterhaltung,
auf dem Lande zur Unterhaltung der anderen.»
Oscar Wilde

AM ANFANG WAR DAS TEUER

Gerade hilflos bei Google eingetippt: «Wie fängt man ein Buch an?» 4 640 000 Ergebnisse. Ich klicke die ersten zweiundzwanzigtausend Seiten an, lese sie aufmerksam durch und habe immer noch keinen Anfang für das Buch. Immerhin geben mir 4 640 000 Treffer das wohlige Gefühl, mit dieser Frage nicht alleine zu sein. Mit dem Thema dieses Buches bin ich wohl auch nicht alleine. Es gibt auf dem deutschen Buchmarkt exakt 4 640 000 Bücher zum trendigen Themenkomplex «Landleben Schrägstrich Provinz». Ich lese aus Recherchegründen zweiundzwanzigtausend davon und bin jetzt verunsichert. Hätte ich das mal lieber gelassen. Da schreiben Großstädter von Landflucht und dem Trugbild der Provinzidylle. Und einige davon auch noch «humorvoll». Hm. Ich überlege, ob ich nicht doch einen Ratgeber zum Glücklichsein schreibe – auf die Idee ist sicher noch keiner gekommen.

Aber nein, ich bleibe jetzt dabei! Mit Glücklichsein habe ich zu wenig Erfahrung, und schließlich muss es doch einen Sinn gehabt haben, dass ich hierher gezogen bin. Dass ich dort wohne, wo Jägerzaun und Gartenzwerg nicht Ausdruck ironischen Städterhumors, sondern gelebte Wirklichkeit sind. Dass ich Deutschland so erleben darf, wie man es in Parodien übertrieben findet. Dass ich auf dem Dorf lebe. Ja, ich lebe seit ein paar Jahren «auf dem Dorf». «Im Dorf» lebt man erst nach einem intensiven Integrationsprozess, der Jahrzehnte oder ganze Generationen andauern kann.

Das Dorf ist eine Welt.

Die Welt, in der ich zu diesem Zeitpunkt lebe, hat ungefähr

2000 Einwohner, die sich auf drei Nachnamen verteilen: Huber, Fuchs und Kraft. Man kennt sich, man grüßt sich. Straße und Gehweg verschmelzen zu einer asphaltierten Einheit. Es gibt Dorfplätze, Parkplätze und Spielplätze – alle sind sauber. Überhaupt ist alles sauber. Kontinuierlich kontrollierte Kehrwoche, blickdichte Buchsbaumburgen, grenzenlose Geraniengärten, Terrassen Tausender Terrakottatiere. Stätte der staunenden Stabreimsüchtigen. Hier ist man von hier oder nicht von hier. Ich bin nicht von hier und möchte Ihnen, hochgeschätzter Leser, zu Beginn erzählen, wie ich hierherkam, um hier dann schließlich nicht von hier zu sein.

Ich mache etwas mit Medien. Im Fernsehen. Meine Bekanntheit ist so zwischen D und J einzuordnen. Ich bin also ein G-Promi. Zu unbekannt für «Wetten, dass …?», zu solvent fürs Dschungelcamp. Bis zu diesem Tag gestalte ich seit einigen Jahren unter anderem eine wöchentliche Show im dritten Programm des öffentlich-rechtlichen Fernsehens. Der Sender hat geschichtlich bedingt seinen Sitz in der weltbekannten Kurstadt Baden-Baden. Die logistisch logische Konsequenz für mich war also ein Wohnsitzwechsel in die lauschige Bäderstadt. Eine wirklich sehr schöne Stadt, die durchaus eine Reise wert ist. Vor allem eine Rückreise. Baden-Baden repräsentiert den demographischen Wandel in Deutschland wie kein anderer Ort. Ein großer Teil der Einwohner ist entweder alt oder reich. Meistens jedoch beides.

Schnipp. Alle drei Sekunden. Schnipp. Stirbt in Baden-Baden. Schnipp. Ein Millionär. Schnipp.

Da ist es beruhigend, dass ständig neue Millionäre aus Russland importiert werden. Seit jeher mögen Russen nämlich Baden-Baden. Ein nicht geringer Anteil der Immobilien liegt bereits in russischer Hand. Der Russe hat eben Geschmack – das ist ja bekannt.

Dem Besucher der Stadt Baden-Baden werden zuerst die barocken Fassaden auffallen. Und damit sind nicht nur die Häuser gemeint. Gutgekleidete ältere Damen und Herren, wohlgenährte russische Geschäftsleute und die schön hergerichteten Begleitdamen derselben prägen das Stadtbild. Bei einem sonntäglichen Bummel kann man viele neue Gesichter sehen. Keine neuen Leute, aber neue Gesichter. Dazwischen tummelt sich die hochgeschätzte Normalbevölkerung, zu der ich mich auch zählen möchte.

Ja, es ist schon auch schön hier. Touristen lieben es, durch die malerische Allee zu schlendern, und freuen sich über Blumenpracht und Sauberkeit. Kein Müll, kein Gesocks. Baden-Baden ist sauber. Der Strafbestand des «Herumlungerns» wird hier noch praktisch angemahnt. Mehrere Verbotsschilder der Extraklasse zieren die Ränder der städtischen Wiesen. Darauf wird unter der Fotografie eines Kupferstichs in nicht weniger als neun Symbolen dargestellt, was so alles verboten ist. Betreten. Liegen. Hunde. Kinder. Ballspiel. Blumen pflücken. Und so weiter. Beim Betrachten des Schildes halten viele die Luft an – aus Angst, das Atmen könnte unter Strafe stehen. Die Präzision der Verbote ist faszinierend. «Wenn das Betreten untersagt ist, sind doch eigentlich alle anderen Verbote hinfällig. Wie soll man denn liegen, ohne vorher zu betreten?», würde sich der naive Verbote-Laie vielleicht fragen. Doch die in mehreren Nahkampfkünsten und internationaler Diplomatie ausgebildeten Ordnungskräfte können da nur fachmännisch schmunzeln. Sie sind nämlich schlau. Angenommen, ein großer, starker Kumpel von mir wirft mich auf diese Wiese, und ich falle in liegender Stellung ins Gras, dann könnte ich dort liegen, ohne den Rasen je betreten zu haben. Wenn ich meinen Hund gut genug trainiere, könnte ich ihn ebenso auf diese Wiese werfen. Bürger, die an schönen Sonnentagen an den Wiesenrändern stehen und ihre Kinder, Freunde und Hunde auf die gepflegten Rasenflächen werfen, beeinträchtigen das Stadtbild negativ. Verstehe ich total. Man geht also auf Nummer sicher. Ich habe dem Rathaus vorgeschlagen, die Verbotshinweise auf «Nasebohren»

11

und «Blöd gucken» auszuweiten. Bis heute kam keine Antwort. Baden-Baden arbeitet hart und diszipliniert daran, das Image, die Stadt der Alten und Reichen zu sein, aufrechtzuerhalten. Spielende Kinder, picknickende Familien oder gar Jugendliche werden sofort durch installierte Bürgerwehr-Patrouillen von den Wiesen entfernt. Die Maßnahmen ziehen, und sie zahlen sich aus. Es ist schön. So wunderschön. Zum Angucken, aber nicht zum Anfassen. Ein malerisches Fleckchen zum Sterben, keines zum Leben.

Baden-Baden ist ein sehr außergewöhnlicher Ort. Der Begriff «Altstadt» rückt hier in ein ganz anderes Licht. Es ist eine elitäre Stadt. Parkende Gebrauchtwagen, die nicht einer bestimmten Luxuskategorie angehören, werden von spezialisierten Sondereinsatzkommandos sofort gesprengt. Das Stadtbild muss gewahrt werden. Sollte es vorkommen, dass Besucher des weltberühmten Festspielhauses über eine Vorführung unzufrieden sind, zeigen sie ihren vornehmen Unmut, indem sie Fabergé-Eier auf die Bühne werfen. In Baden-Baden gibt es auf kleinem Raum mehr Apotheken, als es in Manhattan Starbucks-Filialen gibt. Lediglich die Preise korrespondieren dabei. Baden-Baden ist eine Stadt, in der das Durchschnittsalter bisher vor allem von Zivildienstleistenden gedrückt wurde. Eine Stadt, zu der mir 4 640 000 Witze einfallen, die ich allerdings nicht weiter niederschreibe, damit mir auf den Umschlag dieses Buches ja keiner den blöden Terminus «so herrlich politisch unkorrekt» pinselt.

In diese Stadt bin ich also aus Liebe zur Show gezogen. Direkt ins Zentrum, in den Schmelztiegel von Jugendkultur und Underground. Sex, Drugs and Rock'n'Rollator. Vergesst den Prenzlauer Berg – hier ist das dicke Doppel-B! Und es ist ja schon praktisch, direkt in einer Innenstadt zu wohnen. Alles ist zu Fuß erreichbar. Zum Beispiel Geschäfte des täglichen Bedarfs wie Prada, Versace, Gucci, Swarovski. Oder einfach mal das kulturelle Angebot ausnutzen wie Thermalbad, Rheumaklinik oder Tanztee mit Tony

Marshall. Schon toll. Irgendwann war ich allerdings vom Überangebot derart überfordert, dass ich an einen Wohnortwechsel dachte. Außerdem verlangen russische Oligarchen und Immobilienbesitzer recht hohe Mieten. Denn auch den reichen Russen in Baden-Baden geht es nach der Finanzkrise deutlich schlechter. Man las von einem, dessen Vermögen von zwölf auf sieben Milliarden schrumpfte. Schlimm. Dieser Mann muss auch essen!

Ich entschied mich jedenfalls, in das ländlich geprägte Umland zu ziehen. Wennschon, dennschon! Ob meiner misanthropischen Ader gefiel mir der Gedanke des zurückgezogenen Lebens im Einklang mit der Natur immer besser. Ruhe, Anonymität, Lebensqualität, preiswerte Mieten, gute Luft, bukolischer Frieden. Jetzt lebe ich seit über zwei Jahren auf dem Dorf und weiß: Die Mieten sind wirklich ganz preiswert.

MIETVERTRAG!

Flur». Wir stehen im Flur und lassen stumm unsere Blicke schweifen. Stille. Mein vielleicht zukünftiger Vermieter scheint kein Freund ausgiebiger Konversation zu sein. «Schön», lüge ich, um etwas zu sagen. Es ist einfach nur ein Flur, weder hübsch noch hässlich. Ein Flur eben. Sein Job ist es, die einzelnen Zimmer begehbar zu machen. Man lässt sich auf ihn ein, um ans Ziel zu kommen und ihn dann schnell wieder zu verlassen. Der Flur ist der Lothar Matthäus unter den Zimmern. Ich könnte dann mal weiter ins nächste Zimmer, aber Herr Kraft, Haus- und Flurbesitzer, lässt mir genug Zeit, die Schönheit des Flurbereichs wirken zu lassen. Diese Stille ist ein bisschen unheimlich. Auf der Fahrt hierher habe ich mich von den herrlich blühenden Wiesen und saftigen Weinreben ablenken lassen und dabei völlig verdrängt, wie abgelegen das hier alles liegt. Ich mustere Herrn Kraft unauffällig. Hier ist der Name Programm. Große Handwerkerhände, durch körperliche Arbeit muskulös geformte Arme, Vollbart, tiefe Stimme. Immer noch Stille. Ein bizarrer Gedanke schießt mir durch den Hollywood-verseuchten Kopf. Was, wenn Herr Kraft ein irrer Serienkiller ist? Der Flurkiller! Außer «Tag. Dann woll'n wir mal!» und «Flur» hat er noch nichts gesagt. In meinem Kopf dreht sich eine Zeitung, sie bleibt stehen, unter Herrn Krafts Schwarzweißbild steht *«Er war unscheinbar und hat nicht viel gesprochen»*.

«Wohnzimmer.» Ich schrecke auf. Herr Kraft mustert mich misstrauisch und geht dann voraus in das Wohnzimmer. «Sehr schön», steigere ich meine Lügen. Sollte er doch ein Serienkiller sein, möchte ich ihn nicht unnötig provozieren. Obwohl das Zimmer wirklich recht nett aussieht. Herr Kraft zeigt auf Anschlüsse

14

in den Wänden: «Sat. Strom.» – «Ah, es gibt Strom – das entlastet meinen Hamster natürlich enorm.» Ich versuche es mit Humor. «Haustiere sind net erlaubt», informiert mich Herr Kraft unaufgeregt. «Nein, das ... das sollte ein Scherz –» Wrrrums! Das blecherne Scheppern eines Rollladens unterbricht mich. Herr Kraft lässt denselben herunter. Wir stehen im Dunkeln, und ich denke kurz wieder an die Serienkillertheorie. «Die Rollläden und Thermofenster sind neu», höre ich Herrn Krafts Stimme im Dunkeln. «Ja super», stammle ich mit trockenem Mund und stelle dabei fest, dass Herr Kraft anscheinend nur im Dunkeln vollständige Sätze mit Artikeln spricht. Er zieht den Rollladen wieder hoch, und ich freue mich tatsächlich für eine Millisekunde darüber, nicht auf die Schneide einer blitzenden Axt zu blicken. Der Gesprächsinhalt der nächsten zehn Minuten lautet wie folgt:

Herr Kraft: «Arbeitszimmer.» Ich: «Großartig!» Herr Kraft: «Küche.» Ich: «Ganz toll!» Herr Kraft: «Garten.» Ich: «Wunderwunderschön!» Herr Kraft: «Keller?» Ich (ängstlich): «Nein, nein, den muss ich jetzt nicht sehen! Aber danke!»

Die Wohnung ist nicht spektakulär, aber irgendwie passend und schön geräumig. Der gerade aufkommende Frühling, das großartige Wetter bei der Besichtigung und die blühende Flora im kleinen, sympathisch überwucherten Gärtchen gereichen dem Mietobjekt zum klaren Vorteil. Spontane Traumsequenz: Ich trage ein weißes Leinenhemd und einen Strohhut, sitze rotweinschwenkend in meinem Freisitz, zitiere Sartre vor mich hin und stoße mit der untergehenden Sommersonne auf einen gelungenen Jahrgang an. Aus dem Weinrebenbewuchs an der Hauswand lässt sich doch bestimmt ein halbes Gläschen herausquetschen. Ich hab doch so eine Orangenpresse.

«Und?» Herr Kraft zerstört meinen Tagtraum mit seiner speziellen Art zu fragen, ob ich interessiert sei. Ich merke, dass ich noch immer die Schwenkbewegung mache, nur eben ohne Glas. Ich höre abrupt damit auf. Herr Kraft sagt dazu nichts – welch Überraschung. «Na ja, ich müsste noch einmal darüber schlafen.» Herr Kraft nickt. Ich schließe die Augen, ahme ein kurzes Schnarchgeräusch nach, öffne die Augen wieder und sage: «Okay, erledigt.» Der zweite Versuch, Herrn Kraft mit Humor zu erreichen, scheitert ebenso kläglich. Der schlechteste Smalltalker der Welt und ich stehen nun in der ganz tollen Küche und geben uns der Stille hin. Ein intimer Moment. Jeder sollte einmal eine Weile mit seinem zukünftigen Vermieter geschwiegen haben. Eine interessante Art des Kennenlernens. Gerade als es am schönsten war, werden wir von der polyphonen Version des Holzmichl-Liedes unterbrochen. Ich überlege, ob ich Herrn Kraft «You say it best when you say nothing at all» als Klingelton empfehle, verwerfe den Gedanken aber schnell wieder. «Kraft. Mhm. Mja. Okay. Jo. Schüß.» Ich versuche, das Gespräch zu rekonstruieren, und belasse es dann bei dem Gedanken, dass man es hier vielleicht einfach nicht so mit Worten hat, eher mit Taten. Gute, ehrliche, körperliche Taten an der frischen Landluft. Bei dem Gedanken atme ich instinktiv eine große Ladung Küchenluft durch die Nase, freue mich auf die anstehende Gartenarbeit und atme mit einem tatkräftigen «Aaaah!» wieder aus. «Meine Frau», sagt Herr Kraft und schiebt sein Mobiltelefon schweigend in die lederne Gürteltasche. Was ist los, Lassie? Ist deine Frau mit Timmy in den Grubenschacht gefallen?, denke ich und sage: «Herr Kraft, ich würde die Wohnung gerne nehmen. Was meinen Sie?» Er zuckt mit den Schultern und sagt: «Jo. Glaub, des passt.» Er wirkt jetzt sympathisch. In diesem Moment klingelt es an der Tür, ein Schlüssel öffnet sie von außen. Die untersetzte, stämmige Frau mit kurzen, knallrot gefärbten Haaren, die jetzt die Küche betritt, stellt sich als Frau Kraft vor. «Angenehm. Krause», sage ich freundlich. «Sie kenn ich ausm Fernsäh!», platzt es aus ihr in tiefstem Badisch heraus. Sie lächelt dabei nicht. Ich bedanke mich fürs Zuschauen und erwähne, dass ich die Wohnung nehmen würde – vorausgesetzt, ihr Mann sei kein Serienkiller. Den letzten Satzteil habe ich nur gedacht. «Was mache se beruflich?», fragt Frau Kraft.

«Sagten Sie nicht gerade, Sie kennen mich aus dem Fernsehen?»

«Ahso. Sind Sie hauptberuflich Sprecher?»

«Sprecher? Nein, eigentlich … Ja, doch. Ja, ich bin Sprecher. Hauptberuflicher Sprecher. Ich spreche mich gerade hoch. Bin auch jetzt ein bisschen müde, war viel los gestern im Büro, hab bis in den späten Abend reingesprochen», antworte ich glaubhaft.

Sie wendet sich an ihren Mann: «Dann hemma bald en Schdar im Haus!», und dann lacht sie für beide. Es folgt ein Gespräch, an dem sich Herr Kraft nur nickend oder kopfschüttelnd beteiligt. Mir wird schnell klar, dass Frau Kraft für die Kommunikation zuständig ist, sie spricht auch für beide. Ich erfahre unter anderem, dass die beiden zwei Dörfer weiter wohnen, dass der Familienbetrieb «Kraft Paletten» gleich um die Ecke ist, dass wir uns im Elternhaus von Frau Kraft befinden, dass Frau Huber gegenüber nicht mehr so gut hört und man sich deshalb über Gespräche in Form von Geschrei nicht wundern soll, dass «dem Fuchs sei Sandra» ein Luder sei, dass die Frau über mir aus Polen stamme, aber sehr nett und anständig sei, dass man bei Tomatenpflanzen die Triebe abschneiden müsse, dass freitagmorgens die Biotonne rausgestellt wird, wie man Gartenabfälle richtig bündelt und wie hoch die Nebenkosten sind. Also alles, was ich wissen muss.

Wir gehen nach draußen. Frau Kraft spricht jetzt leiser. Ich weiß nicht, ob aus Rücksicht oder um Neugierige zu enttäuschen. Ihr Blick streift immer wieder die Fenster der Nachbarhäuser, während sie mir den Turnus der Hausordnung erklärt. Ich muss automatisch an die arme Frau Huber denken, die jetzt gar nichts von unserem Gespräch mitbekommt. Ich überlege kurz, ob ich meinen Gesprächsanteil vielleicht schreie und dabei gleich mal frage, wo denn dem Fuchs sei Sandra wohnt. Wir sind uns jedenfalls einig: Ich ziehe nächsten Monat hier ein. Die späte Nachmittagssonne bestätigt meine Entscheidung und legt einen romantischen Rotfilter über die scheinbar endlosen Rebenhügel, es riecht nach … Dings. Keine Ahnung, Blumen eben. Ich fühle mich an einen Urlaub in der Provence erinnert und freunde mich nun endgültig mit dem Gedanken an, bald das deutsche Pendant davon zu bewohnen. Frau Kraft schüttelt mir die Hand mit all ihrem Nachnamen. Ihre Hände sind rau und weisen deutliche Spuren von Gartenarbeit auf. Ich möchte auch solche Hände haben. Trophäen ehrlicher Arbeit. Sie setzt sich ans Steuer des roten Kombis, mit dem sie gekommen ist, Herr Kraft holt einen Jutebeutel mit dem Logo der Bäckerei Fuchs vom Rücksitz und kramt einen Stapel Papiere in einer Klarsichthülle heraus. Er drückt sie mir in die Hand, schenkt mir dazu einen Kugelschreiber mit dem Aufdruck «Kraft Paletten» und lächelt mich zum ersten Mal an. «Mietvertrag!» Ein Mann der Tat eben.

«Ein Widerspruch in sich», mag der Laie da denken. Doch hier gilt das homöopathische Prinzip der Heilung durch Reizüberflutung. Nach einem längeren Aufenthalt mit kräftigem Ausheulen verlässt man das Gebäude als fröhlich pfeifender und glücklicher Mensch. Eine moderne Heulmethode gegen den zunehmenden Alltagsstress.

RUHE UND GEMÜTLICHKEIT

Die Silhouetten meiner beiden Pferde verglühen im Rund der Abendsonne. Ich lächle sanft, meine Entspannung lappt ins Meditative, ich genieße das Idyll. In der Ferne kräht ein Hahn. Ich habe Durst. Das Rotweinglas ist so groß, dass ich beide Hände brauche, um es zu schwenken. Durch die unkontrollierten Schwenkbewegungen schwappt eine beachtliche Menge Wein auf mein weißes Leinenhemd. Ich kann das Schwenken nicht stoppen, da die große Menge an Flüssigkeit derart in Bewegung geraten ist, dass mir ein Gegenschwenken unmöglich vorkommt. Der Wein hat nun Kontrolle über das überdimensionale Glas und über mich. Schwipp. Schwapp. Die Krempe meines verrutschten Strohhutes versperrt mir jede Sicht, ich muss mich auf mein Gehör verlassen. Schwapp. Schwipp. Kikeriki. Das Krähen des Hahnes scheint näher gekommen zu sein, es hört sich an, als stünde er jetzt direkt neben mir. Plötzlich wird mir mein Strohhut unsanft vom Kopf gehauen. Was war das? Die Antwort steht vor mir: Der zwei Meter große Hahn trägt Boxhandschuhe und lacht schallend laut. Seine schnabelhafte Mimik erinnert mich an die der Klitschko-Brüder, und sein irrer Blick verrät, dass ich es hier mit dem Hahn gewordenen Bösen zu tun habe. Das diabolische Lachen morpht zu einem lauten, wahnsinnigen «Kikeriki». Er schwingt seine Faust, und jetzt geht alles so schnell, dass ich nicht mehr reagieren kann. Der gigantische Boxhandschuh rast ungebremst auf mich zu. Bäng! Ich schrecke auf, sitze senkrecht im Bett. Alles nur ein Traum. Erleichtert falle ich wieder in mein Kopfkissen, drehe mich zur Seite und blicke in das blutüberströmte Gesicht von Wladimir Klitschko, der ein grauenhaftes Kikeriki ausstößt. Ich schrecke auf, sitze senkrecht im Bett. Alles nur ein Traum. Erleichtert falle ich wieder in mein Kopfkissen, drehe mich zur Seite und sehe etwas Grauenvolles: Die Digitalanzeige meines Weckers schreibt in teuflischem Rot 6:38 Uhr in die Dunkelheit. Ich schrecke auf, sitze senkrecht im Bett. Es ist Samstagmorgen, und diese Uhrzeit existiert nur in Erzählungen und Mythen. Träume ich etwa immer noch? Ich könnte meine beiden Pferde rufen – wenn sie hereinkämen, wäre das hier noch ein Traum. Leider weiß ich die Namen meiner imaginären Pferde nicht mehr. Ein reales Krähen holt mich in die Wirklichkeit zurück, und ich muss zwangsläufig schmunzeln. So ein irres Schmunzeln ist das. Kurz bevor man das Mobiliar mit seinen Zähnen zerkleinert. Da kräht also ein Hahn. Wahrscheinlich steht er dabei auch noch auf einem Misthaufen. «Das ist doch Klischee, lass das!», höre ich mich selbst rufen. Als würde der Hahn das auch so sehen, hört er tatsächlich auf zu krähen, und ich höre daraufhin sofort damit auf, wach zu sein.

Den Holztisch in meinem kleinen Garten hat mein handwerklich über die Maßen begabter Vater vor mehr als dreißig Jahren aus einem gefällten Baum gebaut. Ich mag diesen Tisch. Vor allem mag ich es, wenn er, mit einem üppigen Frühstück gedeckt, ein sonniges Wochenende begrüßt. So wie jetzt. Ich nehme Platz und wundere mich nur kurz über die Rotweinflecken auf meinem weißen Leinenhemd. Die Krempe des Strohhuts schützt mich angenehm vor der grellen Morgensonne, die ein kesses Funkeln auf die Messerklinge legt, mit der ich nun das perfekte Drei-Minuten-Frühstücksei köpfen werde. Das Ei bewegt sich. Ich traue meinen Augen kaum, als ich ein blutendes Schnäbelchen erblicke, das sich seinen Weg aus dem Inneren des Eis bahnt. Jetzt geht alles sehr schnell. Die Kalkschale zerbirst, aus dem winzigen Ei springt ein zwei Meter großer Hahn, der es trotz Boxhandschuhen schafft, seine Kettensäge routiniert anzuschmeißen und mir mit dem Schwert vor meinem Gesicht herumzufuchteln. Das Schmettern des Sägemotors bohrt sich in meine Gehörgänge, das Schwert der Säge in meinen geliebten Tisch. Ich schrecke auf. Es sind zweiundachtzig Minuten vergangen. Samstagmorgen, Punkt acht Uhr, und jemand mäht Rasen. Ich bin mir sicher, dass das ein Irrtum sein muss. Wieso sollte man sich das freiwillig antun? Es ist Samstagmorgen, und man könnte so vieles tun. Zum Beispiel nichts. Oder schlafen – auch eine in manchen Kulturkreisen präferierte Beschäftigung für einen Samstagmorgen um Punkt acht Uhr. In meinem gottverdammten Kulturkreis jedenfalls schläft man da! Mein bisschen Energie reicht nicht aus für Wut. Ich stülpe mir das Kissen über den Kopf, versuche die Eckzipfel in meine Ohren zu stecken. Es hilft nichts, ich höre die vermeintliche Kettensäge immer noch – bis ein Schuss das Ganze jäh beendet. Hat da jemand meinen unmoralischen Gedanken gehört und dem Taten folgen lassen? Kirchengeläut füllt die Geräuschleere. Schnelle Reaktion oder Zufall? Leider war es nur ein Stein, der das Messer des Rasenmähers kurzzeitig zum Stehen brachte. Ein sympathischer Stein. Ich hoffe, er hat noch viele Freunde. Der Rasenmäher springt wieder an, ich versuche das Geräusch in meinem Gehirn umzuwandeln und in einen schönen Traum zu integrieren. Klingt doch wie Meeresrauschen. Ich versuche es mit positivem Denken. Stelle fest: Man kann positiv denken, was das Zeug hält, ein blöder Rasenmäher klingt wie ein blöder Rasenmäher, und das Geräusch hat mit Meeresrauschen so viel gemein wie Reiner Calmund mit Twiggy. Das Motorengeräusch ebbt nach zwanzig Minuten ab. Die Wiese scheint gemäht. Erleichterung. Wie abgesprochen beginnt dasselbe Geräusch nach einer nicht nennenswerten Zäsur von maximal fünf Sekunden von Neuem. Dieses Mal kommt es von einer anderen Seite, der Surround-Effekt ist gelungen. Von nun an haben wir es hier mit einem durchgehenden Geräusch zu tun. Sobald ein Rasen gemäht ist, wird das nächste Grundstück beschnitten. Die Darbietung besticht durch ihr grandioses Timing. Huber schaltet aus, Fuchs zieht daraufhin sofort den Anlasser, Kraft wartet, bis Fuchs fertig gemäht hat, um dann die Kette aufrechtzuerhalten. Das olympische Feuer des kleinen Mannes. So mähen drei Nachnamen einen Samstagmorgen lang ihre Rasen. Inzwischen habe ich mich derart daran gewöhnt, dass ich wahrscheinlich in Panik geraten würde, wäre diese Geräuschkulisse auf einmal nicht mehr da. Krieg? Naturkatastrophe? Pest? Ufo-Sichtung? Es gäbe kaum andere Erklärungen für Stille.

12:30 Uhr. Sitze im kleinen Garten und lausche dem Gesang des Grünfinks, dem Brummen der Bienen, dem Rattern der Rasenmäher. Herrlich. Olfaktorischer Frühling ist, wenn Grasschnitt auf Kraftstoffgemisch trifft. Ein neues Geräusch stimmt mit ein. Eine Art Sägen oder Schleifen, ich weiß es nicht. Ich weiß heute nur, dass dieses Geräusch zwei Jahre lang permanenter Bestandteil eines jeden Samstages sein wird. Eigentlich wird jeden Tag geschliffen. Ich glaube, der Lärm kommt von Familie Huber. Herr Huber könnte ja direkt im Wohnzimmer schleifen oder sägen, seine Frau würde es nicht hören. Ich weiß bis heute nicht, was dieser schleifend-sägende Mensch da jeden freien Tag tut, aber es muss etwas Großes sein, so lange wie er daran sägt und schleift. Ich stelle mir vor, wie Herr Huber seinen Opel Astra in die Einfahrt stellt, aussteigt und beiläufig die Funkfernbedienung am Autoschlüssel benutzt. Die Räder des Wagens klappen ein, sämtliche bewegliche Teile verschieben und verkeilen sich so lange geschickt ineinander, bis aus dem Rüsselsheimer Kraftfahrzeug ein gigantischer Roboter geworden ist. Herr Huber hat einen Transformer gebaut. Cool. Ich ertrage dieses unschöne Schleifgeräusch nur in der Hoffnung, dass ich bei Fertigstellung irgendwann einmal mit Herrn Hubers Megatron spielen darf. Die Programmierung meines ersten Auftrages wäre klar: «Zerstöre das Klavier!» Ein anderer Nachbar besitzt nämlich dieses Piano. Das hat Stil und gefällt grundsätzlich. Der Nachbar kann allerdings nicht damit umgehen. Es fehlt der Tastensinn. Zur Endlosschleife von Ottomotor und Stahlsäge gesellt sich die wochenendliche Fingerübung vom amputierten Richard Clayderman. Immer wieder von Neuem wird «Versuch's mal mit Gemütlichkeit», der berühmte Balu-Song aus dem Dschungelbuch, angestimmt. Immer dieselbe Stelle. Ein satanischer Loop. Akkorde der Hölle. Ich singe jedes Mal automatisch im Kopf den Text mit. Die Langsamkeit und in keinerlei Hinsicht über die Jahre verbesserte Art des Spiels macht das allerdings schwer. «Ver. Such's mal. Miiiiit. Ge. Ge. Mütlichkeit. Mit. Mit Ru. Mit Ruhe. Und. Und. Ge. Ge. Gemüt. Lich. Keit.» Und von vorne! Und immer wieder! Und dann: Noch mal! Ich überlege, ob ich Herrn Huber bei der Fertigstellung von Megatron irgendwie behilflich sein kann, um die ganze Sache zu beschleunigen. Es ist eine manchmal schmerzhafte, manchmal erheiternde Erkenntnis am Menschsein, dass man nicht alles können muss. Dass man irgendwann durch Ausprobieren und Fehlermachen erfährt, zu was man nicht geboren ist. Ich habe mich beispielsweise längst mit dem Gedanken angefreundet, in diesem Leben keine Modelkarriere mehr zu machen oder Profiballett zu tanzen. So hoffe ich auf den Tag, an dem die Erkenntnis dem Freizeitpianisten aus vollem Halse ins erschrockene Gesicht schreit: «Du wirst nicht der nächste Horowitz! Sammle Briefmarken! Und hüte dich vor Megatron!»

Ein neues Geräusch gesellt sich zum Konzert der Unbegabten. Also eines muss man den Leuten hier schon lassen, in Sachen Lärm ist die Kreativität wirklich grenzenlos. Man sitzt eben nicht einfach so da und genießt den Tag, man muss immer irgendetwas tun. Es gibt ja auch immer etwas zu tun. So ein Eigenheim ist praktisch eine ständige Baustelle. Da stehen die Projekte Schlange. Wer hier wohnt, hat immer Arbeit zu verrichten. Um nicht als faul zu gelten. Das Klimpern wird für einen feuchten Moment unterbrochen. Jemand macht gerade der Tyrannei des hartnäckigen Schmutzes ein Ende. Weil er es kann. Seit 1984 ist die Zeit nämlich vorbei, in der Moosbewuchs mit Hilfe einer Tina-Turner-Kassettenhülle von verdreckten Pflastersteinen abgekratzt werden musste. Seit 1984 wird in Deutschland unter Hochdruck gesäubert, denn da erschien der erste Hochdruckreiniger für den privaten Bereich – der Kärcher. Alfred Kärcher, Erfinder des gleichnamigen Putzteufels, hat es nicht nur zum umsatzstarken Familienunternehmen gebracht, sondern inzwischen sogar zum eigenen Verb. Das schafft nicht jeder. «Kärchern» ist das deutschlandweit anerkannte Zeitwort für «etwas mit dem Hochdruckreiniger sauber machen», dies kann im Lifestyle-Duden nachgeschlagen werden. «Kärchern» ist also Lifestyle. So weit hat es nicht einmal Steve Jobs gebracht – die Begriffe «jobsen» oder «appeln» sucht man in diesem Duden vergebens. Dem Dorf ist das egal, hier wird sowieso mehr gekärchert als gejobst. Wenn der Winter seinen Frühlingsurlaub antritt, dann ist Hochdrucksaison. Alle Besitzer eines Hochdruckreinigungsgerätes stürmen ihre Terrassen und Gehwege, um jeglichen Schmutzbefall bis ins mikroskopische Detail auszumerzen. Sprühpistolen werden mit ausgeklügelten Bajonettverschlüssen an Lanzenspitzen geschraubt und verkünden Moos und Schmutz den Krieg. Wenn der widerspenstige Löwenzahn in den Lauf einer geladenen Hochdruckbürste blickt, weiß auch er, dass sein letztes Stündchen geschlagen hat. Mit hundertundzehn Bar wird ihm hoch- und eindrucksvoll der Garaus gemacht. Es sind ausschließlich Männer, die kärchern. Eine in das Gerät integrierte Testosterondüse gibt es gegen Aufpreis. Für den ganzen Saubermann. Der Hochdruckreiniger ist nicht mehr wegzudenken. Er ist Teil des Establishments. Und er wird es bleiben. Deutschland wird immer kärchern, dafür sorgen die zukunftsorientierten Firmenchefs. Schon heute werden die nachfolgenden Generationen in ihrer natürlichen Umgebung spielerisch an den Umgang mit der Dreckfräse herangeführt. Auf der Website der Herstellerfirma locken spannende PC-Spiele, in denen der Spielfreudige virtuell Schmutz beseitigen kann. So muss man bei «Robo Kärcher» das Labyrinth von den Fußabtritten herumlaufender Menschen befreien. Trifft der Roboter dabei auf einen Menschen, verliert er ein Leben. In einem anderen Spiel geht es darum, die präsidialen Köpfe des Mount Rushmore von bösen Algenflechten zu befreien. Welche Gefahr von den Kärcherspielen ausgeht, darüber sind sich die Experten noch nicht einig. Hinter einem Hochdruckreiniger steckt maschinelle Kraft. Und die muss man hören. Der Hochdruckreiniger ist laut. Und man kann sich auf ihn verlassen. Sollte jemals die sehr unwahrscheinliche Situation eintreten, dass gerade keiner den Rasen mäht, etwas schleift, schweißt, sägt, staubsaugt, sprengt, das Klavier- oder Tubaspiel probt, hämmert oder

Ein kritisches Statement zum gesamtdeutschen Bildungssystem. Da geht es zur Schulreform.

laubbläst, dann kann man sich darauf verlassen, dass es immer irgendwo einen gibt, der kärchert. So wie jetzt. Nach nur einer halben Stunde hat er ausgespritzt. Wahrscheinlich raucht er jetzt erst mal eine. Der unbegabte Pianist unterbricht die kurze Stille sofort wieder mit neuen musikalischen Foltermethoden. Ein Traktor mit Anhänger fährt vorbei. Zynischerweise transportiert der Anhänger des Treckers mehrere Rasenmäher. Ein Traktor ist übrigens sehr laut. Traktor verhält sich zu Auto wie Auto zu Feenstaub. Der Schlepper fährt ob seiner Last gemächlich und übertüncht damit die unmusikalische Audiohölle für eine wundervolle Minute. Meine Güte, ich genieße gerade Traktorenlärm. Eine Frage springt aus der Kirschlorbeerhecke heraus und drängt sich frech auf: Ob ich vielleicht doch bald wieder in die Stadt ziehen soll? Wenn ich es mir recht überlege, ist es mir da zu ruhig.

FARBENLEERE

Es geht nicht ohne. Ich muss ein paar Zeilen zum Farbton «Terrakotta» schreiben. Terrakotta: in modernen ländlichen Behausungen favorisierter, meist mit Schwammtechnik aufgetragener Wandanstrich. Pfiffig. Terraktottafarbene Teppiche heben sich schön vom praktischen weißen Fliesenboden ab. Ein Farbtupfer. Terrakottafarbene Vorhänge und Polstermöbel runden das Gesamtbild ab. Ein innenarchitektonischer Albtraum. Ich versuche, mich ins ästhetische Bewusstsein der Terrakottafans hineinzuversetzen. Es gelingt mir nicht. Werden jene Stilverweigerer einmal sagen: «Wir hatten ja damals nichts anderes!»? Ich möchte mich für meine intolerante Haltung gegenüber einer Farbe entschuldigen. Vielleicht wird Terrakotta irgendwann ja mal richtig modern. Nicht unmöglich, dass wir Hässliches plötzlich hübsch finden. Dicke Hornbrillenfassungen, die sogenannten Nerd-Brillen, sind schließlich auch wieder modern geworden. Nicht auszuschließen, dass Zahnspangen mit Gummizug und Kieferbügel oder Kassen-Krücken einen ähnlichen Hype erfahren. Also warum nicht auch Terrakotta?

In der Schweiz gibt es ein Gefängnis, in dem ein paar Zellen rosa gestrichen wurden. Rosa Wände, rosa Decke, rosa Tür, rosa Bettpolsterung. Rosa mildert nachweislich das Aggressionspotenzial und hat somit eine befriedende Wirkung auf die Gefangenen. Keine schlechte Idee eigentlich. Dennoch schleicht sich jetzt ein grauenvoller Gedanke in mein Bewusstsein: Gab es in Guantánamo vielleicht terrakottafarbene Folterzellen? Ich glaube nicht. So gemein kann kein Mensch sein.

DER DREISSIGSTE GEBURTSTAG

Tobias und Sarah feiern bald ein Jubiläum. Tobias und Sarah sind jetzt nämlich seit zehn Jahren ein Paar. Früher gab es Tobias und Sarah auch einzeln. Heute gibt es nur Tobias und Sarah. Die beiden haben sich während ihrer Ausbildung bei der Bank kennen-, lieben und aushalten gelernt. Tobias und Sarah wollen im nächsten Jahr standesamtlich heiraten und dann auch mal Kinder bekommen. Wird ja langsam Zeit, scherzen Tobias und Sarah gerne. Sarah ist ja nun schon siebenundzwanzig, und wenn sie einen Humorschub bekommt, dann sagt sie «Tick, tick, tick» und lacht fast schon natürlich über ihre lustige Anspielung auf die biologische Uhr. Tobias lacht dann auch, denn Tobias und Sarah haben denselben Humor. Vor zwei Monaten haben Tobias und Sarah ihr schönes Haus fertig gebaut. Das Grundstück haben sie von Tobias' Vater geschenkt bekommen. Tobias und Sarah arbeiten bei derselben Bank, in der sie ihre Ausbildung genossen haben. Inzwischen machen Tobias und Sarah auch ein bisschen Karriere bei der Bank. Sarah hat einen Posten als stellvertretende Bereichsleiterin in der Buchhaltungsabteilung der Zentrale in Aussicht, und Tobias ist seit einem halben Jahr Filialleiter einer kleinen Zweigstelle hier im Dorf. Mit seinen neunundzwanzig Jahren der jüngste Filialleiter in der Dorfgeschichte. Ich bin Kunde bei dieser Bank und betrete Banken seit der nützlichen Erfindung des Onlinebankings eigentlich so gut wie nie. Kürzlich hat sich jedoch meine EC-Karte aus dem Leben verabschiedet, sodass ich persönlich eine neue beantragen musste. So lernte ich Tobias kennen.

Der Türgriff ist eine große, kupferfarbene Pfennigmünze. An der einen Seite ist das Kupfer durch die stete Politur der Abnutzung Tausender Kundenhände hochglänzend. Ich fasse die andere Seite des Pfennigs an, öffne die schwere Sicherheitstür und betrete die Bank zum ersten Mal. Auch das Interieur wurde sichtlich lange vor der Währungsunion zuletzt erneuert. Wieder einmal bleibt festzustellen, dass die frühen Achtziger nicht zu den innenarchitektonischen Sternstunden des letzten Jahrhunderts gehören. Zumindest nicht, wenn es um die Gestaltung der Innenräume von Bankfilialen auf dem Land geht. Die Strategie hier scheint zu lauten: Lange genug abwarten, irgendwann wird das alles wieder modern sein.

An der Kasse lässt sich eine Oma Bargeld ausbezahlen, wie das Omas eben so machen. Omas auf dem Land haben meist prallgefüllte Sparbücher und holen sich dann viermal in der Woche einen Betrag zwischen zehn und dreißig Euro.

Ein stark übergewichtiger Mann in einem blauen Trainingsanzug lässt sich am Schalter über Festgeldzinsen aufklären. Die lange Strähne am Haarkranz seiner Halbglatze ist ordentlich über die Stirn gekämmt und scheint dort angeklebt worden zu sein. Ein buschiger Schnurrbart versteckt seine Oberlippe komplett und bewegt sich tanzend im Sprechtakt. In der rechten Hand hält der investitionswillige Bankkunde einen braunen Schäferhund an der Leine.

«Des is aber wenig Zins. Kann man da nichts machen?»

«Tut mir leid, Herr Kramer, aber da sind mir die Hände gebunden», klärt ihn der Filialleiter auf. Der Hund schaltet sich in die Verhandlungen ein und bellt den Bankkaufmann an.

«Ruhig, Klitschko! Sitz!», beruhigt ihn Herr Kramer.

«Na, du kleiner …», unbeholfen versucht der Banker wenigstens beim Hund Sympathien zu wecken.

Herr Kramer interveniert: «Der ist nicht klein! Gell, du bist nicht klein?» Klitschko bellt noch einmal bestätigend.

«Nein, du bist ein Großer», der Kundenberater korrigiert sich eifrig, «jahaha, das bist du! Frau Lange, haben wir ein Leckerli für den lieben Hund hier?» Er versucht es mit Bestechung. Frau Lange, die an der Kasse sitzt, zuckt mit den Schultern und ruft zurück: «Äh. Nein. Nur so Bonbons für die Kinder. Und Malhefte.» Leider bekommt der Hund kein Malheft.

«Darf er Bonbons …?», wendet sich der Filialleiter an Herrn Kramer.

«Nein! Zucker macht Hunde blind!», empört sich der Hundeexperte entschlossen.

Wäre beim Anblick deines zu engen Trainingsanzugs vielleicht das Beste für das Tier, denke ich.

«Haben Sie sich schon einmal unser Angebot für festverzinsliche Wertpapiere angeschaut, Herr Kramer?»

«Ja, das nehme ich mal mit. Hopp, wir gehen jetzt. Ja fein, so is brav …» Herr Kramer verlässt die Bank ganz auf seinen Hund konzentriert, ohne den Berater noch eines Blickes zu würdigen.

Jetzt bin ich an der Reihe. «Man hat es nicht immer leicht, was?», beginne ich ohne Scheu vor Floskeln.

«Da sagen Sie was. Guten Tag, was kann ich denn für Sie tun?»

Ich erkläre mein EC-Kartenproblem, beantrage ein neue und führe ein nettes, oberflächliches Gespräch mit Tobias Huber, dem Filialleiter der Bank, der über eine Vielzahl von Ecken mit meinen Nachbarn verwandt ist. Da wir etwa im gleichen Alter sind, gibt sich Tobias redlich Mühe, so locker und gleichgesinnt wie möglich rüberzukommen. Ich honoriere das mit viel Freundlichkeit und verabschiede mich nach Erledigung des Bankgeschäftes mit einem «Bis bald!».

So sollte es auch kommen. Etwa eine Woche später, an einem Samstag, treffe ich Tobias Huber zufällig an der Fleischtheke des dörflichen Supermarktes wieder. Er begrüßt mich sofort überschwänglich und stellt mir seine Freundin Sarah Moos vor. Die beiden laden gerade eine enorme Menge vorbestelltes Grillfleisch in den Einkaufswagen. Tobias Huber fragt mich, was ich denn heute noch so mache. «Einen Fehler», wäre die korrekte Antwort gewesen. Ich sage nämlich: «Och, nichts eigentlich. Ich habe heute ausnahmsweise mal frei und ...»

«Das ist doch prima! Dann kommen Sie – ach, wollen wir Du sagen? Ich bin der Tobias.»

«Äh. Ja. Klar. Ich bin der Pierre.» Wir geben uns die Hand. «Ich weiß doch, ich hab doch deinen EC-Kartenantrag ausgefüllt», Tobias lacht, «Pierre, dann komm doch heute zum Grillen! Wir würden uns voll freuen! Wir feiern heute in meinen dreißigsten Geburtstag rein und fangen heute Nachmittag mit Grillen an. Fleiiisch!! Du isst doch Fleisch?»

«Nein, ich habe mich nur an der Fleischtheke angestellt, weil ich hier alleine gegen die Massentierhaltung protestieren wollte.»

Tobias hält inne und Sarah weicht zurück. «Echt jetzt?» Eine Humorkonvergenz ist schon einmal nicht gegeben.

«Nein, also ja: Ich esse Fleisch. Vielen Dank für die Einladung.» Warum fällt mir jetzt keine Ausrede ein? Ich möchte das doch gar nicht. Doch dann kommt mir ein Gedanke: Sollte ich jemals ein Buch über das Leben auf dem Land schreiben, wäre das vielleicht eine gute Inspiration. Also warum nicht?

Tobias schreibt seine Adresse und eine Uhrzeit auf eine seiner immer griffbereiten Visitenkarten der Bank und händigt sie mir aus. «Fleiiiiisch!», sagt er noch einmal zu Sarahs Belustigung und schiebt sie und den Einkaufswagen aus dem Bild.

Mit einem Sixpack, einem auf die Schnelle improvisierten Gastgeschenk und dem ganz klaren Vorsatz, nicht länger als zwei Stunden zu bleiben, stehe ich wie abgemacht um achtzehn Uhr vor dem sprichwörtlich neuen Eigenheim von Tobias und Sarah. Als menschenscheue und partyabstinente, teilweise soziophobe Kreatur frage ich mich, was ich hier eigentlich mache. Inspiration hin oder her, ich will da nicht hin. Im blitzeblank polierten schwarzen Lack von Tobias' in der Einfahrt stehendem A4 Kombi sehe ich mein verzerrtes Spiegelbild. Es sagt: «Geh da jetzt rein und komme mal wieder unter Menschen!» Also gut. An der Haustüre hängt eine von bunten Luftballons eingerahmte goldene 30 aus Pappe. Das verspielte Arrangement hebt sich deutlich vom akkuraten Vorgarten ab. Statt Grünfläche dominiert hier weißer Zierkies den Eingangsbereich. Vier Solarlampen in Schmetterlingsform stecken nebeneinander darin in millimetergenauen Abständen. Auf dem Grenzmäuerchen thront einer dieser total witzigen Gartenzwerge, die ausdrücken sollen, dass man ja total unspießig ist und daher den Symbolcharakter des Gartenzwerges humorvoll parodiert. Der Gartenzwerg hat die Hose zum Teil heruntergezogen und zeigt neben seinem Bauerarbeiterdekolleté den Mittelfinger. Total witzig. Verdränge meine plötzlich aufkommende Baseballschläger-Phantasie und drücke den Klingelknopf unter dem Schild «Hier wohnen, lieben und streiten sich Tobias und Sarah». Überlege, ein Schild für meine Haustüre zu basteln, «Hier wohnt, wäscht und besäuft sich Pierre».

«Heyyy!», begrüßt mich Sarah freundlich. «Schön, dass du gekommen bist. Komm rein! Kannst die Schuhe ruhig anlassen, heut is eh alles egal!» Sarah lacht und freut sich über ihre lockere, punkige Ausgelassenheit. Ich hatte nicht im Entferntesten vor, meine Schuhe auszuziehen. «Ah, mein Lieblingskunde!» Tobias kommt mir lächelnd durch das auf die Terrasse führende Wohnzimmer entgegen und begrüßt mich freundlich, indem er mir ein kaltes Bier in die Hand drückt. Er hat eine Grillzange in der Hand, um seine Hüfte ist eine grüne Baumwollschürze gebunden. Sie trägt die Aufschrift «Kiss the cook and kill the wife». Tobias erklärt mir hektisch, dass er schnell wieder an den Grill muss, denn er ist für das Fleisch zuständig. «Fleiiiisch!», ruft er mir augenzwinkernd zu und huscht nach draußen.

«Soll ich dir das mal abnehmen?», fragt mich Sarah und meint das Sixpack. Ein Pärchen in Tobias' und Sarahs Alter kommt von der Terrasse herein und stellt sich als Sabine und Thomas vor. Oder als Stefanie und Thorsten. Oder so ähnlich. Jedenfalls sind es Freunde aus der Schulzeit von Sarah. Sabine (oder Susanne?) ist ganz aufgeregt: «Sarah! Du hast uns doch eine Hausführung versprochen! Wir sind ja so gespannt!»

«Ja klar, dann kommt doch gleich mit in die Küche!» Sandra und Timo folgen Sarah, die mein mitgebrachtes Bier in die Küche trägt. Hausführung klingt super, denke ich und schließe mich den dreien unaufgefordert an.

Die Küche ist so sauber, dass man darin sofort eine Herztransplantation vornehmen könnte. Die Ausstattung entspricht dem modernen Standard. Einer Siemens-Kantine. Geräte, von deren Existenz ich bis dato nicht wusste, lassen keinen Wunsch mehr offen. Mit diesem Induktionsherd aus der Zukunft zum Beispiel kann man backen, kochen, garen, dämpfen, dünsten, Kernspintomographien erstellen und grillen. Aber das macht der Tobias lieber mit Kohle. Sarah äfft liebevoll Tobias' Running-Gag «Fleiiisch!» nach und stellt das Sixpack in einen riesigen Kühlschrank, für den das hiesige Hochbauamt sicher eine Genehmigung erteilen musste. Der in die Kühlschranktür integrierte Ice-Crusher hat es Torben besonders angetan. «Cool!», platzt es aus ihm heraus. «Cool, ja. Im wahrsten Sinne des Wortes. Sind ja Eiswürfel», erklärt Sarah ihren spontanen Witz. Alle lachen, ich tue auch so. Sarah führt uns stolz den LED-beleuchteten Wasserhahn, die iPod-Dockingstation, den LCD-Fernseher am Küchenschrank und zig andere Küchengadgets vor. Ich drehe im Kopf ein Countryside-

Special von «MTV Cribs». Sarah nennt ein paar Marken und führt kichernd den chromfarbenen Eierschalensollbruchstellen-verursacher vom Designer Dingsbums vor. An der Küchenwand hängt ein IKEA-Kunstdruck, auf dem Kaffeebohnen abgebildet sind. Hintergrundfarbe: Terrakotta. Ich schüttle mich unauffällig. Horrende Summen für eine absurde Hightech-Küche ausgeben, aber ein schreckliches Zehn-Euro-Bild an der Wand. Mein Sinn für Ästhetik will hier raus.

Kommt er auch. Von der Küche wieder ins Wohnzimmer. Im Wohnzimmer ist es «voll gemütlich», aber «trotzdem modern». Fürs Gemütliche haben Tobias und Sarah eine Wand farbig ge-strichen. Terrakotta. Ein riesiges Sofa steht mitten im Raum. Ter-rakottafarbene Kissen «lockern das Ganze farblich auf». Die Fernbedienungen für Plasmafernseher, Stereoanlage und Re-ceiver liegen akkurat nebeneinander auf dem Wohnzimmerglas-tisch neben der für den heutigen Tag aufgeschlagenen *TV Spiel-film*. Die CD-Sammlung reicht von Bryan Adams über Celine Dion zu Milow und Lena. Die Special Edition von «Keinohrha-sen» nimmt den prominentesten Platz im weißen DVD-Regal ein. Meine Suche nach Gemeinsamkeiten wird immer schwerer. Oder vergebens. Auf der Wohnzimmerwand klebt ein Wandtattoo. Auch Wände haben heute ein Recht auf ein Arschgeweih.

«Wolltest du nicht Parkett?», fragt Sonja oder Svetlana und zeigt auf den Terrakottafliesenboden. «Ja», gibt Sarah zu, «aber Tobias' Vater meint, dass das praktischer ist mit den Fliesen. Ge-rade beim Putzen. Und er hat ja auch recht.»

Wenn man schon ein Grundstück verschenkt, will man auch Einfluss auf die Hausgestaltung haben. Auch, wenn es ein schlech-ter ist.

Wir gehen nach oben und werfen sogar einen Blick ins Schlaf-zimmer. Unspektakulär. Passt.

«Aber jetzt kommt der Hammer!», kündigt Sarah an und öffnet die Tür zum Badezimmer. Sabrina quiekt vor Begeisterung, Thilo oder Till zeigt sich kopfnickend beeindruckt. Wir stehen im Himmel von Villeroy und Boch.

«Tobias' Papa hat eine Sanitärfirma, da muss es schließlich vom Feinsten sein», erklärt mir Sarah. «Beim Preis hat er natürlich was gemacht.» Sarah referiert darüber, wie toll das doch im Winter mit der Fußbodenheizung ist, dass so eine Monsundusche «voll Wellness» ist und sie vorher noch nie ein Bidet benutzt hat, aber heute nicht mehr darauf verzichten möchte. Die Toilette stellt den Gipfel der sanitären Dekadenz dar. «Man muss aber gar nicht aufs Bidet. Guckt mal!», Sarah führt einen Warmwasserstrahl in der Schüssel vor, der einem gleich nach Geschäftserledigung den Ausgang vom Schokoladentunnel kärchert. Damit nicht genug: Nach der Anusdusche schaltet sich automatisch ein Föhn ein, der dem Erleichterten auch noch gezielt die Klause trocken pustet. Ich fasse es nicht. So etwas gibt es also tatsächlich. «Cool!», sagt Theo. Natürlich spült die Toilette, nachdem man aufgestanden ist, dank eines Sensors automatisch, und auch die beheizbare Klobrille klappt sich samt Deckel von Zauberhand selbst herunter. «Gerade bei Männern sehr praktisch», scherzt Svenja. Ich freue mich, dass die zu Recht vielgelobte deutsche Ingenieurskunst mit einem föhnenden Scheißhaus ihren Zenit erreicht hat.

«Na, wie gefällt dir unser bescheidenes Heim?», fragt mich Tobias. Wir stehen jetzt auf der Terrasse und schauen Tobias bei der Zubereitung des Grillgutes zu. «Groß. Und so … sauber», antworte ich höflich.

Die Zahl der restlichen Gäste ist schwer einzuschätzen. Es sind viele. Sehr viele. Auf dem Dorf kann man den dreißigsten Geburtstag nicht im kleinen Kreis feiern. Runde Geburtstage, Beerdigungen, Polterabende, Hochzeiten – das sind Feste für alle. Eine Einladung löst automatisch eine Kettenreaktion weiterer Ein-

ladungen aus, die wiederum dieselben Kettenreaktionen auslösen. Gut, dass es dem Großteil hier finanziell sehr gut geht, sonst
könnte eine gewöhnliche Geburtstagsfeier schnell die Privatinsol-
venz auslösen. Die meisten Gäste sind in Tobias' und Sarahs Alter. Also noch recht jung. Physisch. Sibylle oder Silke und Tristan
oder Tom haben sich unters Volk gemischt. Ich stehe etwas verloren herum, weil ich keine Lust und noch weniger Ahnung habe,
um mich kompetent an den Gesprächen über Aktienanlagen und
Immobilienkäufe (es sind offensichtlich einige Kollegen von Tobias und Sarah anwesend) zu beteiligen. Ich halte mich an meinem Beck's fest und bleibe in Grillnähe. Da ich bald gehen möchte,
sollte ich auch bald etwas gegessen haben.

«Fleiiiisch!», ruft Tobias laut. Sarah übersetzt: «Leute, es
gibt Essen! Wer will Steak? Es gibt auch Grillkäse und jede Menge
Würstchen.» Zustimmende Kommentare und lobende Worte an
den Grillmeister machen die Runde. Den Kartoffelsalat hat die
Sarah nach dem Rezept ihrer Oma selbst gemacht. Es gibt außerdem Nudelsalat, grünen Salat, Tomatensalat, Romanasalat, Ka-
rottensalat, Krautsalat, Salat mit Shrimps, Salat ohne Shrimps, Salat mit Fetakäse, Tomaten mit Mozzarella und Schichtsalat. Jeder
scheint einen Salat mitgebracht zu haben. Und alle haben sich
über Facebook abgestimmt, damit es zu keiner Beilagendopp-
lung kommt. Eine logistische Meisterleistung. Vom Zeltverleih,
den Sarahs Vater betreibt, haben sie sich Bierbänke geliehen. Als
alle mit genügend Fleisch versorgt sind, setzt sich auch Tobias
mit einem proteinbeladenen Teller hin. Er gesellt sich zu seinen
Kumpels von der Freiwilligen Feuerwehr. Sie trinken alle einen
Schnaps, bevor es ans Essen geht, und absolvieren dabei gleichzeitig einen unverständlichen Trinkspruch, der auf so was wie «Oi,
oi, oi!» endet. «Fleiiiisch!», attestiert Tobias seinem Fressteller
noch einmal lautstark, bevor er sich über ihn hermacht. Alle essen,
loben die Salate der anderen und reichen unzählbar viele Steak-

saucen herum. Die Männer trinken Bier, die Frauen trinken Weißweinschorle und zeitgemäß Aperol Spritz. Es sitzt sogar jemand mit einer Bionade dabei. Mir gegenüber sitzt ein gleichaltriges Pärchen, das sich sehr schick gemacht hat für dieses Fest. Mir fällt auf, dass um mich herum ausschließlich Pärchen zugegen sind. Ich bin die einzige Person, die alleine hier ist. Allein das macht mich zum Außenseiter. Und das Hochdeutsch.

Die beiden mir gegenüber Sitzenden stellen sich als Kollegen von Tobias und Sarah vor.

«Ihr seid also auch Bankkaufleute?», frage ich, Interesse vortäuschend.

«Nein, wir sind Finanzwirte», antwortet er selbstsicher.

«Ach so. Ihr betreibt also eine Bar im Financial District hier», versuche ich es hier mit Humor. Fehlzündung.

«Nein, der Finanzwirt ist quasi die besser ausgebildete Form vom Bankkaufmann. BA-Studium quasi. Das ist quasi höherwertig als nur Bankkaufmann», erzählt er mir, während er akribisch den Fettrand seines Steaks wegschneidet. «Der Tobias ist auch Finanzwirt, der hat ja quasi mit mir gelernt. Und jetzt sind wir quasi befreundet. Wir spielen mittwochs zusammen Badminton. So als Hobby quasi.» Wenn er noch einmal «quasi» sagt, zweckentfremde ich meinen gegrillten Maiskolben zu seinen Ungunsten.

«Mensch, schön. Ich hole mir dann mal noch ein bisschen Salat. Nachschub quasi», verabschiede ich mich von meinem Platz, den ich nicht vorhabe, jemals wieder zu besetzen. Am Salatbuffet treffe ich Sarah. Gute Gelegenheit, mich offiziell aus dem Staub zu machen. «Vielen Dank für Speis und Trank», zitiere ich den blödesten Abschiedsspruch der Welt und erkläre, dass ich jetzt leider schon gehen müsse. «Aber es ist doch erst halb zehn. Der Tobias hat doch um zwölf Geburtstag.» Halb zehn? Ich wollte viel früher weg sein. «Warum musst du denn schon gehen?», fragt eine sichtlich angeheiterte Sarah. Weil ich in eurer Welt nichts verlo-

38

ren habe. «Weil … ähm … ich muss noch so viel machen. Kram. Viel Spaß wünsche ich euch noch …» Ich werde jäh unterbrochen. «Ey, das gibt's doch net! Dich kenn ich aus'm Fernsehen! Jessica, guck mal! Schnell! Des is der aus'm Fernsehen! Oder, des bist du doch?» Der Blitz einer Digitalkamera raubt mir für den Bruchteil einer Sekunde das Augenlicht. «Jaaa, geil! Leute schaut mal, des is doch der aus'm Fernsehen. Wie geil ist das denn?», freut sich eine betrunkene, mit Digitalkamera bewaffnete Jessica. Drei Leute legen nacheinander ihren Arm um meine Schulter und lassen sich mit mir fotografieren. Es gibt kein Entkommen. Dutzende Augenpaare fixieren meine Person, einige zücken ihre Smartphones und richten sie drohend auf mich, ohne eigentlich genau zu wissen, warum. Ich höre digitale Kameraklickgeräusche und Stimmengewirr «Wer is'n des?» – «Is der vom RTL?» – «Der is im Fernsehen, aber wie der jetzt nochmal heißt, weiß ich auch grad net.» Ich gebe Jessica auf lallendes Drängen ein Autogramm auf einen frischen Pappteller, den ich mit «Alles Gute, Dein Jörg Pilawa» signiere. Zwei Hünen von der Freiwilligen Feuerwehr greifen mir links und rechts unter die Arme und tragen mich zu ihrem Tisch. Dort stehen etwa zwanzig aufgereihte Schnapsgläser und Tobias. Noch steht er. Tobias lallt, ich müsse jetzt mittrinken. Das sei der Blutwurz, den sein Opa gebrannt hat. Da müsse man schon aus Höflichkeit und Respekt mittrinken. Ich gehorche eingeschüchtert und stelle fest, dass die Legenden um die Trinkfestigkeit der Freiwilligen Feuerwehr wahr sind. Alles passiert so schnell. Mehrere Schnäpse später lalle ich den Trinkspruch mit. Ich habe ihn zwar immer noch nicht verstanden, aber beim «Oi, oi, oi!» steige ich lauthals mit ein. Man hat mich innerhalb kürzester Zeit maßlos abgefüllt. Trotz Freiwilliger Feuerwehr bin ich unfreiwillig wehrlos, und meine Speiseröhre brennt. Keiner löscht. Plötzlich schallt laute Musik aus unsichtbaren Boxen von irgendwoher. Ein selbsternannter Discjockey hat soeben die Tanzfläche eröffnet. Bierbänke werden zur Seite gerückt, man ist jetzt betrunken genug zum Tanzen. Die Mädels kreischen entzückt und performen im Spalier zu «Time Warp» aus der Rocky Horror Picture Show. «Put your hands on your hips …» Synchron singende Sarahs springen mit Hilfe eines Songs aus den Siebzigern zurück in ihre Jugend der Neunziger. Selbst ein paar Jungs vollziehen so etwas wie Tanzbewegungen. Ich kann zwar gar nicht besoffen genug sein, um da mitzumachen, trinke aber aus Verzweiflung noch einen Blutwurz und wundere mich über das schon wieder volle Bier in meiner Hand. Egal, kühlt die verbrannte Speiseröhre so schön. Ich wollte doch nach Hause.

Weißblitz. Zeitraffer. Alle zählen rückwärts von zehn herunter. Es ist zehn Sekunden vor zwölf, gleich hat Tobias Geburtstag. Ich habe keine Ahnung, wo die letzten Stunden und warum ich geblieben bin. Ich habe mich wohl die ganze Zeit mit irgendeinem Optiker über Günter Jauch unterhalten. Ich glaube, ich habe meinem Gesprächspartner versprochen, Herrn Jauch mitzuteilen, dass seine Brillenfassung schlecht angepasst wurde und dass er doch das nächste Mal zu «Optik Fuchs» kommen solle. Mache ich, wenn ich ihn mal treffe.

Happy Birthday to you. Jetzt singen alle und umarmen Tobias der Reihe nach. Das Paar mit den vielen Vornamen schwört Tobias und Sarah vor lauter besoffenem Glück weinend die ewige Freundschaft. Keiner hier ist nun mehr nüchtern. Ich umarme Tobias auch und Sarah gleich mit und sage ihnen voraus, dass ihre Kinder einmal Finn, Malte-Leon, Amelie oder Lea-Sophie heißen werden. Oder irgendein anderes «Kevin und Jaqueline» der neuen bürgerlichen Mitte. Die Freiwillige Feuerwehr singt Lieder, die ich nicht kenne. Ich reagiere lediglich auf das ab und zu aufkommende «Oi, oi, oi!» und trinke dann einen Blutwurz mit. Gott, ist mir schlecht. Es geht mir allerdings zu gut, das zu bemerken. Alkohol, du fiese Bitch!

«Geschenkeeee!» Sarah hat ihres schon in der Hand und überreicht es Tobias. Er öffnet es und hält dann mit beiden Händen ein iPad hoch, um es der neugierigen Meute zu präsentieren. Die Menge jubelt ihm zu. So muss das mit Moses und den Geboten ausgesehen haben. Es folgen mehrere Geschenke, die allesamt bejubelt werden. Darunter ein T-Shirt mit der Aufschrift «Ich bin 30, bitte helfen Sie mir über die Straße!». Schlagartig fällt mir ein, dass in diesem Stapel ja auch mein improvisiertes Geschenk liegt. Ich wollte längst weg sein, wenn Tobias es öffnet. Doch Tobias und der Rest ist zu betrunken, um zu verstehen, dass eine Tafel Ritter Sport Vollnuss und eine Packung Rasierklingen nicht das passendste Geschenk zum Dreißigsten sind. Alle jubeln jetzt auch über mein Geschenk. Ich rufe «Oi, oi, oi!» und trinke einen Blutwurz. Die Playlist spuckt die Hits der Partys in den Neunzigern aus: «Hello Africa», «Smells like Teen Spirit», «Looking for Freedom», «Ice Ice Baby», «Funky Cold Medina», «The Sign» und so weiter. Jetzt läuft Bryan Adams' «Summer of 69». Ich spucke die Steaks der heutigen Party aus, übergebe mich in die Kirschlorbeerhecke und rufe dabei laut: «Fleiiiiisch!» Jemand macht ein Foto davon. Na super. Ich sehe schon die Schlagzeile: «Im Alkoholrausch: Jörg Pilawa beleidigt Günter Jauch – alles wegen seiner Brille».

Tobias und Sarah liegen sich, Stehblues tanzend, beim Refrain von «Something Stupid» (natürlich die Version Kidman/Williams) in den Armen und singen das «I love you» laut mit. Ich muss wieder brechen und gelange schnell und unbemerkt ins Haus und schließlich in das Hightech-Badezimmer. Ungeschickt schließe ich die Türe hinter mir ab und rutsche mit dem Rücken an derselben entlang auf den Boden. In Sicherheit. Vorerst. Vor der Kloschüssel kniend, bekomme ich vom sich automatisch öffnenden Toilettendeckel einen Kinnhaken verpasst. Ich falle um, raffe mich wieder auf und übergebe mich in die Kloschüssel. Die schießt beleidigt zurück und spritzt mir einen lauwarmen Wasserstrahl ins Gesicht. Ich verliere dabei meine linke Kontaktlinse und strecke, in der Hoffnung, meine Sehhilfe zu finden, den Kopf weiter in die Schüssel. Vom widerlich säuerlichen Geruch des Erbrochenen muss ich mich erneut übergeben. In diesem Moment schaltet sich der Föhn an und verteilt meinen Mageninhalt in einer imposanten Fontäne durch das Badezimmer. Ich habe genau die Lüftungsöffnung des Föhns getroffen. Respekt! Ich will den Klodeckel schließen, aber das geht nur automatisch. Also wende ich mehr Kraft an und breche ihn dabei aus Versehen ab. Es klopft an der Badezimmertür. «Ist alles in Ordnung?» Es ist Sarah. Geistesgegenwärtig verstelle ich meine Stimme so gut ich kann: «Jaja, danke, alles prima. Ich bin gleich fertig.» – «Was ist denn mit deiner Stimme, Pierre? Wirklich alles in Ordnung?», fragt Sarah besorgt. Ihr Suff scheint für den Moment ausradiert. So sind sie, die vernünftigen Leute. Können selbst im Rausch in den Responsibility-Modus schalten. Ich verfluche Tobias' Opa mit seinem höllischen Blutwurzgebräu und die Freiwillige Feuerwehr und mein Onlinebanking und überhaupt alles. «Okay, wir sind unten. Die meisten gehen jetzt auch. Bis gleich!» Ich verstehe den höflichen Rauswurf sofort und verfluche vor allem mich selbst, dass ich nicht früher gegangen bin, wie ich es ja eigentlich vorhatte. Ich untersuche den Schaden, so gut ich das mit einem Auge kann. Mit einem Tuch wische ich die gröbste Sauerei weg. Das Tuch entpuppt sich bei genauerem Betrachten als T-Shirt, das hier wohl zum Trocknen hing. Mit den Kotzflecken ginge es als Ed-Hardy-Shirt durch. Ich öffne das Fenster und werfe das T-Shirt in unüberlegter Panik hinaus. Den abgerissenen Klodeckel lege ich vorsichtig auf die Schüssel – auf den ersten Blick sieht alles normal aus. Ich spritze mir kaltes Wasser ins Gesicht, spüle meinen Mund mit Zahnpasta und Wasser aus und versuche, so aufrecht wie möglich die Treppe hinunterzugehen. Wieder scheine ich das meiste verpasst zu haben. Nur noch ein paar Menschen sammeln sich im Wohnzimmer. Das

Wird hier Stärke demonstriert? Werden wortlos gewöhnliche Erdäpfel feilgeboten? Handelt es sich gar um Kunst? Festzuhalten bleibt jedenfalls, dass die im Hintergrund feststellbare Nähe zur letzten Ruhestätte nicht den Beginn des nächsten Lebensmittelskandals markiert.

Licht auf der Terrasse ist bereits ausgeschaltet, alle sind gerade dabei, sich von den Gastgebern zu verabschieden.

Küsschen links, Küsschen rechts.
 Vielen Dank für Speis und Trank.
 Das war sooo lustig.
 Ihr müsst unbedingt mal wieder zu uns kommen.
 Man sieht sich am Montag.
 Es sind noch so viele Würstchen übrig.
 Der Nudelsalat war echt klasse.
 Du musst mir unbedingt mal das Rezept geben.
 Schlaft guhuuut.

Der fettarme Finanzwirt kommt als Letzter von der Terrasse und hält ein T-Shirt voll Erbrochenem in der Hand. «Schaut mal, das hab ich gerade gefunden. Lag quasi auf der Hecke.»
 Ich verabschiede mich schnell von Tobias und Sarah und bedanke mich mehrmals für alles. Tobias schläft fast im Stehen ein und bedankt sich für mein Kommen. Sarah beäugt mich misstrauisch und verabschiedet mich in höflicher Distanz. Tobias ruft mir noch hinterher, man sehe sich ja sicher bald in der Filiale. Mit dem Vorsatz, am Montag die Bank zu wechseln, verlasse ich den Neubau.

Nachtrag:
 Eine Woche später stehe ich abends an der Kasse im dörflichen Supermarkt. Die ältere Frau vor mir redet angeregt auf die Kassiererin ein, während diese gleichgültig die Waren auf dem Förderband scannt. Ich höre zufällig einen Teil des Gesprächs: «... und die Jessica behauptet steif und fest, der Jörg Pilawa hat beim Dreißigsten vom jungen Huber in dessen Buchsbaumhecke gekotzt. Die spinnt doch.»
 Aber wirklich. Die spinnt doch. Es war Kirschlorbeer.

EMPFANGSBEREIT

Mit der ins Schloss fallenden Wohnungstüre fällt auch der Zwang, ausgehtauglich zu sein. Ich tausche Hemd gegen T-Shirt, Hose gegen Jogginghose, Kontaktlinsen gegen Brille und nehme das drastisch fallende Attraktivitätsbarometer gelassen in Kauf. Verbringe ich ganze Tage zu Hause, so verzichte ich auch schon mal komplett auf Gesellschaftstauglichkeit. Die dafür notwendige Körperpflege oder das Tragen von Hosen lasse ich dann gerne aus. Auf dem Dorf scheint es allerdings üblich, vorsichtshalber immer richtig angezogen zu bleiben. Ausgehfertig, obwohl man drinbleibt. Es könnte ja jemand kommen. Von einer fernen Bekannten, die in einem anderen Teil Deutschlands das provinzielle Idyll zu ihrem Lebensstandort machte, vernahm ich kürzlich dies: «Wenn ich zu Hause bin, bleibe ich den ganzen Tag empfangsbereit.» Ich wunderte mich über diese Offenheit und fragte sie, wie man denn dieses biologische Wunder vollbringe. Sie klärte mich auf – also sie klärte das Missverständnis auf: «Meine Nachbarin kommt gerne und oft zu einem unangemeldeten Spontanbesuch vorbei. Da will ich nicht aussehen wie Hartz IV.»

Ob sie das denn nicht störe, immer derart abrufbar sein zu müssen? Nein, sie habe sich daran gewöhnt. «Abends kann ich ja sehen, wann bei denen das Licht im Wohnzimmer angeht. Dann weiß ich, dass sie heute nicht mehr kommt, schmink mich ab und zieh mir was Bequemes an.» Das als Reaktion auf meinen geschockten Gesichtsausdruck addierte «Ach, das is nich so schlimm!» wirkte wie ein verzweifelter Versuch von Autosuggestion.

Seit dieser Unterhaltung saß mir selbst in meiner geschützten Wohnstube eine leichte Paranoia im Nacken. Von nun an trug ich zu Hause Hemd und Jackett, an Sonntagen auch mal eine Krawatte. Ich kochte grundsätzlich für mindestens zwei, überprüfte ständig akribisch den Vorrat an Kaffeebohnen und abonnierte die FAZ, um die jeweils aktuelle Ausgabe dekorativ auf dem Küchentisch zu drapieren. Um nicht verschreckend intellektuell zu wirken, legte ich den Stern dazu. Außerdem schaffte ich mir einen Vorrat beliebter Gesellschaftsspiele an. Beim Füllen der Goodie-Bags kam mir ein beängstigender Gedanke: Vielleicht hat das ja denselben Effekt, wie wenn man auf dem offenen Meer das blutende Bein ins Wasser hält. Man lockt damit die Haie an! In diesem Moment der Erkenntnis klingelte es an meiner Haustüre. Das war's. Vorbei die Zeit intimer Anonymität. Die Wölfe haben das Aas gerochen. Ich überprüfte, ob das Jackett sitzt, wischte mir über die Anzugschuhe, frischte den Parfümduft auf und öffnete die Tür. Tatsächlich stand da ein Nachbar. Es war Günter, er wohnt zwei Häuser weiter. Günter ist etwa in meinem Alter und hat keinen Nachnamen, zumindest ist er weder Kraft, Fuchs noch Huber. Günter trug einen Jogginganzug und Badelatschen, die schon einmal bessere Zeiten gesehen haben. Diese Zeiten lagen geschätzt vor dem Fall der Mauer. Der nachnamenlose Nachbar entschuldigte sich für die Störung, und seine Augen führten einen Textilscan an mir durch. Er habe ja nicht gewusst, dass ich gerade wegwollte. Ich winkte ab und verneinte.

«Dann hast du wohl Besuch?», fragte Günter und verwies dabei subtil auf mein Outfit. «Nein, ich bin alleine und verbringe heute den ganzen Tag zu Hause. Möchtest du reinkommen und etwas essen? Oder einen Kaffee? Oder was essen und dann Kaffee? Ich habe auch Brettspiele. Komm, wir setzen uns am besten an den Küchentisch. Hab gerade Zeitung gelesen in der Küche.»

Günters Blick schwankte zwischen misstrauisch und amüsiert. «Ich hoffe, es ist nicht unverschämt, aber könntest du mir eventuell ganz kurz helfen?».

«Immer noch kein Bild. Jetzt ist das Flackern weg. Ich mach noch mal Sendersuchlauf!» Ich sitze in Günters Dachgeschosswohnung auf Günters terrakottafarbenem Sofa, meinen Blick auf Günters riesigen LED-Fernseher gerichtet. Ich mache noch mal Sendersuchlauf. Günter installiert gerade auf dem Dach eine neue digitale Satellitenschüssel. Wir schreien uns an: «Jetzt?» – «Er sucht noch!» – «Und jetzt?» – «Immer noch!» – «Kommt was?» Günter scheint mich nicht richtig zu hören, ich stehe also auf und strecke meinen Kopf aus dem Dachfenster, aus dem er geklettert ist. Mit dem Rücken zu mir sitzt er einen Meter vor meinem Gesicht in einer unbequemen und nicht besonders sicher anmutenden Position auf dem Dach. Aus Gewohnheit schreie ich genauso laut wie eben: «Sendersuche läuft!» Günter erschrickt, der Schraubenzieher fällt ihm aus der Hand, er versucht ihn noch zu fassen, verliert dabei seinen ohnehin schon unsicheren Stand und gleitet auf den Dachziegeln herab. Oh mein Gott! Ich klettere ungelenk aus dem Fenster, ignoriere, dass ich Jackett und Hose dabei völlig ruiniere, und will Günter die Hand reichen. Dummerweise löst sich beim ersten Schritt auf das Dach ein Ziegel, der in direkter Bahn auf den sich mit dem rechten Fuß auf der Dachrinne abstützenden Günter zurast. Die Zeit reicht nicht einmal mehr für ein «Scheiße». «Sch…», sagt Günter also, bevor der Dachziegel seine Stirn stempelt. Günter taumelt, sein rechter Fuß rutscht von der Dachrinne, das Geräusch des auf der Motorhaube von Günters neuem BMW landenden Ziegels verdeutlicht noch einmal die gefährliche Höhe. Sich mit beiden Händen an der Dachrinne festhaltend, baumelt Günter jetzt fluchend über seiner Einfahrt. Eine Badelatsche gleitet von seinem Fuß und verfehlt den BMW nur knapp. Ich weiß nicht, warum, aber ich wiederhole meinen Bericht noch einmal weniger laut: «Sendersuche läuft noch!» Günter sagt nichts. Vorsichtig taste ich mich zu ihm vor und strecke meine Hand aus. Er geht nicht darauf ein. Aus eigener Kraft zieht

sich Günter hoch und versucht dabei vor allem, die zweite Badelatsche am Fuß zu behalten. Es gelingt ihm. Nachdem er wieder
sicheren Stand hat, sieht er mich kurz mit einem Ausdruck in seinem blutüberströmten Gesicht an, der für mich nichts Gutes zu
bedeuten scheint. Ich suche Halt. Er beruhigt sich schnell wieder, wischt sich mit dem Handrücken das Blut von der Stirn, deu-
tet in Richtung Fenster und sagt ganz ruhig: «Geh du vor!» Ich
sage jetzt besser nichts und folge seiner Anweisung. Nacheinander
klettern wir durch das Dachfenster wieder in die Wohnung und
stellen fest: Die Sendersuche ist abgeschlossen, alle Programme
eingespeichert, das Bild gestochen scharf. Ich freue mich. «War
gut, dass ich noch mal auf Sendersuche gegangen bin, sonst hät-
test du da noch ewig den Fehler gesucht.» Günter sagt nichts. Ich
frage, ob ich ihn denn zum Arzt fahren soll wegen der Stirn und
so. «Nur 'ne Schürfwunde. Kein Thema. Danke für die Hilfe, ich
komm jetzt alleine klar.» Schätze die Situation so ein, dass Günter
jetzt nicht mehr auf einen Kaffee bei einer Runde Malefiz vorbeikommen möchte.

Zu Hause stelle ich fest, dass meine Hosen extrem schmut-
zig sind und mein Jackett mit Blutflecken besprenkelt ist. Ich beschließe daher, von nun an wieder mein bequemes Indoor-Outfit
zu tragen. Ich glaube nicht, dass so schnell wieder Besuch kommt.

LEBENSZEICHEN

Der Begriff «Provinz» wird allgemein und zu Unrecht im abwertenden Sinne verwendet. Als Provinz bezeichnet man laut Lexikon eine «administrativ-territoriale Einheit». Klingt weniger abwertend, aber auch nicht viel besser. Ich bin Administrator einer Provinz in der Provinz. Die von mir zu verwaltende territoriale Einheit ist ein kleiner Garten, der sich bisher ganz gut selbst verwaltet hat. Ein schmaler, von der Küche aus begehbarer Grünstreifen seitlich des Hauses und ein Vorgarten gehören laut Mietvertrag zu meinen Pflichten. Da ich ein ausgeprägtes Pflichtbewusstsein besitze, gerade im ökologischen Bereich, habe ich da bisher bewusst nicht eingegriffen. Umweltbewusst. Um den Kreislauf der Natur nicht zu stören. Natürlich, nachhaltig und so. Der Außenstehende würde vielleicht unterstellen, meine Untätigkeit hätte etwas mit Faulheit zu tun, aber nein: Ich tue aus Respekt vor der Natur nichts! Ich möchte ja auch nicht, dass mich ein Fremder rasiert, weil er glaubt, es würde mal wieder Zeit werden. Das wäre doch unverschämt und respektlos. So unverschämt und respektlos möchte ich zu meinem Garten nicht sein. Die Natur erledigt das praktischerweise immer irgendwie von selbst. Und wenn die Natur in den Spiegel blickt und sagt: «Mensch, ich müsste mich mal wieder rasieren!», dann lässt sie sich schon was einfallen – zum Beispiel den Winter. Schwups, alle Blätter fallen herunter, das Gras kompostiert so vor sich hin. Toll, so eine Natur! Mit meiner Strategie der passiven Gartenarbeit bin ich lange sehr gut gefahren, bis ein Schlüsselblumen-Moment alles änderte.

Es gibt zwei verlässliche Wege, sich Inspiration zu verschaffen, darin sind sich bestimmt alle Schriftsteller einig. Der eine heißt «ins Glas schauen», der andere «durchs Glas schauen». Da es noch zu früh für Variante eins ist (gut, die ehrliche Begründung wäre der durch passive Einkaufsarbeit entstandene Mangel an Alkoholika), bleibt mir nur Variante zwei. Ich sitze am alten Schreibtisch und schaue also Inspiration suchend aus dem Fenster heraus. Das Fenster ist gen Vorgarten gerichtet, ich sehe viel Grün. Aber auch Braun. Vielleicht sogar mehr Braun als Grün. Das Wetter ist trotzdem schön, denn der Natur ist es eben egal, wie mein Garten aussieht. Die Toleranzgrenze der Natur verläuft allerdings anders als die des Dorfbewohners.

Heute ist das, was ein Radiowettermann als einen herrlichen Frühlingstag bezeichnen würde. Die Sonne scheint, der Himmel ist blau, die Vögel zwitschern. Und die Blumen blühen. Woanders zumindest. Bei mir ist das eher ein schmaler Grat zwischen Garten und Kompost. Würde man in Gärtnerkreisen die wilde Schönheit des Löwenzahns, die Erotik des erdklumpigen Maulwurfhügels und die zu Unrecht unterschätzte Ästhetik der wuchernden Brennnessel anerkennen, wäre mir die Auszeichnung «Garten des Jahres» sicher. Ist aber nicht so. Da gibt es Regeln. Kaum gräbt sich etwa ein munterer Maulwurf in den Untergrund, ruft man «Oben bleiben!» und vertreibt den kurzsichtigen Zeitgenossen unwirsch. Das Untertunnelungsprojekt wird frühzeitig gestoppt. Maulwurf 21 – ein ewiges Streitthema in Deutschland. Ich sehe also aus dem Fenster und erkenne schon von weitem ein älteres Ehepaar beim Spaziergang. Sie sind leicht zu erkennen, denn auf dem Dorf sehen Oma und Opa noch aus wie Oma und Opa. Man trägt ausschließlich beigefarbene Kleidung, die Herren pepitagemusterte Hüte, die Damen lilafarbenes Haar. Die beiden Spaziergänger entsprechen dem Modell, das ich selbst gerne als Großeltern hätte. «Süß, die zwei», denke ich und beobachte, wie das Paar vor meinem Garten stehen bleibt und zunächst regungslos innehält. Nach ein paar Schocksekunden verarbeiten sie, was sie da sehen müssen, und stimmen ein perfekt synchrones Kopf-schütteln an. Durch das gekippte Fenster bröseln Gesprächsfetzen herein. Der Pepitahut ist sich sicher, dass hier jemand gestorben sein muss, anders sei diese Verwahrlosung nicht zu erklären. Der Lilaschopf weiß aber, dass im Kraft'schen Elternhaus inzwischen so ein Sprecher wohnt und der sich ja eigentlich kümmern müsse. Beide verstummen noch einmal für Sekunden, um dann wieder mit einer perfekt abgestimmten, dieses Mal länger anhaltenden und exakt gleichzeitig endenden Kopfschüttelchoreographie zu beeindrucken. Sie gehen weiter, er wirft noch einen letzten Blick auf mein Biotop und fragt seine Frau, ob sie sich sicher sei, dass da jemand wohnt. Mir wird schmerzlich klar, dass ich von nun an nur zwei Wege gehen kann. Entweder ich täusche mein Ableben vor, oder ich bringe diesen Garten auf Vordermann. Die Entscheidung ist natürlich schnell getroffen, zumal die eine Variante schon ziem-lich absurd ist und damit sofort ausgeschlossen wird. Ich brauche also jemanden, der mir eine Sterbeurkunde ausstellt.

DER HALBE MANN UND DER MÄHER

Selbsthilfe, Selbstverantwortung und Selbstverwaltung. Das sind die drei von Friedrich Wilhelm Raiffeisen entwickelten Grundsätze der Genossenschaften. Selbst ist der Landmann. Raiffeisen-Märkte bilden das ländliche Pendant zum bekannten Baumarkt. Hier kann man nicht nur regionale Erzeugnisse und Ausrüstung für die Landwirtschaft kaufen, sondern auch Gartengeräte aller Art. Zum Beispiel Rasenmäher. Da meine Fähigkeiten in Photoshop beschränkt sind und sich auch sonst niemand fand, der mein Ableben schriftlich attestieren wollte, habe ich schließlich nachgegeben und beschlossen, der Natur ins Handwerk zu pfuschen. Ich werde Gartenarbeit verrichten. Von diesem Gedanken erotisiert, stehe ich nun ratlos, aber motiviert in einem Raiffeisenmarkt. Ich brauche einen Rasenmäher. Es gibt hier Rasenmäher. Viele Rasenmäher. Ich schaue mich um und versuche meine Unkenntnis der Materie nicht allzu offen zu zeigen. Es riecht nach Schmieröl und Futtermittel. Die anderen Kunden sind ausschließlich Männer in Blaumännern oder Holzfällerhemden. Sie fachsimpeln untereinander und mit dem Personal im Dialekt, der mir jetzt vorkommt wie eine Fremdsprache. Nicht, weil ich den Dialekt nicht verstehe, sondern ob der Flut landwirtschaftlicher Fachbegriffe. Ich ertappe mich dabei, den Rasenmäherfuhrpark nach Designansprüchen zu durchforsten, und entscheide mich dabei beinahe für einen schwarzen Mulchmäher. Schwarz sieht cool aus. Das wäre mein Auswahlkriterium. Keine Ahnung, was ein Mulchmäher ist. «Na, auf der Suche nach'm neuen Mäher?», spricht mich ein Verkäufer in Raiffeisengrün an. Er geht also erst gar nicht davon aus, dass ich hier den ersten Rasenmäher meines Lebens kaufen möchte, sondern vorhabe, einen neuen zu erwerben. Um nicht vollkommen exotisch zu wirken, antworte ich, dass ich erwäge, mir einen Zweitmäher zuzulegen. Für sonnige Sonntage. «Sonntags dürfe Se aber net mähe», klärt mich der Hobbyjurist auf. Ich versuche, meine fachliche Inkompetenz durch die in Fachmärkten allgemeingültige Frage «Was haben Sie denn im Angebot?» zu überspielen. «Kommt drauf an, was Sie suchen. Also der Mulchmäher hier hat Schlegelmähertechnik, 65 Liter Fangbox ...» Es folgt eine gesprochene Aneinanderreihung ausführlichen Rasenmäherlateins. Ich nicke fachmännisch. In meinem Kopf schlägt ein Äffchen in Pagenuniform rhythmisch zwei Becken aneinander, während der freundliche Verkäufer die technischen Daten des Mulchmähers gewissenhaft vorträgt. Als er fertig ist, ergreife ich die Flucht nach vorn: «Ach, da fällt mir ein, dass ein Mulchmäher doch nicht das Richtige ist. Ich hab ja mehr Gras als Mulch zu mähen. Mulch wächst bei mir nicht so gut. Gras schon. Ich brauche also eher einen Grasmäher. Einen schwarzen am besten.» Spätestens jetzt weiß auch der Verkäufer, dass ich von Rasenmähern weniger Ahnung habe als von südungarischer Kunsttischlerei des 17. Jahrhunderts.

Zwischen Mulchmäher, Sichelmäher, Mähdrescher, Spindelmäher, Elektromäher und noch viel mäher entscheide ich mich für ein elektrisch betriebenes Modell in Grün. Schwarz gab es leider nicht. Es hätte mich auch nicht gewundert, wenn es den Elektromäher nur in den Farben Pink, Rosa und Mauve gegeben hätte. Rasenmäher, für deren Aktivierung man nicht kräftig an einer Kordel ziehen muss, die keinen Benzingeruch in der Sommerluft verteilen und deren Geräuschpegel nicht in Konkurrenz zu der einer konventionellen Gokartbahn stehen, gelten nämlich als nicht besonders männlich. Das sagt einem keiner, doch wer einmal in die belächelnden, fast schon mitleidig dreinblickenden Gesichter des in Raiffeisenmärkten residierenden Rasenmäherfachpublikums geblickt hat, spürt ganz deutlich eine Form von Abwertung. «Der arme Kerl kauft einen Elektromäher. Tja, das passiert, wenn einem bei der Geburt versehentlich der Penis abgetrennt wurde.»

Bevor ich meine Neuerwerbung ins Auto lade, krame ich Baseballkappe und Sonnenbrille aus dem Handschuhfach und vermumme mich damit. Neben dem elektrischen Wiesenrasierer habe ich noch eine Schaufel, eine Gartenschere und Blumenerde gekauft. Eigentlich bräuchte ich noch Handschuhe zum Schutz vor verschmutzten Händen, aber nach der Sache mit dem Elektromäher wollte ich mein Weichei-Image nicht überstrapazieren. Dafür habe ich ein paar Blumen und Pflanzen eingekauft. Unter anderem Hortensien. In der Zeitung las ich nämlich kürzlich, Hortensien hätten eine ähnliche Wirkung wie das THC, das in Cannabispflanzen für die berauschende Wirkung zuständig ist. Die Vorstellung, ein spießbürgerlich anmutendes Blumenbeet sei vor allem eine gut getarnte Drogenplantage amüsierte mich. Ich erwäge, noch ein paar Mohnblumen zu kaufen.

Man kann sich anstrengen, wie man will. Es wird nie elegant aussehen. Und schon gar nicht männlich. Obwohl es doch so viel gefährlicher ist. Ich hätte mich heute immerhin schon mehrmals beinahe zu Tode stranguliert, in Stücke zermetzelt oder per Stromschlag ins Jenseits befördert. Der Nachteil an Rasenmähern, die mit Strom betrieben werden, ist, dass sie mit Strom betrieben werden. Ein 20-Meter-Stromkabel birgt 40 potenziell todbringende Fallen in sich. Und dass der Mähprozess sich zu einem albernen Tanzballett entwickelt, hat mir auch keiner gesagt. Es ist schon ein bisschen erbärmlich, wie ich da so vor mich hin mähe. Ich spare nicht nur an CO_2, ich spare vor allem an CO OL. Wenn auch uncool, so mähe ich zumindest das kleine Stückchen Rasen vor dem Haus und fühle mich prompt dazugehörig. Spaziergänger lassen mir anerkennende Blicke zukommen. «Schau mal, der Herr Krause mäht. Mit einem Elektromäher. Ich hab mir ja gleich gedacht, dass der schwul ist.»

Während des Mähvorgangs erlebe ich eine bestimmte Form der Kommunikation, die mir hier des Öfteren begegnet. Man formuliert den offensichtlichen Tatbestand der gegenwärtigen Situation als Frage. Im Gegensatz zur rhetorischen Frage, die der Beeinflussung dient und semantisch der Behauptung nahesteht, wird hier einfach nur fragend ausgesagt, was jedem klar ist. Ich mähe also. Nachbar Huber trägt gerade Einkäufe in sein Haus auf der gegenüberliegenden Straßenseite. Er sieht mich und ruft über die Straße: «Ah. Sie mähen den Rasen?» Ich höre ihn wegen des zwar reduzierten, aber immer noch deutlich hörbaren Rasenmäherlärms nicht. Er sagt es noch einmal. «Bitte?», rufe ich.

«Sie mähen den Rasen??» Ich schalte den Rasenmäher ab, damit ich Herrn Huber verstehen kann. «Wie bitte?»

«Sie mähen den Rasen?» Ich blicke auf das ausgeschaltete Gerät und antworte ehrlich: «Nein.» Ich bin der festen Überzeugung, Herr Huber hat damit angefangen, diesen Smalltalk in eine Sackgasse zu prügeln, aber meine Antwort entspricht einfach nicht den Regeln und verunsichert den Nachbarn sichtlich. Ich möchte den netten Mann aber nicht verunsichern und mache daher einen Neuanfang:

«Sie tragen gerade die Einkäufe ins Haus?» Ein erleichtertes Lächeln macht sich auf dem sonnengegerbten Gesicht des Rentners breit. So führt man ein Gespräch! «Ich hab fünfundvierzig Jahre bei der Poschd gearbeitet.» Der abrupte Themenwechsel ist eine mir bis dato unbekannte Form des höflichen Nachbartalks. Ich versuche mitzuhalten: «Gestern habe ich Sommerreifen aufziehen lassen.» Herr Huber entgegnet: «Soll regnen heut Abend – isch gut für den Rasen.»

«Hauptsache gesund!», scheint mir eine angemessene Schluss-
formel zu sein. Es funktioniert. Herr Huber lächelt und winkt
mir noch einmal freundlich zu, bevor er ins Haus geht. Mit dem
Gefühl, mal wieder ein richtig gutes Gespräch geführt zu haben,
mähe ich zu Ende.

DAGEGENSPRECHANLAGE

Neben einer ordentlichen deutschen Wohnungstüre hängt immer eine ordentliche deutsche Gegensprechanlage. Sie dient dem Schutz vor ungewollten Gästen. Man hört zuerst einmal nach, wer da klingelt, und dann entscheidet man sich, ob man nun den Türöffner drückt oder nicht. Das Prinzip Quizshow – erst denken, dann buzzern. Ich mache häufig Gebrauch von meiner Gegensprechanlage. Sehr oft allerdings unfreiwillig, da ich den Hörer nicht richtig auflege und somit der Außenwelt phonetisch das Innere meiner Wohnung darbiete. So kam es tatsächlich schon vor, dass Passanten an meiner Tür klingelten, um mich freundlicherweise auf diesen Missstand hinzuweisen.

Ding Dong.
«Ja?»
«Guten Tag!»
«Guten Tag.»
«Man kann alles hören!»
«Hm. Stimmt nicht ganz. Eine auf Watte landende Feder zum Beispiel kann man nicht hören. Oder eine Explosion im Weltall.»
«Von Ihnen kann man alles hören!»
«Oh, vielen Dank. Jetzt fühle ich mich ein bisschen wie Phil Collins.»
«Sie müssen den Hörer auflegen!»
«Aber das fänd ich jetzt irgendwie unhöflich. So mitten im Gespräch.»

Die folgenden zehn Sekunden Stille werden vom Grundrauschen der Gegensprechanlage unterstützt.

«Jedenfalls kann man alles hören, was Sie da so machen, weil Sie den Hörer von Ihrer Gegensprechanlage nicht richtig aufgelegt haben. Das wollt' ich nur mal sagen.»

«Hat man jetzt etwa die ganze Zeit alles gehört?»

«Manchmal musste man näher ran, um es richtig zu verstehen. Aber sonst, ja: Alles gehört!»

«Und wie lange hören Sie da jetzt schon zu?»

«Halbe Stunde vielleicht.»

«Und warum haben Sie nicht schon vorher geklingelt?»

«Wusste ja nicht, bei wem. Musste erst mal einen Hinweis haben, von wem man da so alles hört.»

«Und wie haben Sie dann gemerkt, dass ich das bin, von dem man da so alles hört?»

«Na, eben hat doch Ihr Telefon geklingelt, da haben Sie sich mit Namen gemeldet.»

«Ach ja. Stimmt. Das ist aber auch schon zehn Minuten her.»

«Ich wollt ja das Gespräch nicht stören.»

«Danke, das ist sehr höflich.»

«Bitte.»

Die nächsten zehn Sekunden Gesprächspause höre ich den Passanten an meine Tür atmen.

«Ja. Nun. Ich würde dann mal auflegen, wenn Sie sonst nichts mehr haben.»

«Ja. Nö. Das wär's dann auch von meiner Seite.»

«Vielen Dank für den Hinweis.»

«Bitte schön. Tschüss!»

«Auf Wiederhören.»

Ich lege den Hörer sorgfältig auf und hinterfrage noch einmal still meine Abschiedsfloskel.

So eine Türsprechanlage ist wirklich eine feine Sache. Vor allem für Feiglinge. Man kann damit Absagen erteilen, ohne in die traurigen Augen desjenigen blicken zu müssen, der die Abfuhr gerade erhält. Der Bofrost-Mann zum Beispiel. Er beliefert das Dorf mit tiefgekühlten Convenience-Produkten. Ein Geschäftsmodell, das ich nie so richtig verstanden habe. Tiefgefrorenes hat die wunderbare Eigenschaft, sehr lange zu halten. Man kann also in den Supermarkt fahren, dort den kompletten Gefrierschrank leer kaufen und hat dann eine ganze Weile Ruhe in der Truhe. Da muss nicht noch einer regelmäßig vorbeikommen und noch mehr auf cool machen. Nachdem ich also mein Desinteresse an der Produktpalette von Bofrost bekundet hatte, hörte ich ein Schniefen von der anderen Seite der Gegensprechanlage. Ich weiß nicht, ob der Frosterbsenchauffeur einfach nur verschnupft war oder ob da doch die bittere Träne des Zurückgewiesenen erklang. Hinter der sicheren Mauer meiner Gegensprechanlage erreichte mich diese Welle tiefgehender Emotionen des Lkw-Fahrers jedenfalls nicht. Ich war kälter als sein Laderaum. Diese emotionale Panzerung ließ mich härter werden. Die Gegensprechanlage hat mich verändert.

An einem sonnigen Samstag im März:

Ding Dong.
    «Ja?»
    «Guten Tag, Herr Krause. Mein Name ist Birgit Lembrecht-Kürth, und bei mir ist mein Kollege Stefan Kaiser.»
    «Guten Tag, Frau Lembrecht-Kürth. Hallo, Herr Kaiser!»
    «Herr Krause, wir würden gerne mit Ihnen über Gott reden.»

«Och, das ist nicht meine Art. Ich möchte nicht über jemanden reden, der nicht anwesend ist. Das hat so was von Lästerei.»

«Aber...»

«Schönen Tag noch, Frau Lebkuchen, Tschüss, Herr Mannheimer!»

Am Abend des 31. Oktober. Die Amerikanisierung hat nun auch das Dorf erreicht:

Ding Dong.

«Ja?»

«Häppi Halloween!»

«Danke, gleichfalls.»

«Süßes oder Saures!»

«Och, ich nehm gerne was Süßes.»

«Nein, Sie müssen uns was geben, sonst spielen wir einen Streich!»

«Hm. Hunde sind doch süß, oder?»

«Jaaaa!»

«Mögt ihr Hunde?»

«Jaaaa!»

«Prima. Dann lass ich jetzt die seit Tagen total ausgehungerten Kampfhunde raus!»

Die Trippelgeräusche rennender und schreiender Kinder werden immer leiser.

Ein anderes Mal ertappe ich mich bei dem Gedanken, wie praktisch es doch wäre, über eine Gegensprechanlage Schluss zu machen. Ob das schon mal jemand gemacht hat? Man lädt den Noch-Partner zu sich nach Hause ein, öffnet allerdings nicht die Türe, sondern beendet die Beziehung an der Schwelle. Das ist praktisch und lange nicht so würdelos wie das Schlussmachen per SMS.

Halte geschockt inne und stelle fest: Diese Gegensprechanlage hat ein Monster aus mir gemacht! Hole schnell starkes Klebeband und versiegele die Anlage. Schweig, Dämon! Als hätte der Dämon mich gehört, klingelt es.

Ding Dong.

Aus Reflex greife ich zum Hörer, doch das ist nun vorbei. Ich muss mich der Wahrheit stellen. Also öffne ich die Tür. Den Bofrostmann erkenne ich sofort an seiner Uniform. Sein Blick ist auch aus Eis. Ich zittere ein bisschen. Eine Aura der Kälte umgibt ihn. Er würde einen guten Bösewicht im nächsten Batman-Film abgeben. Wir sehen uns die längsten fünf Sekunden meines Lebens in die Augen.

Ein paar Minuten später belade ich meine Tiefkühltruhe mit fünf eiskalten Säcken Tiefkühlerbsen, drei Kilogramm Fischstäbchen und einer unsinnigen Menge an Kroketten. Das alles muss ich innerhalb eines Monats verspeist haben. Denn dann kommt der Mann von Bofrost wieder und bringt die neue Lieferung.

FOXY LADIES

Ich bin ein Spätzünder. Morgens brauche ich Zeit zur Wiederherstellung der kommunikativen Fähigkeiten, die ein Sozialleben so erfordert. Bei außenstehenden Beobachtern würde ich wohl als Morgenmuffel gelten, es ist aber eher eine geistige Trägheit, die mich in meiner Begeisterungsfähigkeit sowie der Fähigkeit, selbst unkomplizierte Vorgänge zu verrichten, einschränkt. Vorgänge wie Gehen, Sprechen oder Denken. So gehört es für mich nicht unbedingt zu den vergnüglichsten Aufgaben, an einem Samstagmorgen Frühstücksbackwerk zu erwerben. Aber manchmal muss man eben. Um sich zu beweisen, dass man es kann. So will ich heute, an diesem sonnigen Samstagvormittag, Brötchen bei der Bäckerei Fuchs holen. Ohne mich vorher durch den Konsum einer medikamentös notwendigen Tasse Kaffee aufzupäppeln, verlasse ich das Haus. Das um diese Uhrzeit nur eingeschränkt funktionierende motorische Notfallsystem zieht mir vorher eine Jogginghose, Sneakers und eine Sonnenbrille an. Abgerundet wird mein Outfit durch Star-Wars-Shirt und -Frisur – ich habe in beidem geschlafen. Wäre ich Brad Pitt und würde hier irgendwo ein Paparazzo auf mich zielen, wäre die gern verwendete Celebrity-Style-Intouch-OK-Gedöns-Bildunterzeile «Schlabberlook» obligatorisch.

Auf dem Weg zur Bäckerei Fuchs möchte ich nur eines: unbemerkt bleiben. Das ist auf einem Dorf von der Machbarkeit her ungefähr so einfach wie die Aufzählung aller Primzahlen unter tausend in zwei Minuten und drei Fremdsprachen.

Nach sechs gewünschten Guten Morgen und vier Bestätigungen, dass das Wetter ja heute schön sei, öffne ich die Glastüre, die mein Eintreten in die Bäckerei Fuchs mit einem echten «Palim-palim» ankündigt. Ich werde meine Brötchen in einer Flasche ordern. Eine ältere Frau hat gerade eine Bestellung für Sonntag-morgen aufgegeben und wird mit einem «Schöner Tag!» ver-abschiedet. Es sollte wohl «Einen schönen Tag noch!» heißen, aber in der badischen Subkultursprache weiß man, was gemeint ist, wenn einem jemand «Schöner Tag!» hinterherruft. Meistens wird dem noch ein bestätigend-nachfragendes «gell?» hinzuge-fügt. «Schöner Tag, gell?» Gemeint ist dann wohl: «Ich wünsche Ihnen noch einen schönen Tag. Das haben Sie doch mitbekom-men, dass ich Ihnen einen schönen Tag wünsche, nicht wahr?» Wenn einer schon höflich ist, will man auch sichergehen, dass es der Empfänger mitbekommen hat.

Hinter der Theke steht eine junge Frau, deren wasserstoffblon-der Haarschopf von einem pinkfarbenen Haargummi zusam-mengehalten wird. Der toupierte Pony legt ein hübsches, stark geschminktes Gesicht frei, das auf Mengenrabatte bei Make-up-Einkäufen schließen lässt. Pinkfarbene Ohrringe, die auch als Hula-Hoop-Reifen für adipöse Zwerge durchgehen könn-ten, harmonieren mit den gleichmäßigen, fast angestrengten Kieferbewegungen, die das rosafarbene Riesenkaugummi in ih-rem Mund erfordert. Hubba Bubba 's not dead. Ich rekapitu-liere kurz, ob ich vielleicht auf dem Weg von einem weißhaari-gen Mann namens Doc Brown in einen DeLorean gezerrt wurde. Doch ich bin nicht in den achtziger Jahren, sondern in der Bä-ckerei Fuchs gelandet. Das Namensschild am sehr, sehr weit aus-geschnittenen und prall gefüllten Dekolleté stellt die Hairspray-queen als «Sandra Fuchs» vor. Aha. Dem Fuchs sei Sandra. Das Luder. Ich erinnere mich an die Worte von Frau Kraft. Und ich stelle fest, dass ich bei dem Gedanken an zwei frische Milchbrötchen meinen Blick immer noch nicht von denselben abgewandt habe.

«Morgähn! Was darf's sein?» Dank meiner dunklen Sonnenbrille bleibt meine Blickrichtung glücklicherweise verborgen. «Guten Morgen. Ich hätte gerne zwei weiche, runde Brötchen. Ich meine drei. Normale. Brötchen.» Fachmännisch und an einem erfolgreichen Kaufabschluss professionell interessiert, fragt Sandra nach:

«Was für?»

«Zum Essen», antworte ich für meinen Zustand ungewöhnlich schnell. Sandra Fuchs kichert laut und glucksend, ihre Auslegware wippt dazu im Takt. Hätte nicht gedacht, beim Bäcker so viel Fleisch zu sehen. Ich danke im Stillen dem Blickschutz meiner Sonnenbrille. Sandra beugt sich über den Tresen und zeigt auf die drei einsamen Brötchen. «Mir hen noch Körner, Sesam und Spitz.» Irgendwie scheint mir in diesem Moment Spitz ganz passend. Ich bestelle also einen Spitzweck.

«Was haben Sie denn sonst noch so im Sortiment?» Die Frage bezog sich wirklich auf Essbares. Die Bäckereifachverkäuferin sieht zuerst auf die über der Eingangstüre hängende Uhr und dann wieder zu mir.

«Net mehr viel. Des isch alles.» Ich hätte eigentlich wissen müssen, dass es um 11:37 Uhr für ein reichhaltiges Brotangebot zu spät ist. Man hat um diese Zeit noch exakt 23 Minuten Zeit, das Mittagessen zu servieren.

«Gut, dann nehme ich bitte noch einen Körner- und einen Sesamweck.» Sandra packt die drei Brötchen in eine Papiertüte und achtet dabei sehr gründlich darauf, dass ihre mit Glitzersteinchen verzierten künstlichen Nägel nicht mit dem Gebäck in Berührung kommen. Gekonnt nagelbruchsicher tippt sie dann einen Betrag in die Kassentastatur und fragt im Routineduktus, ob ich noch einen Wunsch hätte. Ich verneine, bedanke mich, bezahle und erhalte meine Ware. Sandra lächelt mich an, ohne dabei das Kaugummikauen zu unterbrechen. Ich kann den künstlichen Fruchtgummigeruch wahrnehmen, der sich mit dem wohligen Backduft und dem großzügig aufgetragenen süßen Parfüm Sandras zu einer seltsamen olfaktorischen Atmosphäre mischt. Chanelbrötchen mit Erdbeer. Sandras Blick mustert mich, bleibt kurz auf dem Zahnpastafleck an Luke Skywalker haften und fragt dann investigativ: «Sie sind doch in des Haus von Krafts gezogen?» Sandra gibt sich hörbar Mühe, hochdeutsch zu sprechen.

«Ja, das stimmt. Woher wissen Sie das?»

«Mir wisse alles!», antwortet Sandra und gluckst dabei wieder ihr herzhaftes Lachen. Und auf und ab. Man kann einfach nicht weggucken. Um das stereotype Bild des Dorfluders abzurunden, macht sie jetzt tatsächlich eine Kaugummiblase, die sie sofort wieder platzen lässt, um sich danach einen Kaugummifetzen von den Lippen zu lecken. Sollte dies ein Versuch lasziver erotischer Selbstdarstellung sein, gibt es hierfür heute leider kein Foto. Meine Neugierde möchte Sandra nach ihrer Luderkarriere befragen. Vielleicht ist es ja lediglich ihr Auftritt und das äußere Erscheinungsbild und nicht der Lebensstil, der sie in den Augen anderer zum Luder degradiert.

«Da hat vorher die Tamara drin gewohnt», sagt Sandra.

«Wer? Die Tamara? Wo hat die gewohnt?», frage ich.

«Dem Kraft seine Tochter. Die Kraft Tamara. Die hat in der Wohnung gewohnt, wo Sie jetzt drin wohnen.»

«Mensch, die Kraft Tamara!» Meine morgendliche Debilität hält mich außerstande, mehr Begeisterung für diesen Informationsgewinn zu zeigen.

«Ja, die Tamara. Mir waren zusammen in der Schul. Wenn Sie mich fragen: Des isch ein kleines Luder!», weiht mich Sandra ein und gluckst erneut. Auf und ab. Mir fällt ein, dass ich noch Milch kaufen muss.

65

Schätze, es kann immer nur ein Luder im Dorf geben, und Sandra ist die unangefochtene Titelverteidigerin.

Aus dem Hinterzimmer hustet sich jemand eine eindrucksvolle Auftrittsmusik. Es ist die Betaversion von Sandra, die da gerade das Raucherpäuschen beendet hat und jetzt den Bereich hinter der Ladentheke betritt. Man erkennt Sandras Mutter sofort. Das gleiche Wasserstoffblond, identisches Outfit, selber Ausschnitt. Nur eben wesentlich älter und in die typische, von konsequentem Kettenrauch und regelmäßigem Solariumbesuch gezeichnete Haut gehüllt. Sie lässt noch einmal kräftig die Ketten rasseln, bevor sie mit einem Schluck aus der auf dem Tresen stehenden Kaffeetasse nachspült. Ihr Blick schweift über das Zifferblatt der über der Eingangstür hängenden Uhr. Erst jetzt sehe ich, dass diese ein Marlboro-Werbegeschenk aus vergangenen Tagen ist. Man muss bestimmt einiges wegrauchen, um so eine Uhr als Prämie zu erhalten. Es ist kurz vor zwölf. Frau Fuchs trinkt den restlichen Kaffee auf ex. «Aaah. So. Bald hemmas gschafft!» Ihre Stimme ist rau. Sollte sich Christian Brückner bald in den Ruhestand verabschieden, könnte sie locker die Synchronisation von Robert De Niro übernehmen.

«Guten Tag. Sie bekommen schon?»

Sandra klärt ihre Mutter auf: «Hab schon. Des isch der Neue in der Kraft-Wohnung.»

«Aha. Und? Gefällt es Ihnen bei uns?», fragt mich Miss Nikotin 86 freundlich.

«Danke. Ja. Sehr schön hier», antworte ich.

«Mit ‹schön› meint er uns beide, Sandra!» Frau Fuchs lacht das Lachen ihrer Tochter, allerdings in der Diesel-Version. Das Dekolleté lacht auch hier mit. Auf und ab. Überlege plötzlich, ob ich statt Milch lieber Milchpulver kaufen soll.

«Gut. Dann danke für die Brötchen und ein schönes Wochenende noch. Auf Wiedersehen!», verabschiede ich mich. Ich trotte nach draußen in den sonnigen Tag. Die beiden Füchse rufen mir synchron hinterher: «Schöner Tag!» Ich rufe zurück: «Ja, das stimmt!» Von nun an freue ich mich aufs Brötchenholen.

HUMUS SAPIENS

Nach einem längeren Aufenthalt in der Hauptstadt kehre ich wieder aufs Dorf zurück. Ich warte nun, bis ich «runterkomme». Ständig höre und lese ich nämlich von Stadtflüchtigen, man käme ja «so schön runter» auf dem Land. Das hört man ungefähr in derselben Frequenz wie «Wenn ich will, bin ich in fünfzehn Minuten in der Stadt». Der heruntergekommene Exstädter zieht also aufs Land, um in einer Viertelstunde wieder in der Stadt zu sein. Wenn er denn will. Noch nie habe ich einen Städter sagen hören: «Und wenn ich will, bin ich in 15 Minuten auf dem Land.» Das hat auch sicher seinen Grund. Wer will schon runterkommen, wenn er vor fünfzehn Minuten noch oben war? Ich befinde mich derweil weder unten noch oben, eher so dazwischen. Im zweiten Stock des Seelenzustands.

In Stadt, Land und Fluss ist man sich in einer Sache derzeit einig: Nachhaltigkeit. Der Begriff bedarf nicht einmal der Integration in einen Satz. Alle nicken zustimmend, wenn einer «Nachhaltigkeit» nur erwähnt. «Nachhaltigkeit» ist das It-Girl der Trendschlagwörter. Was dem einen schon immer als selbstverständliche Lebenseinstellung diente, ist für den anderen Feel-Good-Fashion mit Haltung als hippes Accessoire. Nicht nur in Baden-Württemberg gilt: Grün ist das neue Schwarz. Aus Biobaumwolle im Slimfit geschneiderte T-Shirts schreien den reinkarnierten Vintagelook-Logoaufdruck «Atomkraft? Nein danke!» auf Einkaufsstraßen in ganz Deutschland. Umweltbewusstsein ist nicht mehr den schlecht gekleideten Klischee-Ökos vorbehalten. Umweltbewusstsein ist in. Die neuen Fashion-Ökos sitzen im (selbstredend grün gestrichenen) Starbucks, trinken ihren 12-Euro-Caramel-Flavoured-Whipped-Creamed-Latte-Macchiato-Venti aus einem Pappbecher mit Plastikdeckel und freuen sich dabei, dass der zwölfjährige Kaffeebohnenpflücker in Dingsbums Arbeit hat. Der Apfel auf dem Laptop ist zwar nicht grün, aber Äpfel sind kompostierbar – das hat doppelt Style. Auf dem Display läuft ein politisch korrekter Actionfilm, in dem sich zwei Hybridautos eine Verfolgungsjagd durch Kyoto liefern. In der Hauptrolle: Vin Biodiesel.

Hier zeigt sich die Landbevölkerung als Sammelbecken progressiver Trendsetter. Über den plötzlich in den Städten aufkeimenden Nachhaltigkeitsaktionismus kann man auf dem Land nur milde lächeln. So prägen etwa blau schimmernde Dächerlandschaften längst das gängige Dorfbild. Clevere Hausbesitzer schraubten sich nämlich schon vor Jahren Photovoltaik- oder Solarzellenanlagen aufs Dach und erzeugen damit Energie aus der Sonne für die Allgemeinheit. Gut, die Motivation dafür ist vielleicht subventionsbedingt eine eher finanzielle, aber das Ergebnis ist trendy.

Und Recycling erst! Mülltrennung wird großgeschrieben, schließlich handelt es sich um ein Substantiv. Mülltrennung wird hier nicht nur praktiziert, sie wird passioniert gelebt. Irgendeine Statistik sagt: Jeder zweite Müll in Deutschland wird vor Tonnenschließung wieder getrennt. Dem ländlichen Haushalt stehen dafür diverse Abfallbehältnisse zur Verfügung: Gelbe Tonne für Wertstoffe, blaue Tonne für Papier, graue Tonne für Restmüll, rote Tonne für Kork, orange Tonne für Elektroschrott, braune Tonne für Humus, neongrüne Tonne für Atommüll und viele mehr. Betriebsanleitung und Leerungszeiten entnimmt man dem jährlich erscheinenden Umweltkalender, gegen den der Terminkalender des Bundespräsidenten alt aussieht. Viele Kreise in den verschiedensten Farben markieren Termin, Stadtteil und Mülltonnenart – als hätte der Layouter eine Rolle Smarties auf die Tabellen gekotzt.

Damit die ständige Konfrontation mit dem eigenen Abfall aufrechterhalten bleibt, stellt man hier seine Mülltonnen selbst zur Abholung in die Einfahrt. Um jeden Tag die richtige Mülltonne an den Straßenrand zu zerren, habe ich eine komplizierte Excel-Tabelle erstellt und den elektronischen Kalender meines Smartphones danach konfiguriert. So werde ich täglich zu den jeweils festgelegten Zeiten mit einem akustischen Signal an das Herausrollen der Mülltonnen erinnert. Es kommt nicht selten vor, dass ich Termine verschieben oder absagen muss, weil diese mit meinen Mülltonnenzeiten kollidieren. «Dienstag diese Woche? Oh, da kann ich nicht, da ist Altpapier! Wie wäre es mit Donnerstag? Da könnte ich bis drei, dann hab ich gelbe Tonne. Nee, Freitag geht gar nicht, da fallen Bio und Rest auf einen Tag…»

Um sich schleichend und nachhaltig von städtischen Müllbeseitigern unabhängig zu machen und als kluge Präventivhandlung gegen eventuell auftretende neapolitanische Zustände gehört der selbst angelegte Komposthaufen zur Grundausstattung eines noch so kleinen Gartens. Es ist ja auch nahezu alles kompostierbar. Essensreste, Eierschachteln, Kaffeefilter. Und ich bin mir sicher, dass der ein oder andere den Blick, wenn auch nur für eine Sekunde, gen heimischen Düngerhaufen gewendet hat, als es um die bevorstehende und kostspielige Beerdigung der Oma ging.

In Sachen Umweltbewusstsein und Energiesparen macht der Landbevölkerung also so schnell keiner etwas vor. Geheizt wird meist mit eigenen Holzöfen (schon wieder verlockend, wenn es um Oma geht), und um allgemeine Energie zu sparen, schaltet sich die Straßenbeleuchtung um Punkt 23 Uhr komplett aus – es ist dann stockfinster, nur die Atommülltonnen leuchten aus dem Dorfdunkel heraus.

Und jedem Pseudogenießer möchte ich an dieser Stelle auf die Fashiondrüse drücken und dringend raten, hier einmal im Café «Kaffee am Eck» einen «Coffee to go» zu bestellen. Ich tat dies eines hektischen Morgens einmal und erntete einen fragenden Blick. Was das denn nun sei, wurde ich gefragt. Kaffee zum Mitnehmen, antwortete ich höflich. Ach so, das hätte man ja auch auf Deutsch sagen können. Ich gab der Dame recht und bekam dann ein Pfund gemahlenen Kaffee in die Hand gedrückt. Dann habe ich bezahlt und bin gegangen. Sie hat alles richtig gemacht.

FLIEGENDE GESPRÄCHSFETZEN

Es folgen drei kurze, aber wunderbare Dialoge, so hier gehört und für das internationale Publikum ins Hochdeutsche übersetzt.

1

Im Wartezimmer des Rathauses. Zwei ältere Damen unterhalten sich über ihre Mieter.

«Das sind sehr anständige Leute, die Familie Yilmaz. Die fahren einmal im Jahr alle zusammen mit dem Auto in die Türkei. Damit die Kinder ihre Heimat nicht vergessen. Weil, der Sohn ist ja in Deutschland geboren, der ist ja ... wie sagt man doch gleich?»

«Ein Deutscher mit Navigationshintergrund.»

«Genau.»

2

Beim Optiker. Ein Ehepaar sieht sich Brillenfassungen für Herren an. Sie berät ihn fachmännisch.

«Du bist ja nicht mehr nur kurzsichtig. Du bist ja inzwischen auch weitsichtig.»

«Ja, deshalb brauche ich noch zusätzlich eine Lesebrille.»

«Nein, du brauchst jetzt so eine Gleitschirmbrille.»

«Stimmt.»

3

Auf einer Baustelle. Bauarbeiter aus dem nahegelegenen Elsass arbeiten mit badischen Kollegen zusammen. Einer ruft nach einem sprachlichen Missverständnis seinem deutschen Kumpel zu:

«Manfred?»

«Hä?»

«Was heißt denn POURQUOI?»

«Warum.»

«Weil ich es wissen will!»

BIG HUBER

Es ist ein bisschen wie mit den Ameisen auf dem Waldboden. Spaziert man durch den Wald und wirft einen flüchtigen Blick auf den Boden, nimmt man einen gewöhnlichen Waldboden wahr. Wenn man aber genauer hinschaut, sieht man da eine Ameise laufen. Wenn man sich dann konzentriert, das Auge sich daran gewöhnt und noch genauer hinschaut, wird man feststellen, dass da ganz viele Ameisen unter einem wuseln. Beim ersten Hinsehen hat man sie gar nicht gesehen. So ist das hier mit den Vorhängen. Auf den ersten Blick sind das hier einfache, unauffällige Häuserfassaden, die sich dem Spaziergänger harmlos darbieten. Wenn man allerdings genauer hinschaut, sieht man da am Fenster einen sich bewegenden Vorhang. Und wenn man sich dann konzentriert und noch genauer hinsieht, wird man feststellen, dass sich da ganz viele Vorhänge an ganz vielen Fenstern bewegen – man wird eine Choreographie tanzender Gardinen erkennen.

Die Neugier der Eingeborenen hat etwas Gutes, befreit sie einen doch von der kräftezehrenden Anstrengung, sich Geheimnisse zuzulegen. Das bringt nämlich nichts – hier weiß man alles über einen. Mehr, als man selbst bisher wusste. Jede Dorf-Stasi hat ihre Kommandozentrale und ein Alphatier – hier ist es Frau Huber. Frau Huber hört zwar nicht mehr so gut, aber sie bekommt alles mit. Ihr Hörgerät trägt sie eigentlich nie in der Öffentlichkeit, da Hörgeräte nur für Menschen sind, die schlecht hören, und Frau Huber hört nach eigener Aussage nur nicht mehr so gut. In Wahrheit hört sie aber sehr schlecht, sodass ein Gespräch mit Frau Huber eine recht laute Angelegenheit werden kann. Man muss sie anschreien. Meiner Theorie nach gehört dies zur perfiden Tarnung von Frau Huber. Man hat ein schlechtes Gewissen, die alte Dame ständig im Dialog anzubrüllen. Sie wirkt dadurch harmlos und verletzlich, das macht die Observationsobjekte leichtsinnig und Frau Huber eben höchst unverdächtig. Ich glaube, das läuft so ab: Wenn sie nach dem abendlichen Blumengießen in hubertypisch gebückter Haltung wieder ins Haus geht und das Wohnzimmer betritt, nimmt ihr Körper wie selbstverständlich eine aufrechte Position ein. Nach dem Drücken eines in den Gehstock integrierten Knopfes schiebt sich das holzgerahmte Dürermotiv «Betende Hände» zur Seite und gibt eine in die Wand eingelassene Stahltür frei. Agentin Huber gibt einen siebenstelligen Code ein, der Laser scannt ihre Netzhaut, zwölf Schlösser werden entriegelt, und die Tür öffnet sich geräuschlos. Frau Huber betritt die Abhörzentrale – zahlreiche Monitore zeigen GPS-Signale, Satellitenbilder, detailgenaue Überwachungsaufnahmen und hochauflösende Darstellungen von Wärmebildkameras. Frau Huber ist jetzt online – nichts entgeht ihr mehr.

Neugier ist menschlich. Man ist sehr menschlich hier. Der Schauspieler Burt Lancaster hat einmal gesagt: «Solange man neugierig ist, kann einem das Alter nichts anhaben.» Und der gerne auf Sparkassenkalendern zitierte Albert Einstein sagte wohl einst: «Ich habe keine besondere Begabung, sondern bin nur leidenschaftlich neugierig.» Demnach müsste Frau Huber mindestens 175 Jahre alt werden und die Relativitätstheorie auf einem Bierdeckel widerlegen können.

Es ist 08:03 Uhr an einem Samstagmorgen. Dank der evolutionären Anpassungsfähigkeit schlafe ich trotz draußen mehrstimmig beginnendem Rasenmäherkonzert. Ein Klingeln unterbricht den traumbegleitenden Motoren-Klangteppich. Ding Dong. Es ist meine Türklingel. Ding Dong. Ich ignoriere sie. Ding Dong. Egal. Weiterschlafen. Wird schon wieder gehen. Ding. Pause. Dong. Das derart lange Verweilen des Klingelfingers auf der Haustürglocke zeugt wohl von großer Dringlichkeit. Also schäle ich mich, so schnell das im Halbschlaf geht, aus dem Bett und schlurfe zur Tür. Frau Huber steht mit einem gelben DHL-Päckchen in der Hand im Treppenhaus. Für die Frage, wie sie hier hereingekommen ist, bin ich noch zu müde. Sie mustert mich, und wenn ich mich nicht täusche, ist da etwas leicht Abschätziges in ihrem Blick. Ich kontrolliere so beiläufig wie möglich meine Mundwinkel auf herabhängende Speichelfäden und stelle erst jetzt fest, dass ich in meinen Unterhosen im Türrahmen stehe. Ein kurzer Schockmoment wirft die Frage auf, ob mir die Sache mit der morgendlichen Durchblutung gerade zum Verhängnis wird. Alles gut. Nur ich stehe im Türrahmen.

«Guten Morgen, Frau Huber», krächzt meine Frühstimme. «Ich höre nimmer so gut, Sie müssen lauter sprechen!» Frau Huber gibt die Lautstärke vor, das Echo im Treppenhaus verstärkt ihre Aussage um ein Vierfaches. Ich schreie ihr ein «GUTEN MORGEN!» entgegen und frage, ob sie da ein Päckchen für mich habe. Sie verneint und sagt, sie habe da ein Päckchen für mich.

«VIELEN DANK!», schreie ich mit aller Kraft.

«Hab ich Sie geweckt?»

«ICH WOLLTE EH GERADE AUFSTEHEN!», lüge ich brüllend.

«Bei Ihnen wird es abends später und dann auch morgens spät, gell?» Frau Huber ist direkt. Ich nicke übertrieben – als würde sie diese stumme Geste so besser hören. Wie hat sie die von außen unübersehbar heruntergelassenen Rollläden an meinem Fenster wohl interpretiert? Ging sie davon aus, dass ich gerade einen morgendlichen Diavortrag halte?

76

«Das hat die Post gestern für Sie abgegeben.» Sie streckt mir mit einer Hand das Päckchen entgegen und stützt sich mit der anderen auf ihrem Gehstock ab. Ich komme die Treppe herunter, um ihr die Sendung abzunehmen.

«Ist ganz leicht, das Päckle. Ist nix Schweres drin, gell?»

Ich gönne mir ein Scherzchen und sage in normaler Lautstärke: «Das ist das Kokain, das ich in Kolumbien bestellt habe.» Frau Huber hat nichts verstanden. Frau Nowak schon. Die Nachbarin aus der Wohnung über mir ist nämlich gerade in diesem Moment im Treppenhaus auf dem Weg zur Haustür und steht jetzt direkt hinter mir. Sie sieht misstrauisch auf das Päckchen, dann auf meine Unterhosen und überspielt die Situation sofort mit unverbindlicher Freundlichkeit.

«Guten Morgen, Frau Huber. Guten Morgen, Herr Krause.»

Dann passiert es. Natürlich. Muss ja, ist ja Comedy. Das Geräusch meiner zufallenden Wohnungstüre wird durch das Treppenhausecho bestätigend wiederholt. Natürlich habe ich keine Schlüssel.

«Scheiße!», sage ich.

«Wie bitte?», sagt Frau Huber.

«Ich habe keine Schlüssel!», sage ich dann wieder.

«Ah. Eine kleine Schüssel. Schön.» Frau Huber glaubt nun, den Inhalt des Päckchens zu kennen.

«Die Tür ist zu!», sagt Frau Nowak zu Frau Huber.

«Sie müssen lauter sprechen, ich hör ne mehr so gut!»

«TÜR! ZU!», beschränkt Frau Nowak die Informationen aufs Nötigste.

«Ach so. Jaja.» Frau Huber schließt die Haustüre hinter sich. «Sonst zieht's, gell?»

«NEIN, MEINE TÜR!» Ich zeige im Duett mit Frau Nowak auf meine geschlossene Wohnungstüre.

«Haben Sie keinen Schlüssel?», möchte Frau Huber wissen. Ich schüttle in großer Schwerhörigen-Geste den Kopf.

«Wollen Sie rufen Schlüsseldienst, Herr Krause?», fragt mich Frau Nowak in ihrem putzigen polnischen Akzent.

«JA, DAS MUSS ICH WOHL!» Aus Reflex schreie ich versehentlich Frau Nowak an.

Bevor Frau Nowak reagieren kann, klinkt sich Frau Huber ein und fragt mich: «Haben Sie eine Scheckkarte?»

Es gibt wenige Stellen, an denen ein Mann in Unterhosen eine Scheckkarte verstauen kann, trotzdem scheint mir Frau Huber das zuzutrauen. Ich schüttle erneut den Kopf.

«Mit einer Scheckkarte kann man die aufmachen», weiß Agentin Huber.

«Habe ich Scheckkarte!» Frau Nowak kramt ein Portemonnaie aus ihrer Handtasche, holt ihre EC-Karte heraus und gibt sie mir. Ich bedanke mich, begebe mich zur Wohnungstüre und mache ... ja, was eigentlich? Ehe ich mit meinen erbärmlichen Einbrecherkünsten zu Ende dilettieren kann, nimmt mir Frau Huber die Karte aus der Hand. Leise und überraschend schnell ist sie die Treppe heraufgekommen, um plötzlich stumm hinter mir zu stehen. Unheimlich. Sie wirft einen kurzen Blick auf die EC-Karte von Frau Nowak. Wahrscheinlich wird sie später mit Hilfe eines ihrer CIA-Computer eine Schufa-Auskunft der freundlichen Hausgenossin hacken. Mit einer geschickten und seltsamerweise routinierten Geste steckt die alte Dame Frau Nowaks Scheckkarte zwischen Gummidichtung und Türrahmen, zieht die Karte zweimal durch und hat die Tür in weniger als 30 Sekunden geöffnet. Meine polnische Nachbarin und ich halten einen staunenden Moment mit heruntergeklappten Unterkiefern inne.

Frau Huber öffnet die Türe und saugt sichtlich so viele visuelle Eindrücke aus meiner Wohnung auf, wie es der kurze Blick in den Flur zulässt.

«Vielen – VIELEN DANK, FRAU HUBER!»

«Bitte schön. Wozu hat man denn Nachbarn?»

Gute Frage.

«Danke, dass Sie Ihre Scheckkarte zur Verfügung gestellt haben, Frau Nowak.»

«Gern. Hauptsache, ist Tür wieder offen.»

Frau Nowak verabschiedet sich in die Erledigung der Samstagseinkäufe. Ich stehe wieder alleine mit Frau Huber im Hausflur, einen nackten Fuß sicherheitshalber in der Tür.

«EIN SCHÖNES WOCHENENDE WÜNSCHE ICH IHNEN, FRAU HUBER!»

«Ihnen auch. Sie haben ja jetzt ein paar Tage frei.» Big Huber weiß einfach alles. Sie beobachtet dich! Und wenn sie will, schleicht sie sich des Nachts in deine Wohnung und analysiert dein Schlafverhalten.

Frau Huber öffnet die Haustüre. Big Huber is leaving the building.

«Viel Spaß mit der Schüssel!», ruft sie mir noch hinterher.

Woher weiß sie jetzt wieder, dass ich dringend auf die Toilette muss? Unheimlich. Ich schließe dir Türe zweimal von innen ab und lasse den Schlüssel stecken. Von nun an mache ich das immer so.

LACHEN IST GESUND

Zum Doktor gehe ich nur, wenn es wirklich sein muss. Meistens müssen mich meine Mitmenschen mit gruseligen Geschichten über unangenehme Krankheitsverläufe oder makaberen Beispielbildern aus dem Internet von der Notwendigkeit eines Arztbesuches überzeugen. Obwohl mir virenschleudernde Menschenmassen, bakterienüberfüllte Türklinken und schon aus der Ferne niesende Mitbürger ein Gräuel sind, erfülle ich das Bild des Hypochonders nicht in seiner vollen und panischen Gänze. Ich ging bisher einfach nicht gerne zum Arzt. Das hat sich seit meinem ersten Besuch in der Praxis von Landarzt Doktor Hoffmann verändert. Da gehe ich gerne hin.

Nach einer längeren Phase mehrerer aufeinanderfolgender Erkältungen und einem Zeckenbiss an einer Stelle, auf die ich in diesem Zusammenhang nicht näher eingehen möchte, zwang mich meine Umwelt, nun endlich ein Blutbild erstellen zu lassen. Also gut. Dann gehe ich eben zum Arzt. Zum Landarzt.

Das ausgeblichene medizinische Symbol des Äskulapstabs schmückt die schwere, getönte Glastür. Sie ist ein Tor, das zur Zeitreise in die frühen siebziger Jahre einlädt. Ich durchquere das Stargate und nehme eine sofortige Veränderung der Atmosphäre wahr. Ein Schwall Räucherstäbchenduft verpasst meinen Rezeptoren einen olfaktorischen linken Haken. Der morbide Geruch von Weihrauch ist jetzt unverkennbar. Ich frage mich, ob es ein gutes Zeichen ist, wenn die ersten Assoziationen beim Betreten einer Arztpraxis «Kirche» und «Beerdigung» sind. Die Assoziationskette wird durch den optischen Eindruck nicht unbedingt durchbrochen. Alle Patienten sind alt. Sehr alt. Zwei sehr alte Frauen stehen am Tresen der Sprechstundenhilfe und werden von derselben als Mutter und Tochter erkannt und freundlich begrüßt. Es ist unmöglich, aufgrund äußerer Merkmale festzustellen, wer die Mutter und wer die Tochter ist. Beide haben wohl das Alter erreicht, in dem dasselbe nicht mehr schätzbar ist. Ich frage mich, ob ich vielleicht in einem gerontologischen Forschungsprojekt gelandet bin. Die beiden Damen nehmen ihren Platz im Wartebereich ein, ich bin jetzt an der Reihe. Erst jetzt kann ich über den Tresen schauen und die dort sitzende Sprechstundenhilfe sehen. Ich traue meinen Augen kaum: Da sitzt Master Yoda aus Star Wars! Yoda ignoriert mich allerdings. Vielleicht ist das die erste Jedi-Prüfung – ich muss die Aufmerksamkeit des Jedimeisters erlangen. Ich räuspere mich. Keine Reaktion. Ich räuspere mich etwas lauter. Keine Reaktion. Ich huste laut. Nichts. Yoda tippt in meditativer Ruhe gemächlich Patientendaten in die Tastatur des Prototyps eines IBM-Computers von 1983.

Yoda ist in Wirklichkeit, wie ich später erfahren werde, die Mutter des Doktors, die Ehefrau seines verstorbenen Vorgängers dieses Familienbetriebes. Sie ist weit über neunzig Jahre alt und Chefin der Sprechstundenhilfen. Sie organisiert den Laden, hat alles im Griff, kennt alle Patienten beim Namen und die dazugehörigen Geschichten. Nicht nur die Krankheitsgeschichten. Yoda ist vielleicht altersbedingt inzwischen etwas langsamer, hört und sieht nicht mehr so gut, bringt schon auch mal etwas durcheinander, aber Yoda ist die Seele der Praxis. Und sie ist von Anfang an dabei. Ihre Sozialversicherungsnummer lautet «1», und ihre Diplomarbeit trug das Thema «Feuer». Apropos: Ich überlege, ob ich laut «Feuer» rufe, um die Aufmerksamkeit auf meine Anwesenheit zu lenken. Ich entscheide mich dann aber, einfach stehen zu bleiben und sie mit meinem Blick zu fixieren – irgendwann wird sie mich schon bemerken. Ich fixiere. Und fixiere. Und fixiere. Eine junge Sprechstundenhilfe kommt aus dem Nebenzimmer, tippt Yoda auf die Schulter und zeigt dann auf mich. Jetzt hat sie mich wahrgenommen und blickt fragend zu mir hoch. Sie kennt mich nicht, das ist ungewöhnlich für sie. Sie kennt nämlich alle Patienten. Yoda ist mir gleich auf skurrile Art sympathisch, und ich finde sie so knuffig süß, dass ich an mich halten muss, die betagte Dame nicht im Affekt zu knuddeln. Ich stelle mich stattdessen vor und erkläre, dass ich um neun Uhr einen Termin wegen eines Blutbildes habe. Sie nimmt meine Versichertenkarte entgegen, tippt im behäbigen Zweifingersystem in ausgeglichener Ruhe meine Daten ein und bittet mich dann, Platz zu nehmen. Bevor ich das tue, erschrecke ich kurz. Jemand oder etwas hat gerade meine Hand abgeleckt. Es ist ein Pony. Bei genauer Betrachtung ist es eine Dogge. Sie steht unbeweglich da und versperrt mir den Weg zum Wartebereich. Hilflos lasse ich mir die andere Hand auch noch ablecken. Wir blicken uns in die Augen. Der gelangweilte Gesichtsausdruck der Dogge strahlt die Gelassenheit aus, die sehr gut zur Atmosphäre hier passt. Keiner der anwesenden Patienten stellt die Anwesenheit des Riesenhundes in Frage. Er gehört dazu. So wie Yoda. Es ist der Praxishund, der jeden Hygienebeauftragten wahrscheinlich in Ohnmacht fallen ließe. Ich reite auf der Dogge zum Wartezimmer und nehme auf einer durchgesessenen Holzbank mit ehemals weißem Plastikpolsterbezug Platz. Neben mir sitzt ein lebensgroßer Stoff-Ernie, dessen Gebrauchsspuren auf mindestens vier Generationen ausgelassenen Kinderspiels hindeuten. Er guckt ein bisschen traurig, der Ernie. Vielleicht vermisst er Bert. Ich grüße Ernie und die anderen wartenden Patienten. Und ich warte.

Als ich mich vor einigen Jahren aus allerlei Gründen für den Beitritt zu einer privaten Krankenversicherung entschloss, wurde mir permanent einer der größten Vorteile derselben gepredigt: «Wenn du privat versichert bist, lässt dich kein Arzt mehr ewig im Wartezimmer sitzen!» Das trifft wahrscheinlich auf die Arztpraxen zu, in denen sich der Doktor neben der medizinischen Diagnose keine Zeit für einen interessierten Plausch mit seinen Patienten nimmt. An guten Tagen kann ein Arztbesuch hier in der Gewichtung bei 30 % Untersuchung und Diagnose und 70 % Plausch liegen. Eine nach Versicherungsaspekten geformte Zweiklassengesellschaft gibt es hier nicht.

Ich habe also genug Zeit, meinen Blick über die wunderbare Retrokulisse schweifen zu lassen. Holzfurnierte Möbelstücke harmonieren mit der gemusterten Tapete und einer umfangreichen Bildergalerie der Arztfamilie. Auffallend viele Puppen sitzen in der Praxis verteilt in detailliert durchdachten Arrangements beisammen und schauen einen mit ihren leeren Psycho-Puppenaugen an. Die Praxis läuft bereits in dritter Generation, und ich bin mir sicher, es sah hier bei der Eröffnung exakt genauso aus. Bis hin zu Yoda und Ernie, die wahrscheinlich schon immer hier sitzen.

Während sich die mir bekannten Arztpraxen auf ein Lesezirkel-Abonnement einlassen, liegen hier diverse Zeitschriften aus, die entweder aus der privaten Bibliothek kommen oder von Patienten vorbeigebracht werden. Ein Rentner bringt gerade tatsächlich zwei ausgelesene Zeitschriften als Spende für das Wartezimmer. Auf dem Tisch liegen Auto Bild, Stern, Bild der Frau, Petra, Brigitte, Freundin, die Freundin von Brigitte und eine Ausgabe des NEON-Magazins aus dem Jahre 2010. Während alle anderen Blätter zerlesen und zerfleddert sind, wirkt das NEON-Heft nagelneu und unangetastet. Die Zielgruppe ist also eindeutig bestimmbar.

Mir gegenüber sitzt ein ernst dreinblickender alter Mann, die Hände auf dem Knauf seines Spazierstocks gefaltet. Seine Mundwinkel sind Opfer der Schwerkraft, die Stirn in tiefe Sorgenfalten gelegt. In regelmäßigen Abständen prustet es aus ihm heraus, er lacht herzlich, dann wird sein Gesichtsausdruck schlagartig wieder ernst. Erst jetzt bemerke ich, dass seine Frau ihm die ganze Zeit Witze aus einem Arztwitze-Buch ins Ohr flüstert. Das Buch gehört natürlich auch zur Auslage im Wartezimmer. Wahrscheinlich war Fips Asmussen hier mal Patient.

«Herr Doktor, kann man mit Durchfall eigentlich baden?» – «Ja, wenn Sie die Wanne vollkriegen.» Prust. Die Frau wird aufgerufen, die Dogge bellt bestätigend, der ernst dreinblickende Mann sitzt nun alleine da. Regungslos und ernst schauend. Irgendwie weckt dies das Mitleid des Entertainers in mir. Ich beuge mich daher zu ihm vor und erzähle meinen Lieblingsarztwitz: «Sagt der Arzt zum Patienten: ‹Herr Müller, Sie müssen unbedingt mit dem Onanieren aufhören!› – ‹Warum denn, Herr Doktor?› – ‹Weil ich Sie jetzt untersuchen möchte!›» Prust. Das Prusten kam von mir. Ich bin der Einzige, der lacht. Und ich kannte den schon. Der alte Mann bleibt vollkommen unbeeindruckt und zeigt keine Regung. Ich schaue mich hilflos nach Bestätigung und Lachern suchend um. Die anderen wartenden Patienten schauen mich befremdet an. Schnappe mir das Witzebuch und verstecke mich dahinter.

Die junge Sprechstundenhilfe bringt mir eine Schale, in der eine Spritze, mehrere Kanülen und ein Pflaster liegen. Ich glaube tatsächlich, dass ich mir das Blut jetzt selbst aus der Vene ziehen muss. Sie drückt mir die Requisiten in die Hand und bittet mich, dieselben gleich mit ins Arztzimmer zu nehmen, er wird mir dann Blut abnehmen. Ich wickle unauffällig meinen Hemdsärmel wieder herunter.

Nun werde ich von Yoda aufgerufen, die Dogge bellt einmal zur Bestätigung. Mit meiner Schale in der Hand gehe ich in den holzvertäfelten Behandlungsraum. Im Arztzimmer steht das obligatorische menschliche Skelett zur Anschauung. Frage mich automatisch, ob da ein Patient vergessen hat, das Sprechzimmer zu verlassen. Auf dem Tisch liegen lauter typische Arztdinge. Nur eben in alt. Volksblutdruckmessgerät, Holzspatel, Dingsbums. Ich lege meine Schale dazu und kremple noch einmal meine Hemdsärmel hoch.

Ein großer, schlanker Mann mit lichtem Haupthaar und einem weißen, an mehreren Stellen geflickten Arztkittel betritt den Raum und gibt mir die Hand. Er strahlt eine entspannte Ruhe aus und spricht sehr langsam.

«Sooooo. Mhm. Herr Krause. Guten Tag. Mhm.» Dr. Hoffmann setzt sich hin und schaut mich lange besonnen an. Er sagt eine Weile nichts. Ich spiele mit, schaue zurück und sage auch nichts. Kaum schaut einen jedoch ein Arzt an, muss man husten. Ich huste also. Verdammt – verloren!

«Mhm. Soll ich Sie mal abhören, Herr Krause?»

«Ich habe aber gar nicht gelernt», antworte ich. Die Gag-Reflexe funktionieren also noch.

Er schweigt ein paar Sekunden. Dann trifft ihn der Witz direkt ins Humorzentrum. Er lacht laut und präpariert währenddessen die Spritze.

«Mhm. Sehr gut. Sie haben Humor. Mhm. Das gefällt mir. Mhm. Dann wollen wir Ihnen mal etwas Blut abnehmen. Aus dem letzten Patienten habe ich nur sieben Liter herausbekommen. Das wollen wir heute steigern. Mhm.» Seite 2. Hiermit ist die Herkunft des Witzebuchs geklärt. «Mhm. Wozu möchten Sie das Blutbild denn erstellen lassen, Herr Krause?», fragt mich der Doktor wieder ernst.

«Ich habe einen passenden Rahmen.» Wenn man mich einmal provoziert ...

85

Er lacht herzlich, die Spritze zittert in seiner Hand.

«Mhm. Köstlich. Mhm. Ja. Sehr schön. Mhm. Kennen Sie den schon?‹Herr Doktor, Herr Doktor, ich werde ständig ignoriert.› – ‹Der Nächste bitte!› Mhm.»

Natürlich kannte ich den. Seite vier im Witzebuch. Ich lache trotzdem.

Die Blutabnahme erfolgt schnell und trotz humoresker Schüttelattacken des Dr. Hoffmann überraschend schmerzfrei. Ich erhalte einen Termin für morgen und zwei rezeptfreie Witze zum Mitnehmen. Trotz hoher Sympathiewerte hoffe ich, nie mit etwas wirklich Ernstem zu meinem neuen Hausarzt kommen zu müssen. Das würde dann wahrscheinlich so aussehen:

«Mhm. Herr Krause, ich habe eine gute und eine schlechte Nachricht.»

«Die schlechte zuerst bitte.»

«Sie sind todkrank. Mhm.»

«Und die gute?»

«Ich fahre morgen in Urlaub.»

Am Tresen bekomme ich meine Versichertenkarte wieder und ein Rezept für Herzmedikamente in die Hand gedrückt. «Nein, das ist für den Herrn Rudolf!», korrigiert die junge Arzthelferin Yoda. Der zweiundachtzigjährige Herr Rudolf steht direkt neben mir. Kann man schon mal verwechseln. Ich verabschiede mich mit einem «Möge die Macht mit dir sein!» und lache noch einmal leise über Dr. Hoffmanns Witz to go.

NIX WIE WEG MIT DIETER THOMAS HECK

Wer hier Landflucht betreiben möchte, kann das Flugzeug nehmen. Der Flughafen, der sogenannte Baden Airpark, befindet sich nämlich in unmittelbarer Nähe. Ich bin oft dort. Um wegzukommen. Es ist ein recht kleiner Airport, den ich mit dem Auto in fünfzehn Minuten erreichen kann. Der Weg dorthin führt über zwei weitere Dörfer, die beide genauso aussehen wie dieses Dorf. Als der Fahrer des Google-Streetview-Autos hier durchgefahren ist, hat er mit Sicherheit zu seinem Kollegen gesagt: «Lass uns das eine Kaff fotografieren, beim Rest machen wir Copy und Paste. Das merkt keine Sau!» Es würde wirklich keinem auffallen. Man müsste vielleicht der Unvollständigkeit halber noch ein paar Häuser pixeln, da besonders die misstrauische Landbevölkerung auf die Unkenntlichmachung des eigenen Hauses bei Streetview besteht. Wegen Datenschutz und so. Dann könnte nämlich die ganze Welt einfach so das eigene Haus sehen, und wo kommen wir denn da hin, wenn die ganze Welt das einfach so kann? Die ganze Welt würde dann nämlich ständig sagen: «Spitze, heute schau ich mir mal wieder das Haus der Hubers an. Haha! Ich schau so lange drauf, bis es kaputtgeht!» Das Misstrauen ist also absolut berechtigt. Aber ich schweife ab. Man fährt also durch Klondörfer und über Felder und durch einen Wald. Nicht der typische Weg zu einem Flughafen, aber ein schöner.

Der Airport ist, abgesehen von den landenden und startenden Flugzeugen, naturgemäß ruhig, die typische Flughafenhektik kommt hier nur in Ausnahmefällen vor. Wenn etwa die Kaffeemaschine defekt ist. Oder wenn Dieter Thomas Heck nach Mallorca fliegt. Dann gibt's Hecktik. Wer Glück hat, kann nämlich am Flughafen Prominente gucken. In so einem beschaulichen und überschaubaren Flughafen verliert sich so ein Promi bekanntermaßen nicht so leicht. Mal landet Tony Marshall (einen Hit), ein anderes Mal checken Frank Elstner oder der Trompeter Walter Scholz ein. Das Geschrei der kreischenden Teenies ist dann unerträglich.

Heute checke nur ich ein. Zwei junge blonde Mallorca-Touristinnen in spe fragen nach einem Foto. Ich stimme dem freundlich zu, stelle mich mit Fotogesicht zwischen die beiden urlaubsgelaunten Ballermannpritschen und frage, wer das Bild jetzt machen soll. Die Blondere der beiden blickt mich verwirrt an: «Äh. Sie?» Ach. Ich nehme die rosafarbene Digitalkamera und lichte die beiden «total verrückt» posierend vor der ihren Flug anzeigenden Informationstafel ab. Die Köpfe schneide ich ab. Ob Frank Elstner hier auch schon Urlauber fotografieren musste?

Ich fliege heute nach Mallorca. Ich begebe mich beruflich dorthin und bin somit in der Check-in-Schlange die einzige Person in langen Hosen, Hemd und geschlossenen Schuhen. Und nüchtern.

Ein ländlich gelegener Flughafen hat die Eigenschaft, dass besonders viele aus der Umgebung den Vorteil des kurzen Weges wahrnehmen. Schön, den Jahresurlaub quasi direkt von zu Hause aus starten! Als Flugziele bietet der Baden Airpark neben Berlin und Hamburg unter anderem auch ein paar wenige beliebte Urlaubsländer an. Darunter natürlich auch Mallorca. Malle. Mallotze. Schallalla. Vor mir checkt ein Junggesellenabschied ein. Sechs Männer tragen die gleichen rosafarbenen T-Shirts, deren Vorderseite der sicher selbsterdachte Aufdruck «Ausgefickt!» schmückt. Sie leeren Kleine Feiglinge und andere pappsüße Dum-Dum-Alkoholika im Akkord, bevor ihnen die Flüssigkeiten später am Sicherheitscheck abgenommen werden. Das wäre ja Verschwendung. Der zu verabschiedende Junggeselle trägt eine demütigende Prinzessinnenkrone und hat jetzt schon derbe einen in derselben. Ich weiß bereits im Voraus, dass ich inmitten, vor oder hinter dieser Gruppe sitzen werde. Weil ich in der Bahn und im Flugzeug nämlich immer inmitten, vor oder hinter proseccoschwangeren Hausfrauenyogagruppen, hackerotzevollen Kegelclubs oder der antiautoritär erziehenden Öko-Großfamilie sitze. Am Schalter frage ich, ob ich denn im Gepäckraum mitfliegen könnte. Geht leider nicht.

Wenn man in der privilegierten Situation ist, öfter mal beruflich wie privat ein Flugzeug zu benutzen, mutet es arrogant an, sich über das Verhalten der Einmal-im-Jahr-Flieger an Check-in und Sicherheitskontrolle lustig zu machen. Dennoch ist dem ein gewisser Unterhaltungswert nicht abzusprechen. Herr und Frau Dick (die Namen wurden von der Redaktion nie in Erfahrung gebracht) zum Beispiel amüsieren nicht nur durch ihre beeindruckende körperliche Präsenz im Doppelpack. Herr und Frau Dick aus dem Nachbardorf fliegen nach Mallorca und müssen vorher durch den Sicherheitscheck. Das ist alles sehr stressig für die beiden. Herr Dick ist aufgeregt und schwitzt schon eine Weile sehr stark. Die Salzkrusten am Rücken und unter den Armen verschmelzen mit dem wilden Muster des Kurzarmhemdes im Hawaii-Stil zu einem wilden Camouflagemuster. Die Flughafenangestellte drückt Herrn Dick eine Plastikschale in die Hand. Herr Dick zieht zuerst seinen Gürtel aus, es ist ein sehr langer Gürtel. Er legt ihn in die Schale, dazu seine Armbanduhr, das Portemonnaie, den Nivea-Sonnenhut und seine Brille. Jetzt sieht Herr Dick nicht mehr so gut. Da er in der Bildzeitung von den Schuhbombern gelesen hatte, zieht Herr Dick nun auch noch unaufgefordert die Trekkingsandalen aus. Gerade Sandalen eignen sich ja besonders gut als Sprengstoff-Versteck. Er steht auf einem Bein und wird von seiner Frau gestützt, die sich wiederum an der Wand abstützt. Ein Balanceakt, der unweigerlich an die Ballettszene in Disneys «Fantasia» erinnert. Herr Dick legt die Sandalen in die Plastikschale, die Schale auf das Fließband und läuft dann mit zusammengekniffenen Augen durch die Metalldetektorschleuse. Ich freue mich mit dem Sicherheitspersonal, dass es hier noch keinen Nacktscanner gibt. Es piepst. Herr Dick ist aufgeregt, Frau Dick ruft von der anderen Seite, ob alles in Ordnung sei.

«Hast du deinen Geldbeutel raus?»
   «Ja!»
   «Und die Schlüssel?»
   «Jaha!»
   «Die Uhr? Haste die Uhr noch an?»
   «Nein. Siehste doch!»
   «Ja, was isses denn dann?»
   «Ja, weiß ich doch nicht. Ich hab nix! Ich seh ja jetzt auch nichts ohne Brille.»
   «Die haste aber aus?»
   «Ja, siehste doch!»

Der Mann mit dem Hand-Metalldetektor findet die piepsende Stelle und klärt den aufgewühlten Balearen-Touristen freundlich auf, dass es der Hosenknopf seiner Shorts war, der das Geräusch auslöste. Herr Dick will alles richtig machen und fragt: «Soll ich sie ausziehen?» Aus Reflex rufe ich: «Nein!», und schäme mich sofort dafür.

In der Schlange neben mir wird Graf Suffkopp der Sechste vom Junggesellenabschied gerade besonders intensiv durchsucht. Er steht da barfuß. Kamera, Schuhe, Rucksack – alles wird bis aufs kleinste Detail unter die Lupe genommen. Er hat auf die Frage, ob sich denn ein Laptop in seinem Rucksack befände, die origi-

nelle und lustige, vom Sicherheitspersonal nie gehörte Antwort
«Nee, nur Sprengstoff!» gegeben. Seine Kumpels haben gelacht.
Immerhin.

Beim Einstieg ins Flugzeug wird das Zeitungen-Arsenal abgegrast.
Man nimmt, was man kriegen kann. Leider sind Bild und Kicker
schon sehr schnell vergriffen. Ein Rentner im offiziellen Malle-
Outfit (der Begriff «Muscleshirt» wird hier paradehaft ad ab-
surdum geführt) regt sich bei seiner Frau auf: «Keine gscheiten
Hefte mehr da! Nur noch der Frankfurter Anzeiger.» Er meint die
FAZ und schnappt sich dieselbe. «Hauptsache, es gibt nen Sport-
teil.» Seine Frau stimmt dem kopfnickend zu und greift zu Bravo
Girl. Man hat schließlich ein teures Flugticket bezahlt.

Im Flugzeug sortieren die Urlaubsgestressten stehend die Gepäckfächer siebzehnmal um und verursachen dadurch ständig
neue Staus. Die Flugbegleiterin kann einem leidtun. Sie versucht
ihr Bestes, den Weg frei zu machen.
    Die obligatorische Sicherheitseinweisung wird ignoriert oder
kommentiert. «Schwimmwesten schön und gut, aber wären Fall-
schirme nicht sinnvoller?» Ein Brüller jagt den nächsten. Ich freue
mich auf den Moment, in dem das Anschnallzeichen ausgeht und
ich ein elektronisches Gerät in Betrieb nehmen darf. Einen MP3-
Player!
    Natürlich wird dann an Bord Tomatensaft getrunken. Ein Phä-
nomen, das ich seit Jahren zu verstehen versuche. Man trinkt im
Flugzeug Tomatensaft. Das macht man so. Aber warum? Warum?
Niemand bestellt in einer Kneipe oder einem Restaurant Tomatensaft. Ganz ehrlich: Tomatensaft schmeckt schon am Boden
scheiße. Warum sollte das in der Luft besser werden? Ich schaue
mir im Flugzeug doch auch keinen Christine-Neubauer-Fernseh-
film an. Es gibt Dinge, die ich nie verstehen werde. Dazu gehört

auch das bei solchen Flügen übliche Klatschen nach erfolgreicher Landung und das gleichzeitige Aufspringen beim «Pling», nachdem das Flugzeug die Parkposition eingenommen hat. Das Geräusch zig gleichzeitig aufschnallender Gurtverschlüsse folgt dem «Pling» unmittelbar. Alle stehen ruckartig auf und öffnen Gepäckfächer, holen ihre Rucksäcke und Jacken, um dann fünf Minuten in gekrümmter Haltung vollbeladen auf das Öffnen der Tür zu warten. Ich sitze am Gang und möchte wie immer ruhig sitzen bleiben, bis sich der Mob beruhigt hat. Das Flugzeug steht gerade zehn Sekunden, die Ausstiegstreppe wird von weitem herangefahren. Neben mir sitzen zwei junge Männer aus der Gruppe des Junggesellenabschieds. Ich hab's ja gewusst. Sie schauen mich unruhig an. Sie wollen doch auch aufstehen und sinnlos im Gepäckfach kramen. Der mit den blonden Strähnchen fragt mich: «Entschuldigen Sie – steigen Sie aus?»

«Nein, ich fliege weiter nach Bangkok.»

«Ach so. Weil wir würden gern aussteigen. Lassen Sie uns durch?»

Entweder es ist der Alkohol oder der Tomatensaft, der das mit den Gehirnen anstellt.

Nach zweitägigen Dreharbeiten auf Mallorca, in denen unter anderem Jürgen Drews viel über seinen Lieblingssänger Jürgen Drews erzählt hat und alle Vorurteile über den Ballermann-Tourismus restlos bestätigt wurden, fliege ich erholungsbedürftig wieder zurück ins beschauliche Dorf. Am Flughafen treffe ich auf alte Bekannte. Der Junggesellenabschied tritt heute ebenso die Heimreise an. Sie tragen alle noch dasselbe T-Shirt, nun aber versehen mit Ballermann-Souvenirs: Unterschriften von Mandys, Cindys und Sandys sowie einer beachtlichen Sammlung von Bier- und Kotzflecken. Es scheint eine gelungene Party gewesen zu sein.

Außer mir sticht noch eine Person aus dem Pulk der Bierkönige heraus. Es ist Dieter Thomas Heck. Wie man weiß, lebt der ewige Showmaster auf Mallorca und besaß bis vor kurzem noch ein Anwesen in der Nähe von Baden-Baden. Heck macht wohl Heimaturlaub. Die heimkehrenden Touristen begreifen nach und nach, dass sie bald mit einem Prominenten in einem Flugzeug sitzen werden. Zwei befreundete Pärchen im mittleren Alter stehen am noch geschlossenen Boarding-Schalter an und bemerken die Anwesenheit des ZDF-Showgiganten zuerst. Leise und möglichst unauffällig unterhalten sie sich sehr auffällig.

«Du sag mal: Ist das der Dingsda?», fragt Mann 1.

«Wer? Ach der! Ach Gott, ja! Das ist der Dings!», antwortet Frau 1. «Guck mal, Gabi! Der Dings!», sagt Frau 1 zu Frau 2.

«Wo? Ach der! Ja stimmt, vom Musikantenstadl der», weiß Frau 2.

«Nee, der von der Hitparade. Ach, wie hieß er doch gleich?», fragt Mann 2 sich und die Runde.

Plötzlich rufen Mann 2 und Frau 1 gleichzeitig: «Dieter Thomas Heck!»

Herr Heck ist die Aufmerksamkeit um seine Person gewohnt und winkt den seinen Namen rufenden Touristen professionell freundlich zu.

«Jetzt hat er gewunken!», erkennt Frau 2.

«Ich hab's gesehen! Mensch, der Dieter Thomas Heck hat uns gewunken. Da haben wir was zu erzählen», freut sich Frau 1. Sie winkt fröhlich zurück.

«Da sieht man mal wieder: Ist auch nur ein Mensch, der Heck», philosophiert Mann 2, «ganz normal geblieben, winkt der da so bodenständig rüber. Toll!»

Notiz an mich selbst: Bodenständiges Winken üben! Erzeugt Sympathie.

Ein sichtlich angetrunkener Familienvater erzählt Dieter Thomas Heck jetzt vollkommen unmotiviert einen Witz und lacht selbst am meisten darüber. Heck lacht höflich und gibt sich weiter nett und volksnah. Respekt. Ein anderer aus derselben Gruppe zeigt Dieter Thomas Heck seine Unter- und Oberarme. «Ganz schön braun geworden», verkündet er stolz. Der erlösende Gong ertönt, die Maschine steht zum Boarding bereit. Gut, dass Dieter Thomas Heck nicht mitten im Junggesellenabschied sitzen muss. Ich fliege ja mit, da ist das ausgeschlossen.

Nach erfolgreich beklatschter Landung und hundertvierundzwanzig Tomatensäfte später stehen alle am heimischen Gepäckband und warten. Auch Dieter Thomas Heck steht da und wartet. Ganz bodenständig. Toll! Inzwischen haben alle begriffen, dass sie mit einem Prominenten im Flugzeug saßen und jetzt gleichzeitig mit ihm auf das Gepäck warten. Einige nehmen ihren Mut zusammen und fragen nach einem Autogramm. Heck gibt geduldig welche. Eine Frau schleicht sich ganz beiläufig an die Seite von Dieter Thomas Heck. Als sie nah genug ist, gibt sie ihrem Mann ein Zeichen. Dieser zückt aus zwanzig Meter Entfernung die digitale Kamera und knipst seine neben Dieter Thomas Heck posierende Ehefrau. Natürlich mit Blitz. Touristen fotografieren immer und überall alles mit Blitz. Nur die Frau schaut grinsend in die Kamera, DTH hat davon nichts mitbekommen. Jetzt kommen ein paar andere auf die Idee, sich auch mit Heck fotografieren zu lassen. Sie stellen sich neben ihn und lächeln in die Kameras ihrer Begleiter. Als würden sie sich neben dem Eiffelturm fotografieren lassen, wird der Entertainer zur Sehenswürdigkeit degradiert.

Nachdem fünfzehn Minuten später das Gepäckband immer noch nicht angelaufen ist, macht sich gegenüber Dieter Thomas Heck eine gewisse Erwartungshaltung unter den Zuschauern breit. Er muss doch jetzt was sagen, das ist doch der Dieter Thomas Heck.

Er muss doch zumindest die Gepäckausgabe moderieren oder so was in der Art. Einen Witz erzählen vielleicht. Oder von früher. Hecks professionelles Unterhaltungsgespür bemerkt das Volksbegehren. Er sagt einen belanglosen Satz: «Das dauert ja fast länger als der Urlaub!» Aber er sagt diesen Satz so, wie nur Dieter Thomas Heck ihn sagen kann. Seine durch konsequenten Lebensstil geprägte gewaltige Stimme füllt die Wartehalle sofort. Nur noch er spricht. Es klingt nach ZDF-Hitparade, nach großer Show – egal, was er sagt. Bis auf die erschöpft auf dem Boden eingeschlafenen Junggesellenverabschieder lachen alle. Eine Frau klatscht.

Still wünsche ich mir eine Abmoderation unter einem von Reiner abgefahrenen James-Last-Musikbett: «Das war Ihr Flug von Mallorca nach Baden-Baden. Am Servierwagen: Cornelia Leitner, im Cockpit: Dieter Weber, im Tower wie immer: Truck Branss!» Macht er aber nicht, der Dieter Thomas Heck. Das Gepäckband springt an, Hecks Koffer ist einer der ersten. Er schnappt ihn flink und verabschiedet sich noch einmal bei seinem Publikum: «Guten Abend, bis zum nächsten Mal!» Die Frau klatscht wieder.

AUTO, MOTOR UND SPOTT

Wer auf dem Land lebt, wird schnell feststellen: Ohne Auto geht gar nichts. Während man sich in einer Stadt getrost vom Besitz eines eigenen Kraftfahrzeugs verabschieden kann, ist man hier ohne Automobil schlichtweg aufgeschmissen. Man müsste dauerhaft vom Selbstangebauten leben und noch viel schlimmer: Man käme nicht mehr raus. Gut, da gibt es diesen Bus. Der fährt immerhin dreimal am Tag. Morgens, mittags und nachmittags. Aber es soll ja schon Situationen im Landleben gegeben haben, in denen man auch mal abends rausmusste. Das Auto ist die individuelle Mobilitätsgarantie, das Tor in die Zivilisation. Und man kann damit einfach besser Bierkästen transportieren als mit dem Fahrrad.

Ich habe unter anderem genau deshalb ein Auto. Ein elf Jahre altes, nicht besonders spektakuläres Dieselfahrzeug aus zweiter Hand. Ein regionales Produkt, ausgezeichnet mit nur einem Stern. Es ist ein Gebrauchtwagen, da ich ihn dringend gebraucht habe. Zweimal im Jahr fahre ich damit durch die Waschanlage. Einmal im Frühsommer und einmal im Winter. Im selben Turnus säubere ich den Innenraum und sauge das Fahrzeug aus. Dabei finde ich immer wieder kleine Erinnerungsstücke, die mich einen Moment lang innehalten und die dazugehörige Situation noch einmal in Gedanken Revue passieren lassen. Getrocknete Erde vom Waldboden, Tannennadeln und ein toter Käfer – die Wanderung der Westweg-Abschnitte. Drei leere Dosen eines Energydrinks, Traubenzuckerpapierchen und ein deformierter Schokoriegel – die Fahrt nach Spanien. Sechs Euro dreiundzwanzig in Centmünzen und Sanifair-Bons im Wert von acht Euro – die zahlreichen deutschen Raststätten. Vierunddreißig Visitenkärtchen von interessierten türkischen Gebrauchtwagenhändlern – die vielen Reisen mit der Bahn, wenn mein Auto dann am Bahnhof stehen bleibt. Des weiteren Tankquittungen, eine Vielzahl verschiedener Insektenarten, ein paar Tageszeitungen, eine Socke und ein menschlicher Finger. Keine Ahnung, wie die Socke hier reinkam.

Ich möchte keinesfalls damit kokettieren, dass ich viel zu cool bin, mein Auto regelmäßig zu reinigen. Ich finde ein sauberes Auto ja auch schön, aber irgendwie vergesse ich es ständig, selbst einen Beitrag dazu zu leisten. Ich denke erst morgens wieder daran, wenn ich dann wieder drinsitze, um irgendwo hinzufahren. Dann sitze ich da und denke: «Ach, stimmt. Dich gibt es ja auch noch. Dich sollte man mal wieder sauber machen.» Dann fahre ich irgendwo hin, steige aus und vergesse das Gefährt schon wieder, bis ich abends wieder hineinsteige und an dessen Existenz und vor allem Zustand erinnert werde. Ich bin so unachtsam geworden meinem Auto gegenüber, das plagt mein Gewissen. Früher war das nicht so, da war noch Spannung und Leidenschaft mit im Spiel. Da hatte der Funken der Zündkerze noch was Romantisches. Heute ist Volltanken einfach nur noch «Zapfen rein, Pumpen, Zapfen raus. Fertig.» Früher haben wir sowieso viel öfter getankt. Heute einmal im Monat, wenn's hochkommt. Alltag tötet Liebe. Die Leute reden bestimmt schon. «Der Krause und sein Auto. Die sind auch nicht mehr unbedingt ein Herz und eine Seele. Das geht bestimmt nicht mehr lange. Vielleicht hat er ja schon ein neues oder nimmt sich heimlich einen Mietwagen. Viele Männer in seinem Alter machen so etwas.» Ich gebe ja zu, dass ich manchmal diesen jungen Sportwagen hinterherschaue. Und wenn die dann auch noch im Sommer so aufreizend das Verdeck offen haben – meine Herren! Ich bin ja auch nur ein Mann. Aber ich bleibe meiner alten Karre treu. Auch, wenn der Lack ein bisschen ab ist. Wir kennen uns inzwischen so gut und haben uns so sehr aneinander gewöhnt. Das gibt man nicht einfach so auf.

Es ist kein Geheimnis, dass die Deutschen ein besonderes Verhältnis zu ihrem Auto haben und dass das Auto bei vielen einen zentralen Stellenwert einnimmt. Kürzlich las ich eine Statistik. Ich weiß gerade nicht mehr, wo ich die gelesen habe. Ich glaube, auf dem Klo. Jedenfalls sagt diese Statistik: Neunundfünfzig Prozent der Deutschen sprechen mit ihrem Auto. Das ist schon irgendwie erbärmlich. Also, dass einundvierzig Prozent der Bundesbürger ihr Automobil so kalt anschweigen. Kalt und herzlos. Da hat David Hasselhoff schon die Mauer eingerissen, und trotzdem nehmen sich nicht alle ein Beispiel an ihm. Es gibt inzwischen in jeder Stadt praktizierende Tierpsychologen – warum gibt es keine Auto-Psychologen in Deutschland? Die armen Dinger fressen doch alles in sich und ihre Kolben hinein. So entstehen Kolbenfresser! Aber genug der sozialen Kritik an der gegenwärtigen Gesellschaft.

Die Zahl der verkauften SUVs in Deutschland stieg trotz einhelligem Umweltmodebewusstsein weiter an. SUV steht für «Schwanz-Ultra-Verlängerung», und man fährt diese kindererschreckenden Geländewagen vor allem gerne in der Stadt, um damit noch schlechter einen Parkplatz zu finden. Meistens sind diese Herrenmenschenautos extrem sauber und glänzend im Lack. Das einzige Gelände, mit dem die breiten Reifen jemals Kontakt hatten, ist das Betriebsgelände des Herstellers. Hier geht es ja auch nicht um die Beweglichkeit im Outback, sondern um die Klarstellung der Verhältnisse. Und um die Sicherheit. Die eigene selbstredend. Auf dem Land dagegen kann so ein Fahrzeug ausnahmsweise tatsächlich nützlich sein. Wer sich im verschneiten Winter ob des Hinterradantriebes des eigenen Gefährts auf spiegelglatten, nicht geräumten Dorfstraßen um die eigene Achse dreht oder nicht mehr in der Lage ist, die Bergauffahrt zu meistern, wünscht sich schon mal einen allradbetriebenen Monstertruck herbei. Ich tue das regelmäßig. Es soll sogar klimabewusste Autofahrer geben, die nur deshalb aufs Land gezogen sind, um endlich einen rationalen Grund für das Fahren eines Geländewagens vortragen zu können. Und um damit wiederum Rückschlüsse auf die Größe des Genitales zu vermeiden. Der (gelände)gängige Geländewagen des Dorfes hieß bisher Traktor und ist meistens gleichzeitig ein Cabriolet. Ein Nutz-Cabrio also. Ältere Landwirte besitzen oft ältere Traktorenmodelle, sodass diese das dörfliche Straßenbild in jene landromantische Kulisse verwandeln, die der städtische Tourist bei seinem Besuch erwartet. Die Motoren sind noch laut, und die Abgase stinken wie brennende Reifen. Da ist ein Mann noch ein Mann. Inzwischen hat nicht mehr jeder hier einen Trecker, aber jeder hat natürlich ein Auto. Und dem geht es gut. Denn es besitzt Privilegien, so ein Auto. Die samstägliche Wäsche des Automobils ist zum Beispiel Bürgerpflicht. Man wäscht das Auto samstags. «Jetzt kommt er da mit seinen Klischees um die Ecke, wie so ein schäbiger Stand-up-Comedian, der auch über die ach-so-lustigen Samstagseinkäufe bei IKEA referiert», wird sich der erhitzte und bisher niveauverwöhnte Leser echauffieren. Wenn's aber nun mal so ist! Und hier ist's eben normal, das eigene Fahrzeug am Wochenende einer liebevollen Gesamtwäsche zu unterziehen. Innen und außen. Herr Huber trifft in diesem Moment auf den alten Herrn Fuchs, der gerade das Äußere seines Wagens unter Zuhilfenahme einer breiten Produktpalette an Pflegemitteln der Premiumklasse gewaschen hat. Nun vollzieht der Rentner eine detaillierte Motorenwäsche in preußischer Gründlichkeit. Herr Huber honoriert das mit einem beeindruckten Kopfnicken, worauf Herr Fuchs beinahe verteidigend und voller Stolz sagt: «Außen hui und innen pfui gibt es bei mir nicht!» Herr Fuchs trägt dem Anlass gemäß ein mit Autoshampoo gesprenkeltes Feinrippunterhemd, kurze, Krampfadern betonende Hosen und Badeschuhe aus blauem Hartgummi. Herr Fuchs ist außen echt ganz schön hui, da hat er recht. Die passionierte Hingabe zur Verwendung diverser Pflegeprodukte am Produkt Automobil ist altersunabhängig. Männer jeder Altersgruppe verspüren die wöchentliche Lust, in Teilbekleidung Blech zu shampoonieren und sich nach intensiver Ablederung darauf einen zu wachsen. Auftragen, polieren. Samstags sind alle ein bisschen Karatekid. Es geht nicht nur darum, das Ergebnis des Autowaschtages einer breiteren Öffentlichkeit zugänglich zu machen, es geht auch darum, derselben den Prozess an sich vorzuführen. Autos werden gemeinhin in einsehbaren Einfahrten vor den Augen von Zeugen gewienert. Und manchmal hat das einen hohen Unterhaltungswert.

Bei schönem Wetter fahre ich gerne mit dem Fahrrad zum Haus der Opel-Gang. Auf der Straßenseite gegenüber vom Haus der Opel-Gang steht eine Bank, von der aus man eine hervorragende Sicht auf die sehr große Einfahrt der Opel-Gang hat. Ich glaube ja, die Opel-Gang hat die Bank dort selbst aufgestellt. Denn die Opel-Gang will, dass ihre Opels gesehen werden. Ich setze mich hin und nehme mir etwas zum Lesen mit. Als Tarnung. In Wirklichkeit sehe ich mir «Mitten im Leben 3D» an. Die Opel-Gang besteht aus zwei Brüdern und deren Kumpel. Alle drei fahren hyper-getunte Opel Astras in drei verschiedenen Farben: Neongrün, Neonorange, Neonblau. Alle drei Denkerhäupter werden von astreinen Vokuhila-Frisuren bedeckt, die aufs Schönste mit den aschblonden Oberlippenbärten korrespondieren. Die drei Stilikonen tragen Muscleshirts in den Farben ihrer Autos, goldene Uhren zieren ihre Handgelenke, und die dazu passenden Kettchen schmücken die behaarten Dekolletés. Regelmäßig treffen sie sich und stellen ihre Fahrzeuge mit der Vorderseite gen Straße gerichtet in ansprechender Ausstellerposition in die große Einfahrt. Und dann fachsimpeln sie oder schrauben. Manchmal sitzen die drei auch einfach nur so auf drei verschiedenfarbigen Klappstühlen und opeln so in den Tag hinein. Jeder thront neben dem eigenen Fahrzeug, raucht filterlose Zigaretten und trinkt Bier aus 0,5-Literflaschen. Ein großartiges Bild. Gesprochen wird nur das absolut Nötigste.

«September Tuning-Messe.»
   «Wo?»
   «Karlsruhe.»
   «Gehma hin.»
   «Jepp.»

Aber auch philosophische Ansätze regen zum Nachdenken an.

«Man muss sich mit dem Auto desinfizieren können.»
   «Identifizieren!»
   «Klugscheißer.»

Die Identifikation mit dem eigenen Automobil, eine weitverbreitete Gesinnung. Nicht selten sagt der Autobesitzer «Ich stehe im Parkhaus», wenn er eigentlich sein Fahrzeug meint. Identifikation durch Figurenannahme. Wenn ich beispielsweise gerne Steak esse, impliziert dies also indirekt die Identifikation mit dem, was das Steak ist beziehungsweise einmal war. Ein Rindvieh.

Ich finde es toll, wenn Menschen etwas mit Leidenschaft betreiben. Die Opel-Gang repräsentiert gelebte Leidenschaft. Auch wenn das nicht immer auf den ersten Blick erkennbar ist. Wenn das Wetter an einem frühlingshaften Samstag wie diesem stimmt, dann wäscht die Opel-Gang gemeinsam ihre tiefergelegten Ameisenguillotinen, die sie voll echter Männerliebe «Babys» nennen. Man kann diesem Waschvorgang eine latente Homoerotik nicht absprechen. So etwas dürfte man der Opel-Gang allerdings nie ins schnauzbärtige Gesicht sagen, das würde nämlich mindestens ein paar Schneidezähne kosten. Das ist keine Autowäsche, das ist ein Ritual, ein expressionistischer Akt mobiler Passion. Wenn diese Kfz-Poeten waschen, dann werfen sie sich vollgesogene Schwämme in Zeitlupe über die Dächer ihrer Babys zu, fangen lässig mit einer Hand und bewegen das Putzutensil tänzerisch über die Babyhaut, den neonfarbenen Lack. Sie schütteln ihr langes Nackenhaar in Slow Motion. Weiße Wogen potenter Schaumberge entstehen, werden zerrieben, verteilt und in galant kreisenden Bewegungen ihrer Bestimmung zugeführt: absoluter Reinheit. Auf niedrigen Stirnen entstandene Schweißperlen werden beiläufig mit dem Handrücken abgewischt, ohne den goldenen Chronometer am Handgelenk in Mitleidenschaft zu ziehen. Sie geben angestrengte, sich steigernde Keuchlaute von sich, doch die Ekstase lässt kein Ausruhen zu. Der Wagen ist von oben bis unten eingeschäumt und schon ganz feucht. Dann wird abgespritzt. Mit perfekt justiertem Wasserdruck aus dem pulsierenden Gartenschlauch erhält der blecherne Schatz seine Dusche danach. Doch die Opel-Gang ist dann nicht einfach so fertig, raucht eine und dreht sich zum Einschlafen um. Liebevoll werden samtweiche Kamelhaarpinsel sanft in edle Spezialreiniger getupft und bringen in weichen Streicheleinheiten die Sportfelgen auf himmelsgleichen Hochglanz. Der Lack wird im Finale nicht einfach poliert, er wird massiert. Das Kobe-Rind der Automobile ist nun glücklich. Klick. Klick. Klick. Drei Feuerzeuge zünden im gleichzeitigen Einklang drei verdiente Belohnungszigaretten an. Niemand sagt etwas. Lange wird der erste Zug in den teerverwöhnten Lungen gehalten und wie nebensächlich durch die Nasenlöcher wieder ausgeblasen. Plopp. Plopp. Plopp. Drei halbe Liter Bier werden fachmännisch mit den Feuerzeugen geöffnet und gleich beim ersten durstgierigen Schluck zur Hälfte geleert. Die Lippen am Flaschenhals, weicht der Blick der Opel-Gang dabei nicht von ihrem soeben verrichteten Werk. Jetzt sind die drei auch glücklich und quittieren das Getane mit einem zufriedenen und den Tatbestand festhaltenden «Sauber».

Heute Morgen bin ich wieder vier Minuten zu spät raus. Das wird mich sehr viel Zeit kosten. Mein automobiler Weg zum Sender beträgt exakt neun Minuten. Er führt über von Weinreben gerahmte Dorfstraßen, mehrere Hügel und einen steilen Berg im Wald, vorbei an einem Golfplatz. Neun Minuten. Wenn ich früh genug losfahre. Neunundzwanzig Minuten, wenn der Wackeldackel vor mir fährt. Der Wackeldackel fährt das Auto nicht selbst, er schaut mich nur stoisch aus dem Heckfenster des metallic grünen VW Jettas an. Wer diesen Jetta fährt, das weiß ich nicht. Ein Hutzelmännchen oder Hutzelfrauchen, das komplett im Fahrersitz versinkt. Man kann nur die das Lenkrad fest umklammernden Hutzelhände sehen, weswegen eine genaue Identifikation des Fahrzeugführers nicht möglich ist. Der Fahrer des Jettas hat also keinen Kopf, dafür wackelt der Psychodackel auf der Hutablage in gleichmäßigem Wahnsinn mit dem seinen. Erfahrene Pendler richten ihre morgendliche Abfahrt nach dem Hutzeljetta. Denn wer das Pech hat, in die irren Augen des Wackeldackels blicken zu müssen, weiß: Das kann lange dauern. Der Jetta fährt nämlich langsam. Sehr langsam. Verdammt langsam. Mit dieser Geschwindigkeit würde er nicht einmal auf einer Spielstraße geblitzt werden. Leider gibt es auf meiner Wegstrecke keine Möglichkeit, vorausfahrende Autos zu überholen. Man muss also hinterherfahren. Das Fahrtempo annehmen. Dem Wackeldackel verzweifelt Scheiße ins Gesicht brüllen. Fährt man da so hinter dem Hutzelmännchen, hat man dann auch bald Gesellschaft. Eine lange, sehr lange Autoreihe befindet sich irgendwann hinter einem. Hier und da hupt mal einer freundlich. Das Schöne am Hupen ist ja, dass das immer gleich klingt. Deshalb habe ich mir angewöhnt, jedes Hupen als Freundlichkeit zu interpretieren, und winke dem Hupenden dann zu dessen Verwirrung immer erfreut zurück. Aus mangelnder Disziplin, das frühere Aufstehen in konstanter Regelmäßigkeit zu praktizieren, gerate ich öfter hinter den Jetta. Eine Zeitlang habe ich versucht, mir das Ganze schönzureden. Ein Deutschlandfähnchen ans Fenster, und schon ist das Autokorso-Feeling der WM 2006 wieder da. Oder: Hey, Stau! Wie im Urlaub! Oder: Mensch, Pierre – jetzt hast du es geschafft! Das sind alles deine Stalker, die dich da verfolgen. Erfolg ist schließlich an der Anzahl der Stalker zu bemessen.

Nach einer Weile hilft das aber alles nichts mehr. Das gleichmäßige Kopfnicken und der autistische Psychoblick des Wackeldackels brechen irgendwann jeden Autofahrer. Heute habe ich es leider eilig. Ich und Hutzel tuckern also mit lebensmüden dreiundzwanzig Stundenkilometern durch das Dorf. Zwei Fahrradfahrer überholen uns ohne Anstrengung. Entgegenkommende Fahrzeuge und Traktoren machen verführerische Überholmanöver meinerseits unmöglich. Ein Rollator zieht aufmüpfig an uns vorbei. Kurz vor der Bergauffahrt bremst der Jetta, um nicht zu schnell den Berg hinaufzudüsen. Auch hier ist ein Überholen unmöglich. Sechzehn Stundenkilometer. Ich lege eine Klassik-CD ein und versuche, mich zu beruhigen. Der Wackeldackel headbangt im Takt zu Mozarts Requiem. Ich überlege, meinen Wagen im Standgas alleine weiterfahren zu lassen und schon mal zu Fuß vorzugehen. Zu viele Kurven, sonst Spitzenidee. Es geht bergab. Das Rot der Bremslichter inszeniert meinen Gesichtsausdruck in der passenden Beleuchtung. Ich zitiere Sätze von Jack Nicholson aus «The Shining», ohne es zu bemerken. Die Lichtorgel vor mir spielt das Wechselspiel der Bremsintervalle. Der Wackeldackel ruft: «Du kommst heute nicht mehr ins Büro!», und lacht ein fieses Bösewichtlachen, dessen Echo vom Wald zurückgeworfen wird. Unmittelbar vor der letzten Steigung legt der Jetta eine Vollbremsung hin. Wenn man ein aus elf Stundenkilometern plötzliches Anhalten als Vollbremsung bezeichnen will. Der blöde Kopf von Willi Wackeldackel wippt sich in den Stillstand. Der Grund für den spontanen Stopp bleibt ungeklärt. Zweimal wird der Dieselmotor des Jettas abgewürgt. Mit dem schreienden Motorengeräusch drastisch erhöhter Drehzahlen saust die grüne Blechschnecke dann im ersten Gang geschätzte zwanzig Meter den Berg hinauf und kommt schließlich bei der kommenden Talfahrt schnell in seine absolute Spitzengeschwindigkeit von siebenundzwanzig Stundenkilometern. Die unerwartete Zunahme des Fahrtempos lässt meine Endorphine Pogo tanzen. Es wird mir bei dreißig Stundenkilometern fast zu schnell, und ich ertappe mich beim Abbremsen. Wackeldackel lacht mich aus. Ich äffe sein bescheuertes Kopfnicken nach und imitiere dabei das Bellen eines hirngeschädigten Hundes. Am Golfplatz ist es dann so weit: Hier fährt Slow-Motion-Vettel rechts ab und verschwindet aus dem Sichtfeld. Das erleichterte Aufatmen der hinter mir befindlichen Autokette ist bis ins Elsass zu hören. Ich möchte beschleunigen und drücke das Gaspedal. Das Motorengeräusch klingt irgendwie anders. Auf stärkeres Betätigen des Pedals reagiert der Wagen nicht. Ich fahre in Jetta-Geschwindigkeit und kann nichts dagegen tun. Es ist wohl ansteckend. Die Unruhe der Fahrer hinter mir ist deutlich wahrnehmbar. Nach der Kenntnisnahme einiger freundlicher Hupgrüße und vieler fuchtelnder Fahrerhände rolle ich auf den Parkplatz beim Sender und muss einsehen: Da ist wohl was kaputt. Ein fachkundiger Kollege schätzt ein: Bei meinem Auto ist das Dingsbums kaputt. Die Symptome «Man tritt aufs Gaspedal, aber es beschleunigt nicht mehr» deuten ganz klar auf kaputtes Dingsbums hin. Jetzt weiß ich das auch. Ohne Dingsbums keine Beschleunigung. Ich habe gerade kein neues Dingsbums parat, sodass da jetzt ein Fachmann ranmuss. Gott sei Dank gibt es diese Autowerkstatt bei der freien Tankstelle im Dorf. Sie befindet

Es gilt die grundsätzliche Pflicht: Wer etwas Verbotenes tut, soll das auch richtig machen.

sich direkt an der Kreuzung, wo es über die Bundesstraße hinaus in die weite Welt geht. Ich mache telefonisch einen Termin und tuckere am späten Nachmittag dorthin. Beim Blick in den Rückspiegel erkenne ich einen alten Bekannten und kann es kaum fassen: Die aufblinkenden Lichter eines metallic grünen Jettas mit Hutzelmännchen machen auf sich aufmerksam. Er ist es. Oder sie. Weiß der Teufel. Den Fahrer kann ich immer noch nicht ausmachen, das Fahrzeug ist allerdings unverkennbar. Dem Fahrer geht es jedenfalls zu langsam, er fährt dicht auf und gibt mir Lichthupe. Dass ich das noch erleben darf. Ich drossle meine Geschwindigkeit von den maximal möglichen vierzig Stundenkilometern auf gemütliche fünfundzwanzig. Dann schalte ich den CD-Player ein und höre das Requiem zu Ende und noch einmal von vorne. Ab und zu drehe ich mich um und wackle heftig mit dem Kopf auf und ab.

SISSI

Klitschko! Aus!» Herrn Kramers Schnauzbart vibriert. Seine Stimme überschlägt sich, er wiederholt seinen Schrei lauter, drohender, irrer. «Klitschkooo! Aaauuus!» Jetzt lässt der Schäferhund von dem kleinen Mischling ab. Eben noch sah es so aus, als ob Klitschko diesen Kampf bereits in der ersten Runde für sich entscheiden würde. Sissi bellt trotz überstandener Lebensgefahr unermüdlich weiter. Ich kenne dieses Bellen. Sissi ist ein Nachbarhund, der die meiste Zeit des Tages im Freien verbringt und jede noch so nichtige Nichtigkeit als Anlass für eine nicht enden wollende Bellsalve nutzt. Es ist dieser aggressive Keuchhusten im Hochfrequenzbereich, den Sissi ohne Pause hinter dem schützenden Zaun aus dem Vorgarten abfeuert. Mein Schlafzimmerfenster ist in Richtung dieses Vorgartens gelegen. Beim kurzen, unfairen Kampf der beiden Vierbeiner war ich eben versucht, den Schäferhund mit einem anfeuernden «Klitschko! Klitschko! Klitschko!» motivierend zu unterstützen. Herr Kramer nimmt seinen reinrassigen Hund an die Leine und redet wütend auf ihn ein. «Was soll das denn?», fragt Herr Kramer seinen Hund. Er antwortet nicht. «Was soll das, hm?» Herr Kramer wiederholt seine Frage noch einmal deutlicher, aber der Schäferhund bleibt trotzig und sagt weiterhin nichts. Vielleicht wartet er auf seinen Anwalt. Sissi bellt dafür unentwegt weiter. Ihre Besitzerin ist Frau Haag, eine wohlhabende und teuer gekleidete Frau mit hochgesteckten Haaren und einem sehr stark geschminkten Gesicht. Frau Haag ist eine wohlhabende Witwe und entspricht in vielem dem Baden-Badener Klischee. Sie nimmt Sissi auf den Arm und verhört das haarige Accessoire im niedlichen Dutzi-Dutzi-Ton. «Ja, was hast du

denn, meine Kleine? Ja, was ist denn? Na? Bist du wütend auf den
großen Hund? Hm?» Sissi bellt Morsezeichen, die nur ihre Besitzerin versteht. Die beiden Hundebesitzer nicken sich kurz zu, es
gibt nichts, worüber sie sich unterhalten könnten, dafür sind ihre
Hunde einfach zu verschieden. In entgegengesetzte Richtungen
laufend, führen sie ihre Spaziergänge fort. Klitschko bleibt vorerst
an der Leine, Sissi auf dem golden bereiften Arm. Das Bellen der
kleinen Nervensäge sowie die beruhigenden Dutzi-Dutzi-Laute
werden leiser und verschwinden in der Ferne. Ich setze meinen
Spaziergang ebenso fort und folge dabei zwangsläufig dem Duo
Kramer und Klitschko. Herr Kramer unterhält sich jetzt wieder
normal mit seinem Hund, wobei die meisten seiner Fragen weiterhin unbeantwortet bleiben. Die Themen sind bunt gemischt –
Fresschen, Wetter, Politik. Mit dem Klitschko kann man einfach
über alles reden. Der ist ein guter Zuhörer. Sich unbeobachtet
glaubend, putzt Herr Kramer mehrmals seine Nase ohne Zuhilfenahme eines Taschentuchs. Ich verlangsame meinen Schritt diskret, während Herr Kramer den Wegesrand mit Nasenschleim
markiert. Klitschko schnüffelt interessiert an jedem Erguss. Er
würde alles vom Boden lecken, aber Herr Kramer hält ihn jedes
Mal davon ab. Mir wird übel. So laufen die beiden vertraut in den
Sonnenuntergang. Es wird über die Hundesteuer geschimpft, es
werden Büsche angepinkelt, der verregnete Juli wird verflucht,
und ein paar Stöckchen werden apportiert. Einer der beiden leckt
sich noch ausgiebig am Genital. Ich weiß nicht mehr, wer.

Einige hundert Meter vor der Haustüre höre ich von weitem schon
das bekannte Dauergebell von Sissi. Eine vertraute Begrüßung.
Das hyperaktive Fellknäuel auf Koks nimmt so ziemlich alles zum
Anlass, eine hektisch gebellte Hasstirade loszulassen. Vorbeilau-
fende Personen, Autos, andere Hunde, Katzen, Sonne, Regen,
Wind, Vollmond, Halbmond, gar kein Mond. Allerdings nur an

Wochentagen mit «g» am Ende und mittwochs. Am Anfang war ich von dem ADHS-Hund doch recht genervt und recherchierte deshalb einmal sogar im Internet nach Gegenmaßnahmen. Als ich Sissis Frauchen dann eine Stimmbandverkürzung für den Vierbeiner vorschlug, war diese empört und zeigte sich sehr uneinsichtig. Sie war überzeugt: «Sissi bellt nur, wenn was ist!» Damit bestätigt sich die Weisheit lebenserfahrener Großeltern: «Es isch immer ebb's!» (Badisch für «Es ist immer etwas».)

Inzwischen habe ich mich an Sissis Bellattacken gewöhnt und schlage gelegentlich mit subtilen Mitteln aus der psychologischen Kriegsführung zurück. Manchmal stelle ich mich an den Zaun und starre die Töle minutenlang an. Ich stehe einfach nur regungslos da und schaue ihr ruhig ins tumbe Gesicht. Anfangs hustet Sissi noch ihre üblichen Beschimpfungen, aber irgendwann blitzt ob der ausbleibenden Reaktion meinerseits so etwas wie Verzweiflung in den braunen Hundeaugen auf. Genau in diesem Moment, in dem Sissi für den Bruchteil einer Sekunde innehält, belle ich die kleine Nervensäge mit aller Stimmkraft an. Sissi erschrickt dann meist und zieht sich für eine Weile fiepend zurück. Vorerst geschlagen. Das mache ich jetzt so ein-, zweimal die Woche. Funktioniert immer noch. Mit dem Kurzzeitgedächtnis hat es Sissi nicht so. Ist wohl das Koks. An guten Tagen gehe ich ganz nah am Drahtzaun auf Sissi-Höhe in die Knie und esse langsam und genüsslich schmatzend einen kompletten Ring Fleischwurst auf. Danach ist mir zwar schlecht, aber dieser bemitleidenswerte Hundeblick ist es immer wieder wert. Nicht, dass hier der Eindruck entsteht, ich sei ein Hundehasser. Ich mag Hunde. Bei Exemplaren wie Sissi mache ich allerdings Ausnahmen. Sissi nervt einfach gehörig. Nicht selten frage ich mich beim morgendlichen Passieren des Nachbarzaunes, wie sich wohl ein Winterreifenabdruck auf diesem Fell machen würde. Böser Pierre, aus!

Sissi und ihre Besitzerin stehen auf meiner Seite des Zaunes in der Einfahrt und haben offensichtlich auf mich gewartet. Die beiden sehen zusammengewachsen aus, ich würde wetten, sie gehen zum selben Coiffeur. Bevor Frau Haag etwas sagen kann, verkündet die Hündin ihre Aggression mit lauter werdendem haltlosem Gebell.

«Die Sissi mag Sie», verkündet mir der frisierte Dosenöffner.

Ich bin kein Hundeexperte, aber dass wütendes Gebell als Sympathiebekundung gegenüber dem Angebellten zu interpretieren ist, erscheint mir als vage Theorie. «Und deshalb hätte ich eine Bitte an Sie, Herr Krause», Frau Haag kommt direkt zur Sache. Sissi ist das egal. «Pssst, Sissi! Die Mama will dem Herrn Krause doch was sagen.» Der Hund ignoriert das Gesagte und bellt weiter, bis die Dame ihn hochnimmt und innig auf die Schnauze küsst. Sissi reagiert mit einem leidenschaftlichen Ablecken von Frau Haags Nase und Mund. Wahrscheinlich schminkt sich die Gute jeden Tag auf diese Weise ab. Was sie sonst noch mit dem Hund anstellt, möchte ich mir nach dieser Demonstration intimer Tierliebe nicht ausmalen. Ich muss an Klitschkos Vorliebe für grünfarbigen Auswurf denken und verdränge den plötzlich aufkommenden Brechreiz unbemerkt.

«Herr Krause, ich muss morgen für eineinhalb Tage ins Krankenhaus wegen einer … äh … Routineuntersuchung», erklärt mir Frau Haag. Aufgrund des auffallenden Bewegungsmangels der Haag'schen Gesichtsmuskeln und der professionell gestrafften Augenlider tippe ich still auf einen anstehenden Besuch beim Schönheitschirurgen. «Im Krankenhaus sind Hunde nicht erlaubt. Können Sie vielleicht bitte nach der Sissi schauen?»

Ich formuliere selbstverständlich blitzschnell in Gedanken eine Ausrede zur Ablehnung dieser Anfrage, werde aber mit dem nächsten Satz von Frau Haag sofort entwaffnet: «Ich hab ja sonst niemanden.» Treffer.

«Sie müssten einfach nur nach dem Rechten sehen und am

111

Abend eine Runde Gassi mit ihr gehen. Sie können doch gut mit Hunden. Und die Sissi mag Sie auch so sehr. Nicht wahr, mein Schatz?» Sissi widerlegt die Aussage durch ein Knurren in meine Richtung. Frau Haag ignoriert das und setzt ihren von Sissi gelernten Hundeblick auf.

«Ähm. Ja, aber …» Ich werde sofort von Frau Haag unterbrochen. «Ja? Sehr schön! Hier, das sind die Schlüssel für das Gartentor. In das Haus müssen Sie ja nicht. Futter und Wasser sind gerichtet, Sie müssen es nur am Abend nach dem Gassigehen in die Schüssel geben. Wir gehen immer um Punkt neunzehn Uhr Gassi», unterrichtet mich Frau Haag, verabschiedet sich flink und macht dann gleich auf dem hohen Absatz kehrt. Über ihre Schulter fixiert Sissi meinen Blick, knurrt kurz und bellt mich dann wieder an. Ich glaube fast, ein siegreiches Lächeln im Gesicht des Hundes erkannt zu haben.

Den nächsten Morgen beginne ich wie immer. Das Playmate begrüßt mich mit einem Guten-Morgen-Kuss, der Butler reicht mir den Morgenmantel und ein Tasse arabischen Kaffee, ich mache ein kurzes, aber intensives Workout im Fitness-Saal, schwimme zehn Bahnen durch meinen Pool, und dann wache ich auf. Vom gegenüberliegenden Garten kann ich schon Sissis Gebell hören. Sie weiß es. Sie weiß genau, dass ich mich heute um sie sorgen muss. Und sie genießt das. Bevor ich fahre, laufe ich also noch zweimal am Zaun entlang. Die Felltröte rennt mir auf ihrer Seite hinterher und kläfft wie immer. «Na, Sissi, alles in Ordnung da drüben?», frage ich pflichtbewusst. Sissi bellt. Alles in Ordnung.

Nach einem ereignisreichen und nicht minder anstrengenden Tag stehe ich um «Punkt neunzehn Uhr» im großen Garten von Frau Haag. Die edle Ausstattung fällt sofort auf. Teakholzmöbel hier, Marmorstatuen da, im Teich schwimmen kostspielige Kois, exotische Pflanzen heben sich vom üblichen Standardge-

112

strüpp ab. Einmal in der Woche kümmert sich ein Gärtner um die Pflege dieser Anlage. Warum kann sich dann nicht auch ein Profi um diese haarige Hupe kümmern? Apropos – wo ist Sissi eigentlich? Ich rufe den Hund, keine Reaktion. Mir wird unwohl. Ist das etwa ihre letzte, hasserfüllte Amtshandlung gegen mich? Die Rache für die Fleischwurst? Der finale Coup? Sie stirbt, während ich verantwortlich für sie war? In der Pfote einen gefälschten Beweis, der mich als Mörder identifiziert? «Sissi!» Ich werde den Garten durchsuchen und beginne mit der Zaunseite, an der das Tier einen Trampelpfad hinterlassen hat. Die hospitalistische Rennerei entlang des Zauns hat neben Nerven auch Graswurzeln getötet. Sonst keine Spur von Sissi. Dann erklingt aus noch ungeklärter Richtung ein bekanntes Bellen. Ich hätte es nie für möglich gehalten, dass ich mich darüber einmal freuen würde. «Sissi! Wo bist du, Kleine? Komm, putt, putt, putt!» Da ich keinen besseren kenne, wende ich den Lockruf für Hühner an. Wieder das Bellen. Dieses Mal kann ich es lokalisieren. Es kommt von ... nein, das kann nicht sein. Doch jetzt kann ich es sehen: Sissi steht auf der anderen Seite des Zaunes, also in meiner Einfahrt. Sie sieht und bellt mich an. «Wie um alles in der Welt bist du da hingekommen?» Kaum zehn Minuten Hundebesitzer, schon stelle auch ich dem Tier Fragen. Überraschenderweise sagt Sissi nichts, sondern bellt noch einmal, bevor sie sich demonstrativ eine Spritzwurst aus dem Kreuz presst. Unmittelbar vor mein geparktes Auto. Ich habe verstanden. Ich verlasse den Haag'schen Garten wieder, schließe das Messingtor hinter mir und spurte in den Hof, in dem Sissi eben noch residierte. Bis auf das stinkende Gastgeschenk keine Spur von Sissi. Wieder das Bellen. Der trickreiche Vierbeiner ist jetzt wieder auf der anderen Seite in seinem Revier, dem Garten des Frauchens. Irgendwo muss ein Loch im Zaun sein, eine Ausbruchsluke, die nur diese Flitzpiepe kennt. Sissi wedelt mit dem Schwanz, bellt auffordernd und genießt ihr Spiel sichtlich. Ich muss lachen und bekunde dem Hund meinen Respekt. «Eins zu null für dich», resümiere ich den Spielstand. Aus meiner Küche hole ich einen der gebunkerten Fleischwurstringe und locke Sissi damit auf meine Seite. Es funktioniert, Sissi kommt durch ihr geheimes Zaunloch herüber und verdrückt den kompletten Ring in respektabel kurzer Zeit. Eigentlich müsste ich ja nun nicht mehr mit ihr Gassi gehen, die Hauptintention eines solchen Spaziergangs hat Sissi ja nun schon im wahrsten Sinne des Wortes hinter sich gebracht, in dem sie mir eine Stange Lehm vor die Stoßstange getackert hat. Weil ich aber auf einmal irgendwie Sympathie für das gewitzte Kerlchen empfinde und selbst auch pinkeln muss, gönne ich uns den abendlichen Spaziergang durch die malerische Rebenlandschaft.

Es macht keinen Spaß. Sissi hält die Leine immer unter extremer Spannung, zieht in sämtliche Richtungen und kläfft ununterbrochen alles an, was aus Atomen besteht. Kaum zu glauben, dass so ein winziger Hund eine derartige Kraft entwickeln kann. Von weitem sehe ich Herrn Kramer auf uns zukommen, Klitschkos Leine bildet seinen verlängerten Arm. Der Schäferhund bemerkt Sissi sofort und knurrt misstrauisch. Herr Kramer hält den Hund jetzt an der kurzen Leine.

«Rüde?», fragt mich Herr Kramer.

«Nur ein bisschen gestresst», antworte ich. Mir war gar nicht klar, dass ich rüde wirkte.

«Is 'n Weibchen, was?», will Herr Kramer wissen. Dieses Mal interpretiere ich die Frage richtig.

«Ach so. Ja, ich glaube schon», antworte ich.

«Sie glauben? Das müssen Sie doch wissen», behauptet der Hundekenner. «Wie alt?»

«Fünfunddreißig», antworte ich ehrlich und etwas eingeschüchtert.

«Der Hund», Herr Kramer wirkt schon etwas genervt.

«Volljährig», sage ich mehr oder weniger selbstsicher. Herr Kramer nickt anerkennend. Wahrscheinlich, weil mein Leihhund schon Auto fahren darf.

«Rüde, dreieinhalb, is 'n Reinrassiger aus der Züchtung», stellt mir Herr Kramer ungefragt seinen Lebensgefährten vor. «Gell, Klitschko?!» Er tätschelt den Kopf des Schäferhundes.

Meine Kenntnisse im Hundebesitzer-Smalltalk sind stark begrenzt. «Was verbraucht der denn so?», frage ich also.

«Morgens Trockenfutter, abends Dose, einmal im Monat Aktiv-Flocken und Vitaminkur fürs Fell», zählt der schnauzbärtige Mann im blauen Trainingsanzug auf.

«Und ... ähm ... wie viele Kilometer hat er?» Ich versuche es mal weiter so.

«Jeden Abend große Runde, am Wochenende bis übern Hügel und zurück», antwortet Herr Kramer.

«Haben Sie den gebraucht oder neu gekauft, oder war das ein Jahreshund?», gebe ich mich weiter interessiert.

«Direkt von der Züchtung als Welpe. Er war der Stärkste von allen.» Kramer streichelt seinen Hund stolz. «Gell, Klitschko? Jaaa, du warst der Stärkste!»

«Meiner ist ein Unfallhund, war etwas billiger. Hab ein paar Beulen rausmachen und ihn umlackieren lassen. Steht jetzt da wie neu», gebe ich an, «tiefer gelegt isser auch, wie man sieht.»

«Sitz, Klitschko!», Herr Kramer demonstriert seine Autorität und die Gehorsamkeit des Hundes.

Ich will mithalten: «Bleib genau so wie jetzt gerade, Sissi!» Es funktioniert. Klitschko hat sich entschieden, nun einen großen Haufen zu machen. Sein Besitzer beobachtet ihn dabei genau. Mir ist das unangenehm, ich setze zum Weitergehen an. Doch Sissi findet die Idee des Hütehundes inspirierend und tut es ihm gleich. Zweimal innerhalb so kurzer Zeit? Ohne Kaffee? Ich bin beeindruckt. Die entstandene Gesprächslücke muss mit weiterem Inhalt gefüllt werden. «Ja, das ist was mit der Hundesteuer, nicht wahr?», improvisiere ich.

Herr Kramer ignoriert meine provokante politische These und geht neben dem verrichteten Geschäft seines Hundes in die Knie. Er nimmt ein herumliegendes Stöckchen, stochert damit im warmen Hundekot herum und untersucht diesen akribisch. Nachdem die Fäkalie in gründlichen Stöckchen-Tests auf Konsistenz, Farbe und Geschmack geprüft wurde, steht Herr Kramer wieder auf und kommt dabei leicht ins Schwitzen. Er stößt das typische angestrengte Atemgeräusch aus, das dicke Menschen bei Bewegungen gerne machen. Der gesunde Lebensstil in Sachen Ernährung gilt wohl ausschließlich für den Hund.

«Alles in Ordnung. Das muss man immer überprüfen», belehrt mich der übergewichtige Hundeflüsterer und schaut dabei auf das dampfende Häufchen von Sissi. Er erwartet doch wohl nicht ernsthaft von mir, dass ich jetzt auch mit der Hundekacke CSI spiele?

«Ich habe noch einen in der Einfahrt liegen, den schaue ich mir beim Abendessen mal genauer an», sage ich und verabschiede mich schnell von dem Tierfreund.

Auf dem Heimweg sagt Sissi noch ein paarmal das große Latrinum auf und platziert einige Brownies in die Reben. Da ich die Produktivität eines durchschnittlichen Landhundes nicht einzuschätzen vermag, mache ich mir über die Vielzahl der Geschäfte keine Gedanken, ebenso vermeide ich Blickkontakt mit dem Erledigten.

Zu Hause kredenze ich das Abendmahl für Sissi, die junge Scheißerin. Als Belohnung für ein paar ruhige Minuten ohne nerviges Gebelle reiche ich ihr noch einen halben Ring Fleischwurst dazu. Ich wünsche ihr eine gute und mir eine ruhige Nacht. «Morgen kommt die Mama wieder», sage ich zu dem Hund und komme mir gar nicht mehr so bescheuert dabei vor.

Immer wieder kam es zu Verwechslungen zwischen Schulbereich und Hundekot. Dieses Schild schafft endlich Klarheit. Wer es immer noch nicht kapiert hat, wird angezeigt.

Am nächsten Abend erfahre ich von einer auffällig glatt aussehenden Frau Haag, dass die arme Sissi schlimmen Durchfall hätte und ganz ruhig und gar nicht mehr die Alte sei. Ich finde insbesondere diesen letzten Gedanken nicht besonders tragisch.

«Durchfall bekommt sie sonst nur, wenn sie Wurst zum Fressen kriegt», erklärt mir Frau Haag. Wer denn so etwas mache, frage ich die frisch Renovierte. Man füttere doch höchstens morgens Trockenfutter, abends Dose, einmal im Monat Aktiv-Flocken und Vitaminkuren für das Fell, füge ich hinzu.

«Den ganzen Tag hat sie nicht einen Laut von sich gegeben. Inzwischen geht es ihr aber schon besser. Eben hat sie schon den Herrn Kramer und seinen Rikscha oder wie der heißt angebellt.

Morgen ist sie bestimmt wieder ganz die alte Sissi», freut sich die Nachbarin.

«Na, da freue ich mich aber», sage ich und gebe Frau Haag den Schlüssel zurück. «Ich muss noch einkaufen fahren. Schönen Abend noch!» Anschließend fahre ich zum Dorfsupermarkt und kaufe einen neuen Vorrat an Fleischwürsten.

ZEITREISE

Gott zum Gruße, edler Recke! Bevor er sich an jenem Spektakel labet, muss er verrichten einen Wegzoll von vier Talern.» Der Türsteher vom Burgfest trägt ein cremefarbenes Rüschenhemd unter der mit Ziernähten bestickten Filztunika. Die samtenen Pluderhosenbeine wurden in die Stulpenstiefel aus Wildleder gesteckt, und auf seinem Kopf sitzt ein federgeschmückter Hut. Vor der winterlichen Kälte schützt den Wegzoller eine Weste aus Schafsfell. Da hat wohl jemand den Kleiderschrank von Thomas Gottschalk geplündert. Ich bezahle die vier Eurotaler passend. «So sei Er willkommen und trete Er ein!» Mit großer Geste wird mir Einlass gewährt. Mein Repertoire an mittelalterlichen Gesten ist beschränkt, also mache ich einen Knicks. Erst später erfahre ich, dass so etwas nur Frauen machen.

Es gibt zahlreiche Burgen in dieser Gegend. Einige wurden zu Restaurants umfunktioniert, andere aufwendig restauriert, und manche stehen als Ruine einfach so im Wald herum. Im Winter werden Burgruinen gerne als Austragungsort für eine immer beliebter werdende Alternative zum konventionellen Weihnachtsmarkt verwendet. An jener eindrucksvollen alten Burg aus dem Jahre irgendwas findet dieses Wochenende ein großer Mittelaltermarkt statt. Traditionsbewusste Menschen kleiden sich wie vor ein paar hundert Jahren, adaptieren die Sprache von damals und bieten Waren aus der alten Zeit feil. Für die gelungene Familienunterhaltung sorgen stilechte Gaukler, Musikanten, Sänger und Folterknechte. Wobei insbesondere bei Letzteren die Grenzen fließend sind. Als Freund maßgeblicher Errungenschaften der modernen Zivilisation habe ich Mittelaltermärkte bisher gemieden. Vielleicht lag mein Fernbleiben auch an der starken Präsenz Töpferware verkaufender Öko-Trullas in hässlichen Samtkleidern und adipöser, Holzschwert schwingender Rollenspieler mit Spitzbärten. Ich möchte «das einzigartige Mittelalter-Flair», wie es die wöchentliche Dorfzeitung beschreibt, erleben und treffe mich daher heute mit einem befreundeten Kollegen hier auf ein alkoholhaltiges Heißgetränk. Da ich etwas zu früh bin, schlendere ich schon einmal alleine über den Markt. Es raucht und schreit aus unzähligen Zelten und Hütten, im Steinofen wird Brot nach mittelalterlicher Rezeptur gebacken, eine Kutsche fährt winkende Kinder herum, ein Feuerspucker zeigt sein Können inmitten des Platzes, hier spielt eine Flötenmusik, dort schlägt ein Schmied ein glühendes Eisen, und überall riecht es nach Rauch und Pferdedung. Ein deutlich erkennbar aus Baden-Baden kommendes Paar zeigt sich beeindruckt. «Das haben die schön gemacht hier», sagt er. «Ja, sieht genauso aus wie früher», weiß sie. Dass viele Baden-Badener den Zeitgeist des Mittelalters mit Jugenderinnerungen verbinden, scheint also doch nicht nur ein Gerücht zu sein. Zeitzeugen attestieren der Veranstaltung also Authentizität. Das ist doch vielversprechend. Ich überlege, ob ich mir zur zeitlichen Überbrückung eine Hexenverbrennung oder eine schöne Vierteilung anschaue und danach vielleicht noch zum Aderlass gehe. Doch der penetrante Duft von Rauch aktiviert die Assoziation «Essen» in meinem Gehirn und provoziert damit ein Hungergefühl. Cleveres Marketing, Mittelalter! Ich gehe zum nächstbesten Stand, der Essbares anbietet.

«Tretet näher, Gevatter! Auf dass Ihr die Feinheiten meiner köstlichen Waren in Augenschein nehmen könnt!» Okay, ich habe verstanden. Man spricht Mittelhochdeutsch. Der Standbesitzer hat seine Rolle gut einstudiert. Bei genauerer Betrachtung fällt jedoch ein kleiner gelber Spickzettel auf, der für ihn gut sichtbar auf seiner Theke klebt. Ein Post-it mit mittelalterlichen Floskeln. Der Wirt ist angezogen, wie man sich einen Wirt im dreizehnten Jahrhundert vorstellt. Eine Tunika aus grober Baumwolle, die von einem Seil geschlossen wird, ein Paar Holzschuhe, ein Lederbeutel für die Silberlinge, eine schräg sitzende Lederkappe und eine randlose Brille von Fielmann.

«Was gibt's denn so bei Ihnen?», frage ich den Händler interessiert.

«Köstliche Lappen vom Schwein zwischen warmen Scheiben frischen Ofenbrotes oder in Darm gepresstes Rinderfleisch – all das wird zur Freude Eures Gaumens feilgeboten. Dazu, werter Recke, empfiehlt meine Wenigkeit den guten Met oder einen Humpen Gerstensaft zur leiblichen Stärkung», trägt der Mann, hin und wieder zu seinem Merkzettel linsend, vor.

«Ich nehm das mit dem Lappen. Klingt lecker. Ich meine: Gebe Er mir einen Happen von dem Lappen – wie viel muss ich berappen?» In Reimen gesprochen, klingt alles gleich nach Mittelalter. Oder Karneval. Beides passt. Ich bezahle die zehn Goldrandtaler für Schnitzelweck und Bier mit einem Schein und ziehe kauend weiter. Ein großer Stand wird von einem alternativen Pärchen betrieben. Sie bieten eine beachtliche Auswahl an Mittelalterkleidung an. Das Schild «*Die neuen Trends der aktuellen Mittelalter-Saison*» gefällt mir sehr gut. Das ist eine inspirierende Logik. Überlege kurz, ob es nicht mal an der Zeit wäre, eine Rechtschreibreform für Latein anzukurbeln. Das Geschäft der beiden Mittelalt-Hippies scheint jedenfalls trefflich zu laufen. Man muss eben mit der Mittelalter-Mode gehen. Ein zukunftsträchtiges Geschäft! Die Modetrends der Sechziger, Siebziger und Achtziger kamen ja alle zurück. Folglich ist es nicht auszuschließen, dass man am Prenzlauer Berg bald wieder als Erste Gugel und Kettenhemd trägt. Dann sitzen junge Mütter im Straßencafé und tragen lässig schicke Korsetts und Keuschheitsgürtel, während sie aus einer handgetöpferten Schale alkoholfreien Bio-Met schlürfen.

Ein Folterknecht läuft über den Markt und sucht zur Freude der Schaulustigen Opfer für unterhaltsame Demütigungen. Gezielt läuft er auf einen Mann in Anzug und Mantel des einundzwanzigsten Jahrhunderts zu. Es handelt sich nach Aussage der Beobachter um irgendeinen ortsansässigen Kommunalpolitiker. Ein Pflichttermin, dessen Hauptgewinn mindestens ein Foto in volksnaher Pose im Ortsanzeiger einbringt. Der Folterknecht schnappt sich den Politiker in großer Geste und liest in dramatischem Volkstheaterduktus einen Haftbefehl von einer Papyrusrolle ab. Jetzt wird dem Lokalpolitiker ein Pranger aus Holz angelegt, die Hände sind durch das schwere Brett auf Kopfhöhe gefesselt. Ein paar Fotos werden gemacht, der Volksvertreter lächelt professionell in zwei Kameras der Regionalpresse und wird danach sofort wieder vom Folterinstrument befreit. Den großen Kragen meines Mantels hochklappend, mache ich mich unsichtbar für den Folterknecht, der jetzt weiterzieht und dabei ständig irgendetwas Mittelalterliches in die Menge schreit. Zwei übergewichtige Ritter kreuzen seinen Weg. Die beiden haben sichtlich Mühe, die schweren Helme, Kettenhemden und Schwerter einigermaßen elegant zu tragen. Der eine möchte bei einem kleinen Jungen Eindruck machen und ihm stolz sein Schwert präsentieren. Der engagierte Freizeitritter zieht die Klinge ungelenk aus der Scheide und unterschätzt dabei die Schwertlänge, sodass er seinem Ritterkollegen einen saftigen Kinnhaken mit dem Ellenbogen verpasst. Gut, dass Ritter Helme tragen.

«Mensch, Helmut, pass doch uff!», ertönt es blechern.

«Was sagst du, Walter?», fragt Ritter Helmut.

Ritter Walter klappt sein Visier hoch, saugt die Außenluft tief ein und klopft an Ritter Helmuts Kopfschutz. «Aufpassen mit dem Schwert, Helmut!», wiederholt Ritter Walter belehrend. Der zu beeindruckende kleine Junge hat sein Interesse längst verloren, da sein Kumpel es irgendwie geschafft hat, eine Playstation Portable ins dreizehnte Jahrhundert zu schmuggeln.

Lautstarker Gesang eines passionierten Minnesängers lenkt die Aufmerksamkeit nun auf eine kleine Bühne, vor der eben noch ein Feuerspucker einheizte. Mit einer Harfe bewaffnet, bietet der engagierte achtunddreißigjährige Gemeinschaftskundelehrer der Grund- und Hauptschule, Herr Rumsmöller-Kuhn, in einer Sopran-Imitation altdeutsches Liedgut dar. Er trägt einen Filzhut mit Feder zum grünen Umhang und tänzelt umher in rot-gelb gestreiften Strumpfhosen. So würde Robin Hood zum Christopher Street Day gehen. Ich höre dem Selbstverwirklichungs-Gig eine Weile zu und frage mich, warum eigentlich. Ein Blick auf die Uhr verrät, dass meine Verabredung schon eine halbe Stunde zu spät ist. Ungewöhnlich, der Herr Kollege ist sonst sehr pünktlich. Wir hatten uns vor der Bühne verabredet, ich lasse die Suchscheinwerfer schweifen. Dicke Magd mit roten Backen, Adelige in vornehmen Gehröcken, diverse Bauern, bei denen die Differenzierung «Verkleidung oder Zivil» nicht immer leichtfällt, und unterhaltungsorientiertes Fußvolk in Funktionsjacken. Wo bleibt der? Ich zücke mein Mobiltelefon. Kein Netz. Klar, gab's im Mittelalter auch nicht. Halte Ausschau nach einem berittenen Telegramm oder einer Brieftaubenzucht. Fehlanzeige. Plötzlich höre ich, wie von weitem jemand meinen Namen ruft. Es ist die Stimme meines Kollegen. Ich folge derselben und schlängle mich durch das Gedränge, bis ich ihn erblicke. Irgendwas ist anders an ihm. Da hat wohl der Folterknecht zugeschlagen. Der Herr Kollege trägt nämlich den vorhin gesehenen mobilen Pranger, das Brett hat Kopf und Hände in unbequemer Haltung stillgelegt. Ich muss laut lachen und gebe ihm die Hand. Er kann sie ja nicht wegziehen. Seinem Gesichtsausdruck entnehme ich, dass die augenblickliche Amüsiertheit eine einseitige ist.

«Schön. Neue Manschettenknöpfe, oder was ist los?», frage ich immer noch lachend.

«Ja, Scheiße ist los! Dieser bescheuerte Foltertyp hat mich geschnappt und mir diesen Mist angelegt.» Der Herr Kollege wirkt in der Tat erbost.

«Ja, das finden die Leute aber lustig. Ich find's übrigens gerade auch lustig. Der macht das ja gleich wieder ab. Wo ist der denn?», möchte ich wissen.

«Das ist es ja. Da ist hinten so ein altes Schloss dran, das macht der zur Show zu und dreht den Schlüssel herum. Dummerweise ist der verdammte rostige Schlüssel abgebrochen, als er das Schloss wieder aufmachen wollte.» Verstehe. Eine missliche Lage das. Aber immer noch sehr lustig.

«Ja, und jetzt?», frage ich den gefangenen Kollegen.

«Jetzt holt er Werkzeug», bekomme ich zur Antwort.

«Seit wann steckst du dadrin?»

«Seit einer halben Stunde. Die haben da ewig dran rumgebastelt, und nichts hat geholfen.»

«Damit laufen kannst du aber, oder?»

«Flickflack ist im Moment schlecht, aber laufen geht. Bin halt nicht gerade unauffällig mit dem Ding.»

Ich komme zum Wesentlichen unserer Verabredung: «Wie wär's mit 'nem Bier?» Er nickt. Wir gehen durch die Menge. Ein Kind wirft meinem Kollegen unvermittelt ein Stück Waffel an den Kopf. Mittelalter reloaded. So ist das eben, wenn man am Pranger steht. Herr Kollege nennt den Pimpf ein Arschloch und wird als Reaktion mit einer Zierkirsche befeuert. Empört mahnt ihn eine aufgebrachte Mutter im Hanfkleid, er solle in Gegenwart von Kindern gefälligst auf seine Sprache achten. Sie sagt das in der dritten Person und bleibt beim Mittelalter-Slang. Herr Kollege findet an seiner Rolle des Geächteten anscheinend Gefallen, denn er zeigt Mutti die Mittelfinger beider gefesselten Hände. Das Kind lacht. Wir gehen zu einem Ausschank, dessen alliterativer Schriftzug «Tanjas Taverne» einlädt, und bestellen reimend zwei Bier. Als ehemaliger Zivildienstleistender kann ich dem gehandicapten Kollegen professionelle Trinkhilfe leisten, indem ich ihm den Humpen an den Mund halte und einzelne kleine Schlucke darreiche. Anstoßen fällt heute aus.

«Da sind Sie ja! Ich hab Sie gesucht.» Der Folterknecht ist außer Atem und trotz eisiger Kälte verschwitzt. Er trägt seine Henkerskapuze nicht mehr, dafür einen kleinen Werkzeugkoffer. «Dann wollen wir Sie da mal rausholen», gibt er dem Kollegen Hoffnung.

«Ach, ich hab mich langsam dran gewöhnt», scherzt dieser.

Der Folterknecht bedient sich eines stilechten Akkuschraubers, um das Scharnier an der Rückseite des Prangers zu entfernen. Manchmal ist Neuzeit eben doch ganz dufte. Von seinen Qualen erlöst, ist der Herr Kollege nun wieder ein freier Mann mit sehr kalten Händen. Der Folterknecht entschuldigt sich mehrmals und fragt, wie er das wiedergutmachen könnte. Wir schlagen ihm fünfzig Peitschenhiebe vor, er überlegt kurz, lehnt dann aber ab. Er habe es mit dem Kreuz und da sei das Hängen so schlecht für den Rücken. Er könne alternativ Schädelzwinge oder Pechfackeln anbieten. Wir sind uns sicher, er meint es ernst, lehnen dankend ab und lassen uns dafür von ihm auf zwei Krüge Honigwein einladen. Der Folterknecht verabschiedet sich mit einem «Gehabt Euch wohl!» und geht auf die Suche nach neuen Opfern. Tavernen-Tanja stellt uns die beiden gefüllten Steinhumpen auf den Tresen. Im wahren Leben betreibt die fünfzigjährige Kettenraucherin eine kleine Kneipe im Dorf. Märkte wie dieser sind ein netter zusätzlicher Verdienst für die Gastronomin.

«So. Zwei große Met. Bitte schön!»

Moment. Da stimmt doch was nicht. Ich stelle Tanja zur Rede: «Seid bedankt, holde Maid, für das frohlockende Gesöff. Doch saget mir, welch fremde Sprache ist es, die Ihr da sprechet?»

Tavernen-Tanja stellt schnell klar: «Saufen könnt ihr hier, solange ihr wollt, aber lasst mich mit dem bescheuerten Gequatsche in Ruhe!» Sehr sympathisch.

Zwei Tonkrüge später sind Herr Kollege und ich angetrunken genug, zur Barden-Musik mit dem Fuß zu wippen. Eine Laute wird von mehreren Flöten und einer Felltrommel begleitet, dazu singt eine sehr umfangreiche Frau irgendetwas von Raben. Ich frage den Herrn Kollegen, ob er weiß, um was es in dem Lied geht. «Weiß nich», lallt er metlustig, «geht um irgendwas mit vögeln.» Wir sind sogar angetrunken genug, darüber zu lachen. Die mithörenden Gaukler, Adelsleute, Hofnarren, Mägde und Ritter finden das nicht so lustig. Sie nehmen ihre Sache ernst.

Der Nachmittag bringt die jahreszeitlich bedingte Dunkelheit schon früh mit sich. Es werden Fackeln aufgestellt und ein paar mittelalterliche 500-Watt-Scheinwerfer. Unsere Lichter gehen dank des warmen Honigweins so langsam aus. Der Herr Kollege und ich machen uns also auf, den Heimweg anzutreten. Wir wollen ein Taxi rufen, haben aber beide kein Netz. Der Herr Kollege muss mich mit Körpereinsatz davon abhalten, nicht die Pferdekutsche zu kidnappen. Wir beschließen, durch den Wald zurück ins Dorf zu laufen, die kalte Winterluft wird uns sicher guttun. Außerdem hat man das im Mittelalter auch so gemacht. Nach fünf Minuten Fußmarsch in der Kälte sind wir uns einig, dass Mittelalter ziemlich kacke ist.

Es raschelt im Gebüsch. Wir nehmen an, es sind Rehe, und laufen weiter. Es raschelt wieder, dieses Mal näher. Wir denken uns nichts dabei und setzen unseren Marsch fort. Plötzlich springen vier dunkel gekleidete Gestalten aus dem Gestrüpp und stellen sich uns in den Weg. Sie richten drohend Pfeil und Bogen auf uns und halten Schwerter in angriffslustiger Position in unsere Richtung. Ihre Gesichter sind von den Kapuzen an ihren Umhängen verdeckt. Es sind Wegelagerer. Einer ruft pathetisch: «Haltet inne, Wandersleut'! Reichet Ihr uns Aurum und Argentum sowie sämtliche Eurer Wertschätze, so lassen wir Euch unversehrt weiterziehen! Widersetzt Ihr Euch, wird dies im Kampfe enden. So wählet weise!» Der Herr Kollege ergreift als Erster von uns beiden das Wort: «Meine Fresse, habt ihr uns erschreckt! Is gut jetzt mit dem Backflash, aber wir wollen dann mal schön nach Hause ins einundzwanzigste Jahrhundert. Tschö dann!» Herr Kollege setzt zum Weitergehen an und spürt prompt einen Schwertgriff in der eben von ihm zitierten selben. Er blutet aus der Nase. Die nehmen ihre Sache wirklich ernst. Widerstandslos händigen wir unsere Geldbörsen und Mobiltelefone aus. Die Bande nimmt die Scheine aus den Portemonnaies und wirft die Börsen dann in das Dickicht. «Gehabt Euch wohl!», rufen unsere Peiniger im Chor und verschwinden wieder im Wald. Wir suchen unsere Geldbörsen zusammen und sind sehr beeindruckt von dieser authentischen Reise ins Mittelalter. Das hat uns überzeugt. Wir sind uns auf dem weiteren Weg nach Hause einig: So niveauvoll wird man in der Großstadt nicht abgezockt.

POSTTRAUMATISCH

Ich gebe nicht so schnell auf. Es ist auch gar nicht so einfach. So schnell geht das nämlich nicht. Um ein Päckchen in der dörflichen Dienststelle der Deutschen Post aufzugeben, muss man nämlich ein Extrapaket Zeit mitbringen. Und man muss seinen persönlichen Terminkalender den Öffnungszeiten der Postfiliale im Dorf angleichen. Die hat montags von 9:00 Uhr bis 12:00 Uhr, dienstags von 08:30 Uhr bis 11:30 Uhr, am langen Donnerstag von 09:30 Uhr bis 14:00 Uhr und am Freitag von 09:00 Uhr bis 11:30 Uhr geöffnet. Einmal im Monat auch samstags von 09:00 Uhr bis 11:00 Uhr. Um ein Auswendiglernen der Öffnungszeiten geschickt zu umgehen, gehe ich grundsätzlich unter der Woche um 10:00 Uhr zur Post, samstags nie. Die Postfiliale befindet sich in einem alten Fachwerkhaus zwischen der Schneiderei (Öffnungszeiten Montag bis Mittwoch 9:00 Uhr bis 12:30 Uhr, Donnerstag Ruhetag, Freitag 09:30 Uhr bis 11:00 Uhr) und dem Heimatmuseum (geöffnet jeden ersten Sonntag im Monat zwischen 15 und 17 Uhr und auf Absprache). Wie so viele Zweigstellen der Post war auch in diese einst ein Quelle-Laden integriert. Nach der Pleite wurde also auch hier viel Raum frei, den man heute noch immer als Verkaufsfläche nutzt. Neben Päckchen verschiedener Größen und anderem Postbedarf findet sich hier ein Dauerflohmarkt. So kann man nach dem Briefmarkenerwerb ein gebrauchtes Kaffeeservice oder ein gut erhaltenes ISDN-Telefon kaufen. Filmfreunde können sich am reichhaltigen Angebot einiger Klassiker auf VHS erfreuen. Außerdem wird eine große Auswahl an gelesenen Heftromanen feilgeboten. Besonders dieses Antiquariat wird von den älteren Kundinnen der

Post regelmäßig genutzt. Sehr beliebt seien Arztromane aus der Bianca-Reihe, habe ich mir sagen lassen.

Es ist zehn Uhr, ich stehe mit meiner Abholkarte in der Schlange am Postschalter. Auf der Karte steht: «Ihre Sendung ist da!» Ich schaue mich suchend nach Kameras, Lichtstativen und Aufnahmeleitern um. Wo denn? Vor mir kauft eine Frau Sondermarken und Fensterumschläge. Mir scheint, der Kauf ist eher eine Legitimation für das Gespräch, das Postangestellte und Kundin angeregt führen. Ein langes Gespräch. Das Befinden der einzelnen Familienmitglieder wird gegenseitig erfragt, die Diagnose des letzten Arztbesuches vorgetragen. Es geht um Nachbarn und um dem Fuchs sei Sandra. Bei solchen Gesprächen geht es immer irgendwann um dem Fuchs sei Sandra. Manchmal beugt sich die Kundin weit über den Tresen und flüstert ihrem Gegenüber die brisanteren Informationen zu. Außer den beiden bin nur ich im Laden. Der Ausgeschlossene. Ich möchte mitspielen und auch Insiderwissen demonstrieren und schaue auf das Display meines Mobiltelefons, vortäuschend, eine skandalöse SMS zu lesen. Ich spiele Entsetzen und lache dann verschwörerisch. Interessiert keinen. Nach passender Bezahlung und dem Erhalt von Briefware und Informationen verabschiedet sich die Kundin schließlich. Ich bin an der Reihe, grüße freundlich und lege meine Abholkarte vor. Die Dame am Schalter scheint ein Fernsehgerät zu besitzen und es gelegentlich zu unkonventionellen Zeiten zu benutzen. Sie erkennt mich. «Ach Gott, Sie sind doch der Pierre M. Krause! Sie guck ich manchmal», sagt sie. Ich freue mich darüber und bedanke mich fürs Zuschauen.

«So, jetzt bräuchte ich Ihren Personalausweis», sagt sie und kommt damit zum Geschäftlichen.

«Ich dachte, Sie wissen, wer ich bin», sage ich lächelnd und gebe ihr meinen Ausweis.

«Ja, aber das ist Vorschrift», erwidert die Pflichtbewusste und vergleicht das Bild meines Personalausweises mit der vor ihr stehenden Person. Dann gibt sie mir den Ausweis wieder zurück.

«Ist ja auch zu Ihrer eigenen Sicherheit. Sonst könnte ja jeder kommen und behaupten, er sei Pierre M. Krause», erklärt sie mir. Das klingt logisch.

«Kommt das manchmal vor, dass Leute behaupten, sie seien ich?»

«Nein», antwortet die Postangestellte.

Sie geht ins Lager und holt mein Päckchen.

«So, dann müssen Sie noch die Empfangsbestätigung unterschreiben.» Ich unterschreibe mit «F. Elstner», nehme meine Sendung in Empfang, bedanke und verabschiede mich.

Aus Zeitmangel, Bequemlichkeit und nicht zuletzt wegen des stark eingeschränkten Konsumangebotes auf dem Dorf bestelle ich regelmäßig Waren im Internet. Außerdem freue ich mich über Päckchen. Da hat man was zum Auspacken. Wenn der Postmann klingelt, dann bedeutet das meist Bescherung. Tage, die ich in abwechslungsarmer Schreibarbeit zu Hause verbringe, werden durch das «Ding Dong» des gelben Mannes mit einem kleinen Highlight versehen. Und es ist immer spannend. Man weiß nämlich nie, wann er kommt, der Briefträger. Wenn es viel zu erzählen gibt oder wenn Frau Huber einen Kuchen gebacken oder Herr Fuchs neuen Schnaps gebrannt hat, dann ist die Verweildauer bei den zu beliefernden Postkunden schon mal etwas länger. So variieren die Postzeiten zwischen elf und sechzehn Uhr. Das macht die Sache eben so spannend. Heute, an einem Freitag, klingelt der Postbote um neunzehn Uhr. Das ist ungewöhnlich spät, außerdem habe ich diese Woche nichts bestellt. Ich öffne die Türe in der Erwartung, einen volltrunkenen Postboten zu begrüßen. Herr Fuchs hat nämlich wieder gebrannt. Der Briefträger ist nüchtern, aber seine Stimmung hat etwas Fei-

erliches. Post hat er keine für mich, dafür eine persönlich vorzu-
tragende Nachricht.

«Herr Krause, ich wollte mich verabschieden. Ich werde
nächste Woche versetzt und gebe dieses Gebiet an einen Kollegen
ab», kündigt er an.

Ich bin gerührt, dass der Postbote, dessen Namen ich nicht einmal weiß, sich von all seinen Kunden persönlich verabschiedet,
und teile ihm mein Bedauern wegen seines Weggangs mit.

«Das ist aber schade. Ich habe immer gerne Post von Ihnen bekommen. Sie waren immer so ... verlässlich. Und es waren immer
so schöne Sachen in den Paketen drin», sage ich.

«Mein Kollege wird das auch gut machen. Er ist nicht von hier.
Er kommt aus – wie sagt man – der ehemaligen DDR und muss
sich also erst einmal hier zurechtfinden, aber das wird schon»,
sagt der scheidende Briefträger positiv gestimmt. «Sie müssen
aber kein Begrüßungsgeld bezahlen», fügt er hinzu und lacht. Ich
lache auch, wir geben uns die Hand, und ich wünsche ihm für seinen weiteren Postweg alles Gute.

«Schreiben Sie mal eine Postkarte!», fordere ich ihn scherzhaft
auf, und wir verabschieden uns. Mit Abschieden war ich schon immer schlecht. Hätte ich ihn umarmen sollen und vielleicht ein paar
Tränen vergießen müssen? Heute weiß ich: Ja, hätte ich.

Der neue Postbote. Nicht mehr namenlos. Dafür erbarmungslos.
Er wird Ordnung in diese Gemeinde bringen, so viel ist sicher. Er
ist der neue Sheriff.

Samstagmorgen, neun Uhr. Es klingelt. Ich hebe schlaftrunken
und zerknittert den Hörer der Freisprechanlage ab.

«Hm? Hallo?»

«Gutn Morschn, Herr Krause. Isch möschde misch Ihnen vor-
stellen. Mein Nome ist Hermann Fritsch, isch bin der neue Bost-
bode.»

«Guten Morgen, Herr Fritsch», gähne ich.

«Entschuldschn Sie de Störung, aber Sie müssen unverzüglsch das Schild an Ihrem Bosdkasdn erneuern», spricht es von der anderen Seite der Leitung.

«An meinem was?»

«Bosdkasdn. An Ihrem Bosdkasdn. Das Namensschild is verblischn. Dursch de Sonne. Man weiß nischd, wo man die Bosd hineindun soll.»

«Nicht in den Kasten auf dem ‹Nowak› steht. Es sind ja nur zwei Briefkästen.»

«Das is korrekt. Aber bei Ihrem fehlt de Beschriftung.»

«Der Briefkasten ist doch direkt neben der Klingel, auf der mein Name steht.»

«Das is korrekt. Aber Klingl is nischd gleisch Bosdkasdn.» Da hat er recht.

«In Ordnung, ich werde mich darum kümmern. Danke für den Hinweis.»

«Solange der Bosdkasdn nischd beschriftet is, muss isch Ihnen de Bosd persönlisch aushändigen, um sischerzugehen, dass der Adressat stimmt.»

«Werfen Sie die Post doch einfach in den Kasten ohne Namensschild!»

«Dud mir leid, das kann isch so nischd machen.»

«Dann werfen Sie sie bei ‹Nowak› ein, die werden sie mir schon geben.»

«Das geht leider ooch nischd. Bidde öffnen Sie de Türe!»

Eingeschüchtert kapitulierend drücke ich den Türöffner.

Der neue Postbote ist etwa Mitte fünfzig und von asketisch-drahtiger Natur. Er trägt seine Uniform komplett und sehr korrekt, im Gegensatz zu seinem Vorgänger, der an manchen Tagen in privaten Klamotten Briefe und Päckchen austrug. Es wusste ja eh jeder, wer er ist. Herr Fritsch dagegen nimmt seine Sache ernst.

Akkurate Bügelfalten in der blauen Arbeitshose, das blaugelbe Poloshirt bis oben hin zugeknöpft, die Postjacke zur Hälfte geschlossen, und sogar die Kappe mit dem Posthorn, die ich noch nie auf einem Postangestellten-Kopf gesehen habe, sitzt ordentlich.

«Sie sind Herr Krause?», fragt er mich in jenem Ton, den man sonst nur von Sätzen wie «Machen Sie mal Ihren Kofferraum auf!» kennt.

Ich nicke.

«Haben Sie einen Bersonalausweis zur Hand?»

Ich taste die nicht vorhandenen Taschen von Boxershorts und T-Shirt ab. «Nein, habe ich gerade nicht. Aber die Frau von der Postfiliale, die kennt mich.»

«Gut, isch glaube Ihnen jetzt mal.»

«Das ist sehr freundlich.»

«Biddeschön. Hier ist Ihre Bosd. Und kümmern Sie sisch bidde um den Bosdkasdn!»

«Jawohl, das werde ich», sage ich, schlage barfuß die Hacken zusammen und nehme unter Herrn Fritschs kritisch prüfendem Blick zwei an mich adressierte Kuverts entgegen.

«Isch komme von nün an jeden Tag um diese Zeit.» Es klingt wie eine Drohung, wenn er das sagt. Herr Fritsch verabschiedet sich, und wir wünschen uns gegenseitig ein schönes Wochenende. Ich widme mich anschließend weiter meinen Traumstudien und vergesse den unbeschrifteten Bosdkasdn selbstredend schnell wieder.

Als ich am Montagabend von der Arbeit nach Hause komme und wie jeden Abend den Briefkasten öffne, finde ich dort statt Briefen eine handgeschriebene Notiz. Es ist ein Durchschlag, also die Kopie einer Notiz. Sie wurde auf einen offiziellen Notizzettel der Deutschen Post in entschiedenen Druckbuchstaben nahezu gemalt:

«Aufgrund fehlender Beschriftung am Postkasten konnte das Postgut nicht fachgerecht zugestellt werden. Nach zweimaligem Schellen konnte wegen Abwesenheit des Adressaten auch keine Identitätsprüfung unternommen werden. Der Adressat wurde bereits vom zuständigen Zusteller, Herrn Hermann Fritsch, auf das fehlende Namensschild hingewiesen. Das Postgut wurde somit vom zuständigen Zusteller, Herrn Hermann Fritsch, in Verwahrung genommen. Nach zwei Werktagen ohne Korrektur dieses Missstandes wird die Zustellung an den Absender zurückgesendet. Mit freundlichen Grüßen, gezeichnet Hermann Fritsch.»

Druckbuchstaben. In jedem Sinne. Natürlich habe ich die Sache mit dem Schild vergessen. Herr Fritsch offenbar nicht. Aus Angst vor weiteren Repressalien, etwa am nächsten Morgen neben einem abgetrennten Pferdekopf aufzuwachen, erneuere ich das Namensschild an meinem Briefkasten sofort.

Seit Herr Fritsch hier das postalische Sagen hat, ist nichts mehr, wie es einmal war. Niemand vertraut dem neuen Briefträger mehr Geschichten an. Nicht zuletzt schwingen da auch ein tiefsitzendes Misstrauen und ein in diesem Fall sicher nicht unberechtigter Stasi-Verdacht mit. Frau Huber backt jetzt weniger Kuchen, und Herr Fuchs muss seinen Schnaps alleine trinken. Die Hunde verlassen winselnd die Gartentore und ziehen sich ängstlich zurück, wenn der drahtige Briefzusteller kommt. Es halten sich sogar Gerüchte, der neue Postbote hätte dem Schäferhund von Herrn Kramer ins Bein gebissen. Seitdem der Neue sein Revier markiert hat, wird die Post jeden Tag pünktlich und zur exakt gleichen Zeit ausgeliefert. Unabhängig von den äußeren Umständen. Daran muss man sich erst einmal gewöhnen.

Eine Woche später öffne ich am Abend meinen beschrifteten Briefkasten. Ich finde ein abonniertes Heft, einen Brief von meiner Bank und eine Postkarte darin. Die Karte trägt das Motiv der Kir-

Immer wieder musste sich Frau F. wundern, wieso ihre Post ständig so klitschnass war. Dabei hat es ihr Mann nur gut gemeint und das Regenwasser so umgeleitet, dass Frau F. nie wieder den Briefkasten abwischen muss. Clevere Idee.

che aus einem zehn Kilometer entfernten Dorf. Auf der Rückseite steht in geschwungener Schreibschrift:

«Lieber Herr Krause, da kommt die versprochene Postkarte. Hier ist es super, die Leute sind sehr nett. Der Kuchen von Frau Hildebrandt kann mit dem von Frau Huber mithalten. Werde jeden Abend vom Winzer Nagel auf eine leckere Weinschorle eingeladen. Was will man mehr? Ich hoffe, Ihnen geht es auch blendend und der neue Kollege hat sich gut eingelebt. Herzliche Grüße, Christian Sauer (der ehemalige Postbote).» Christian Sauer. So heißt er also. Wie wunderbar dieser Name doch klingt. Christian Sauer. Ich verdrücke mir eine Träne. Christian Sauer. Wir vermissen dich.

KEINE LINZER TORTE

Auf Dorfstraßen empfiehlt es sich meistens, das Auto in gemäßigter Geschwindigkeit zu bewegen. Nicht selten stellt das Ausbleiben richtiger Fußgängerwege eine Gefahr für all jene dar, die per pedes unterwegs sind. Hier gibt es gar keine Fußgängerwege. Die Straße gehört allen, sie wird mit jedem Verkehrsteilnehmer geteilt. Diese kommunistische Hippiementalität ist auch dafür verantwortlich, dass man hier keine Ampel finden wird. Wozu auch? Dorfweit gilt Tempo 30 für Autos, Fahrräder, Rollatoren und Fußgänger. Die Verkehrsteilnehmer sind daran gewöhnt, in gegenseitiger Rücksichtnahme aufeinander zu achten. Vor allem achten Fußgänger darauf, nicht vom Auto überfahren zu werden. Einmal sorgte eine vorübergehende Baustelle für das provisorische Aufstellen einer Ampel. Das hatte Eventcharakter. «Extrablatt! Extrablatt! Das Dorf hat eine Ampel!», schrie der Zeitungsjunge in Schwarzweiß. Die Menschen ließen sich mit dem Verkehrslicht fotografieren, feierten ihm zu Ehren Feste, und manche verehrten die Ampel wegen der magischen Lichter sogar als Gottheit. Ganz so extrem war es natürlich nicht. Es gibt hier gar keinen Zeitungsjungen.

Nach einem erfolgreich verrichteten Großeinkauf fahre ich in gemütlicher Geschwindigkeit zurück ins Dorf. Die provisorische Ampel leuchtet rot. Ich versuche, mich zu erinnern, was das bedeutet. Es fällt mir ein, und ich halte an. Die Fahrerin hinter mir erinnert sich nicht. Ein lauter Knall, und das Geräusch splitternder Scherben ertönt. Ich überprüfe, ob ich den Unfall überlebt habe, und schalte das Radio ein. Es läuft Shania Twain. Ich muss in die Hölle gekommen sein. Frage mich, warum, und gehe mein Leben noch einmal durch. Ziehe die Frage danach wieder zurück. Hinter mir hupt es. Stelle erleichtert fest, dass ich am Leben bin, und steige aus dem Auto aus. Es hupt erneut. Im Fahrzeug hinter dem meinen sitzt eine alte Dame in einem dunkelblauen VW Golf und drückt energisch auf die Mitte des Lenkrades. Ich beuge mich zum Fenster der Fahrerseite und klopfe vorsichtig gegen das Glas. Misstrauisch drückt die Oma das Knöpfchen an der Tür. Das typische Klacken verrät, dass die Zentralverriegelung ihren Dienst tut. Erst jetzt kurbelt die Oma das Autofenster einen winzigen Spalt herunter und blinzelt mich mürrisch an. Sie ist charmant geschätzte neunzig und trägt eine Haushaltsschürze und ein passendes blumengemustertes Kopftuch. Das darin eingewickelte Köpfchen ragt gerade so über das Lenkrad, dass sie etwas sehen kann. Auf der mit roten Äderchen übersäten Nase sitzt eine große Hornbrille, die ihre Augen enorm vergrößert. Ein Blinzeln wirkt dadurch akrobatisch. Man kann ihr eine gewisse Komik nicht absprechen. Die schrumpeligen Hände umklammern das Lenkrad, ihre Entschlossenheit zur Weiterfahrt demonstrierend.

«Warum fahren Sie nicht?», fragt sie in schimpfendem Tonfall.

«Die Ampel ist rot», sage ich.

«Ampel? Hier ist keine Ampel», erwidert die Dame.

«Doch, da ist eine. Schauen Sie mal!»

Ich zeige auf das neue Verkehrslicht.

«Die war nie da. Die haben Sie eben da hingestellt!»

«Erwischt! Was hat mich verraten?», entgegne ich.

«Ich hab keine Zeit, fahren Sie jetzt endlich weiter!»

«Es tut mir sehr leid, aber ich glaube, das geht nicht. Sie sind mir hinten reingefahren. Unsere Autos sind demoliert.»

«Wenn Sie nicht weiterfahren, hole ich die Polizei!», droht sie. Es verdichtet sich der Eindruck, dass Oma nicht mehr so ganz bei der Sache ist. Die Ampel wird grün, andere Autofahrer überholen uns. Ein silbergrauer Mercedes hält kurz neben mir an. Sein Fahrer bestätigt mir durch das Beifahrerfenster meine eben gedachte Annahme: «Das ist die Pfisterer, die ist nicht ganz dicht. Ich würd' sogar sagen, die ist verrückt. Am besten, Sie holen die Polizei!» Ohne meine Reaktion abzuwarten, fährt der Mann weiter. Na fein. Die Pfisterer also. Geistig verwirrte Menschen schaffen es auf dem Dorf sehr schnell zu großer Bekanntheit. Ähnlich wie das debilen Blondinen im Fernsehen ergeht.

«Sind Sie Frau Pfisterer?», frage ich die immer noch im geschlossenen Wagen sitzende Oma.

«Das geht Sie gar nichts an», sagt sie, startet den Motor und fährt mit durchdrehenden Reifen an mir und meinem Wagen vorbei, über die inzwischen wieder rote Ampel. Das panische Hupen der entgegenkommenden Autos lässt sie unbeeindruckt. Ein schwarzer BMW hält an, seine Fahrerin lässt die Scheibe herunter und sagt: «Das ist die Pfisterer. Die spinnt!» Dann fährt sie weiter. Durch einen plötzlichen Anfall von Selbstjustiz euphorisiert, springe ich in mein Auto, warte ungeduldig das Gelb ab und fahre der Pfisterer hinterher. Ich fühle mich ein bisschen cool bei der ersten Verfolgungsjagd meines Lebens und hoffe auf eine plötzlich auftauchende Sprungschanze für mein neues Colt-Seavers-Ich. Oder auf eine Explosion im Hintergrund. Oder zumindest auf zwei Männer, die eine Scheibe über die Straße tragen. Nichts von alldem passiert. Dafür brettert vor mir die Pfisterer in der Dreißigerzone mit gemütlichen sechzig Stundenkilometern über den Asphalt. Ich bin ihr auf den Fersen. Endlich dicht hinter ihr, hupe ich einmal. Sie hupt einmal zurück. Ich hupe zweimal. Sie hupt zweimal zurück. Jetzt hupe ich zweimal lang, dreimal kurz, einmal lang. Sie erzeugt auch hier das Echo. Wahrscheinlich hält man uns für eine ziemlich unmotivierte Hochzeitsgesellschaft. Unerwartet biegt die Pfisterer ab und fährt auf den Parkplatz des Supermarktes, um dort schließlich anzuhalten. Nachdem sie den Motor ausgeschaltet hat, steigt die Pfisterer seelenruhig aus und holt einen großen Korb von ihrer Rückbank. Sie möchte wohl einkaufen gehen. Ich stelle meinen Wagen so vor ihren, dass sie nicht damit wegfahren kann, und steige auch aus. Erst jetzt sehe ich die kaputte Stoßstange und das heraushängende Hecklicht an meinem Auto. Die Frontseite des Pfisterer-Golfs sieht nicht besser aus.

«Entschuldigen Sie, aber ich glaube, wir sollten uns unterhalten. Darf ich Sie auf einen Kaffee einladen, Frau Pfisterer?»

«Milch und zwei Stück Zucker», bestellt sie. Am Bäckerstand vor dem Supermarkt kaufe ich zwei Kaffee in Pappbechern, bereite den von Frau Pfisterer ihren Wünschen gemäß zu und überreiche der alten Dame das Heißgetränk. Sie nimmt ihn an und bedankt sich. Jetzt wirkt sie gar nicht mehr so verrückt. Oder genau deshalb noch verrückter. Wir lehnen uns an einen runden Stehtisch und schlürfen den ersten heißen Schluck. Vorsichtig konfrontiere ich sie erneut mit unserem Unfall. Sie geht nicht darauf ein. Frau Pfisterer bleibt gelassen und lobt lieber den Kaffee. Dann streichelt sie ihren Becher. Das schrullige Verhalten lenkt von der Tragik ihrer Situation ab. Ihr fällt nun ein, dass sie ja einkaufen wollte, weil sie dringend Marmelade für eine Linzer Torte brauche, und verabschiedet sich mit dem Korb in der Hand in den Supermarkt. Ich lasse die Oma einkaufen, behalte sie im Blick und rufe währenddessen die Polizei an. Dann warte ich bei den Unfallautos auf dieselbe und trinke meinen Kaffee zu Ende. Die Dienststelle der zuständigen Behörde befindet sich in paar Dörfer weiter. In einem größeren Dorf mit stationärer Ampel. Zwanzig Minuten später rollt der Polizeiwagen auf den Parkplatz. Ein dicker, bärtiger und ein hagerer, kahler Polizist steigen behäbig aus.

«Haben Sie uns gerufen?», fragt mich der Dicke.

Ich bejahe, gebe meine Personalien an und erkläre sachlich den Verlauf des Unfalls. Die Verfolgungsjagd lasse ich dabei harmloser aussehen. Genauer gesagt lasse ich sie weg und erzähle, wir hätten aus Gründen der Verkehrssicherheit den Ampelbereich verlassen. Dass die Pfisterer von zwei Autofahrern für verrückt erklärt wurde und es höchstwahrscheinlich auch ist, lasse ich aus Anstandsgründen ganz weg.

«Und wo ist die Frau jetzt?», fragt der Dicke.

«Einkaufen. Im Supermarkt.»

Die beiden Polizisten sehen sich an.

«Sie braucht noch Marmelade für eine Linzer Torte», erkläre ich.

«Linzer Torte? Zu dieser Jahreszeit?», fragt der Dicke. Für ihn ist das schon das Verrückteste an dieser Geschichte.

«Die kann man einfrieren», weiß der Hagere.

Der Dicke verfällt kurz in einen verträumten Blick. Ich nehme an, er denkt an Linzer Torte, und frage mich, wer von den beiden wohl der Bad Cop ist.

Da kommt Oma Pfisterer mit einem leeren Einkaufskorb aus dem Supermarkt und will wie selbstverständlich in ihr Auto steigen. Sie schaut jetzt wieder grimmig. Dann sieht sie sich den Schaden an ihrem Auto an und flucht laut. Einer der beiden Polizisten geht auf sie zu und spricht sie an. Er fordert sie auf, ihren Personalausweis zu zeigen. Sie versteht nicht, was das soll, und weigert sich, irgendetwas zu tun. Dann zeigt sie auf mich und sagt völlig klar und scheinbar geistesgegenwärtig:

«Der hat die Ampel da hingestellt!»

«Stimmt das?», fragt mich der Dicke.

«Ja, natürlich. Diesen Supermarkt habe ich eben übrigens auch hier hingestellt. Und wissen Sie, wie der Eiffelturm nach Paris kam? Richtig! Ich war das!»

Die beiden Polizisten sehen sich wieder an, dann nicken sie sich zu. Der Hagere sagt, ich solle mich beruhigen. Er sagt das in einem ganz sanften Ton. Dann wendet sich der Dicke diskret an die Pfisterer: «Wir haben schon vorhin einen Ruf bekommen, dass sich da ein Verkehrsunfall ereignet hat, in dem offensichtlich eine geistig verwirrte Person involviert war.» Er sieht zu mir herüber, während er das sagt. Jetzt lacht er. «Eben hat er gesagt, Sie würden Marmelade kaufen. Für eine Linzer Torte.»

«Zu dieser Jahreszeit?», fragt die Pfisterer und stimmt in das Gelächter mit ein.

«Ich glaube, wir sollten dann mal aufs Revier fahren», sagt der Hagere zu mir. Ich nicke und mache mich zu meinem Auto auf.

«Nein, Sie fahren besser mit uns», sagt der haarlose Polizist bestimmt.

«Danke, aber so schlimm ist der Schaden nicht, das Auto fährt noch», beschwichtige ich.

«Es geht nicht um das Auto, Herr Krause. Kommen Sie, steigen Sie ein, dann wird alles gut», sagt er in einem Tonfall, den man nur bei kleinen Kindern und Irren benutzt. Ich nehme an, er hält mich nicht für ein Kleinkind. Also steige ich in das Polizeiauto und setze mich auf die durch ein Gitter vom Fahrerraum abgetrennte Rückbank. Am Steuer sitzt der hagere, kahle Polizist. Frau Pfisterer darf uns mit ihrem Auto hinterherfahren. Mir wird mulmig. Das läuft hier in eine ganz falsche Richtung. Wieso weiß man im Nachbardorf nicht, dass die Pfisterer verrückt ist? So etwas muss sich doch herumsprechen.

Auf der Fahrt zum Revier müssen wir von der anderen Seite an derselben Ampel halten. Das bekannte Geräusch eines aufprallenden VW Golfs lässt den Dicken fürchterlich fluchen. Ich sage nichts und genieße still den kleinen Triumph. Der Dicke steigt aus und fragt die Pfisterer, ob sie die Ampel nicht gesehen habe. Nach einem kurzen Gespräch zwischen Pfisterer und dem Dicken tauschen wir stumm Plätze. Der Dicke fährt den Golf, ich sitze auf dem Beifahrersitz, und Frau Pfisterer fährt mit dem Hageren im Polizeiauto mit. Auf der Fahrt zum Revier will es im Golf zu keinem richtigen Gespräch kommen. Ich versuche, Smalltalk zu machen.

Bitte in die StVO aufnehmen: «Eine nicht unmittelbar zum Ziel führende Strecke soll als solche deutlich erkennbar markiert werden.»

«Sie mögen Linzer Torte?»

«Mhm.»

«Ich auch.»

«Wer nicht?»

Einen weiteren Versuch erspare ich uns.

Auf dem Polizeirevier gebe ich noch einmal den gesamten Unfall-verlauf zu Protokoll. Der hagere Polizist tippt meine Aussage mit einem ausgeklügelten Zweifingersystem gemächlich in die Tasta-tur einer elektrischen Schreibmaschine. Fehler korrigiert er sofort mit Tipp-Ex. Diese Retrowelle macht nicht einmal vor staatlichen Institutionen halt. Ohne anzuklopfen, betritt der dicke Polizist das Büro und erzählt seinem Kollegen vom Verhör mit Frau Pfisterer. Er erzählt, dass die Frau einigen der Polizeikollegen bekannt sei und dass man um ihre Verwirrtheit wisse.

«Die Oma is einfach nur irre. Kein Alzheimer, keine Demenz, die ist einfach so verrückt», erklärt der Dicke seinem dünnen Kol-legen. Ich empfinde Mitleid mit der Pfisterer. Und mit dem Hage-ren, der nie das Zehnfingersystem beherrschen wird. Was aus Frau Pfisterer geworden ist, weiß ich nicht. Ich weiß nur, dass sie nie vorhatte, eine Linzer Torte zu backen. Der Dicke hat mir das auf der Fahrt zu meinem Auto gesagt. Er klang dabei irgendwie traurig.

FASTNACHT OHNE JOGI LÖW

Viele Dorfbewohner sind doch eigentlich recht lustige Zeitgenossen. Sie haben einen ganz eigenen Humor, der durchaus charmant sein kann. Irgendwann hört der Spaß aber auf. Da wird die Sache ernst. Sehr ernst. Fasching ist so eine ernste Sache. Fasching, Fastnacht, Karneval. Nahezu die ganze Republik scheint zu jener Zeit in einen Ausnahmezustand zu geraten. Brave Diener des Kollektivs, graue Mäuse, Langweiler und Gelangweilte sollen einmal im Jahr die Chance bekommen auszurasten. Die über die Monate angestaute gute Laune muss raus. Wann, das ist terminlich festgesetzt. Jahresurlaube werden rechtzeitig genommen, Kostüme akribisch geplant. Monate im Voraus wird man gefragt: «Als was gehst du?» Ich komme erst gar nicht, da brauche ich nicht zu gehen. Fasching ist nicht meine Welt. Ich möchte damit in Ruhe gelassen werden, im Gegenzug dazu zügle ich meinen Sarkasmus und lasse die Narren Narren, die Jecken Jecken sein. Das ist die wahre, die praktizierte Bedeutung von Toleranz: Gleichgültigkeit. Als ich eine paar Jahre lang in Köln gewohnt habe, versicherte mir mein Umfeld ständig, das sei gar nicht so schlimm, man wird es mögen, man muss einfach mal dabei gewesen sein. Muss man nicht. Ich zumindest nicht. So gehen an den lustigen Tagen in meinem Mikrokosmos «Gute» und «Laune» getrennte Wege.

Ein Donnerstag im Februar. Das Dorf ist geschmückt. Von Haus zu Haus sind Wäscheleinen gespannt, an denen bunte Fetzen hängen. Die Haustüren werden von Hexenfiguren bewacht, Luftschlangen und farbenfrohes Gedöns peppen grauen Rauputz auf. Es ist der «Schmutzige Donnerstag». Ich fahre zur Aufzeichnung meiner Sendung, bin etwas in Eile. Fünf verkleidete Kinder springen unvermittelt auf die Straße. Ich erschrecke, lege eine Vollbremsung hin und zähle noch einmal nach. Eins, zwei, drei, vier, fünf. Puh! Alle noch da. Atme erleichtert auf und möchte den Kindern sagen, dass sie zu ihrer eigenen Sicherheit doch besser aufpassen sollen. Schon zeigt Harry Potter mit seinem Zauberstab auf mich und verlangt einen Wegzoll für die Gruppe. Auf so etwas unvorbereitet, frage ich, was das bedeutet. «Süßigkeiten, Schokolade, Bonbons!», ruft die Prinzessin vor meiner Motorhaube. «Oder Geld», ergänzt Potter. Ich durchwühle den chronisch unaufgeräumten Innenraum meines Wagens und finde in der Mittelkonsole eine angebrochene Packung «Fisherman's Friend – extra strong». Gebe die Packung Harry Potter und wünsche guten Appetit und weiterhin viel Erfolg. Den Rest der Strecke fahre ich sehr langsam, immer darauf vorbereitet, dass aus irgendeiner Ecke Kinder springen. Intuitiv drücke ich das Knöpfchen an der Fahrertür und schließe damit alle Türen. Auf dem Parkplatz des Senders überprüfe ich die Unterseite meines Autos. Könnte ja sein, dass sich da ein Vampir festgekrallt hat und mir gleich von hinten in den Rücken fällt.

Für die Aufzeichnung der Show trage ich wie gewohnt einen Anzug mit Krawatte. Während eines kurzen Warm-ups begrüße ich wie immer das in der Regel sympathische Studiopublikum und bereite es auf die kommende Aufzeichnung vor. Eine Gruppe angezwitscherter Hausfrauen sitzt verkleidet im Publikum. Sie tragen gestreifte Schlafanzüge oder so etwas in der Art. Entweder sie sind die Daltons oder KZ-Häftlinge. Das Alphatier der Gruppe springt auf und zückt eine Schere. Ich erschrecke und gerate in Schockstarre. Bilder von Blumensträußen und Oskar Lafontaine schießen durch meinen Kopf. Schnipp. Sie hat mir soeben tatsächlich die Krawatte abgeschnitten. Eine sehr teure Krawatte aus meinem privaten Kleiderschrank. Ich bewahre Contenance und brülle nur in

Gedanken: Wie kommt der Prosecco-Junkie bitte schön auf diese Scheißidee?! Die Streifenhörnchen kichern und erklären, das sei am Schmutzigen Donnerstag so Brauch. Morgen gründe ich einen Club, dessen Mitgliedern es an einem x-beliebigen Tag im Jahr erlaubt ist, jedem, der zwei Augen hat, aufs Maul zu hauen. Das ist dann unser Brauch. Wie gefällt euch das?

Am Rosenmontag muss ich wegen einer Kleinigkeit zur Bank. Die sonst seriös in Anzug und Kostüm gekleideten Bankkaufleute feiern offensichtlich heute ihren jährlichen Ich-hau-heut-auf-die-Kacke-Tag. An der Kasse sitzt Frau Lange als Indianerin verkleidet und zählt konzentriert Devisen. Filialleiter und Pirat Tobias grüßt mich freundlich, indem er seine Augenklappe hochklappt und mir gut gelaunt mit dem kurzzeitig befreiten Auge zuzwinkert. Am Beratertisch sitzt eine junge Frau in einem runden Bienenkostüm. Der Ausdruck auf ihrem gelb-schwarz geschminkten Gesicht ist sehr ernst. Sie berät gerade eine Frau, deren Mann vor kurzem gestorben ist, in Erbangelegenheiten. Wenn sie ihr zuhört und dabei nickt, wackeln die Fühler auf ihrem Kopf.

«Als was gehst du?», fragt mich Tobias.

«Als Serienkiller. Die sehen auf den ersten Blick ganz normal aus. Die Verkleidung findet im Kopf statt», antworte ich. Tobias lacht und kratzt sich demonstrativ mit seiner Hakenhand am Ohr. Wir erledigen meine Bankangelegenheit, und Tobias fragt mich, ob wir uns denn morgen beim Hexenball in Offenburg sehen würden. Ich habe aus meinen Fehlern gelernt und lüge in der Not, ich sei morgen auf einer Veranstaltung, in der Förderklassen hochbegabter Naturwissenschaftler saisonadäquat fortgeschrittenen Biologieunterricht erhielten. Das Ganze nenne sich «Karneval in Bio». Ich sollte meine Notlügen weniger kompliziert gestalten. Weil ich in den Augen von Tobias ein «verrückter Hund» bin, glaubt er mir und wünscht mir eine schöne närrische Zeit.

Der Anruf kommt am selben Tag. Eine Kollegin, die ich sehr respektiere und mag, stecke nach eigener Aussage in einem Notfall und brauche dringend meine Hilfe.

«Was ist denn los?», frage ich besorgt in den Telefonhörer.

«Du weißt doch, dass ich ehrenamtlich für die Hexenzunft arbeite. Pressearbeit und so.»

Nein, wusste ich nicht. «Nein, wusste ich nicht», sage ich.

«Okay, also: Jedes Jahr findet an Fastnacht die sogenannte Stempelung eines Prominenten statt. Das ist für die 'ne ziemlich große Sache und eine große Ehre für den Gestempelten», erklärt sie.

«Aha.»

«Den Thomas Gottschalk haben sie auch schon gestempelt. Oder den Max Schautzer. Sogar den Schäuble», zählt die Kollegin auf, «kannst du alles im Internet nachschauen.»

Werde ich nicht. «Okay, mache ich», sage ich.

«Dieses Mal sollte der Jogi Löw gestempelt werden. Jetzt hat der aber gerade eben kurzfristig abgesagt, war ein blödes Missverständnis mit dem Management. Das ist echt ein Problem.»

«Ja, klingt nach einem Problem. Warum genau erzählst du mir das noch mal?», frage ich, obwohl ich natürlich schon ahne, was sie vorhat.

«Also. Na ja. Ich dachte, vielleicht könntest du ja …», druckst die Kollegin herum.

«Nein. Auf keinen Fall! Du weißt, dass ich mit Fasching nichts anfangen kann. Tut mir wirklich leid, aber das kann ich nicht machen.»

Stille am anderen Ende der Leitung.

«Hallo? Britta? Bis du noch dran?»

«Ja», sagt sie in traurigem Tonfall, «ich bin noch dran. Du, das wär' echt nur 'ne kurze Nummer. Auf die Bühne, kurz stempeln, dich feiern lassen, wieder runter, und gut ist. Wir quartieren dich auch in einem schönen Wellnesshotel ein. Ich schwör dir, dass ich dich danach nie wieder um etwas bitten werde. Bitte, bitte, bitte!»

Ich schweige. In diesem Moment lässt mich mein Mobiltelefon wissen, dass ich eine SMS erhalten habe.

«Schau mal auf dein Handy!», fordert Britta mich auf.

Die MMS zeigt den unwiderstehlichen Hundeblick der Kollegin. Das kann sie. Braune Rehaugen schauen hilflos flehend aus einem hübschen Gesicht. Ich werde schwach.

«Also gut. Wann morgen?»

Die Kollegin freut sich und jubelt. «Danke! Danke! Danke! Das wird super! Ich hol dich morgen Abend um sieben ab.» Notiz an mich selbst: Anfängerkurs im Seminar «Neinsagen lernen» noch zum nächsten Semesterbeginn belegen!

«Das Zimmer ist aber für Jogi Löw reserviert. Sie sind nicht Jogi Löw», sagt der nasal sprechende Rezeptionist des Offenburger Wellnesshotels und versucht dabei erst gar nicht, seine Enttäuschung zu verbergen. Der Wellnessbereich besteht übrigens lediglich aus einer Sauna. Super. Ich mag Saunieren nicht. Mit nackten, schwitzenden Menschen in einem heißen und engen Raum zu sitzen entspricht nicht meiner Vorstellung von Wohlsein.

«Ja, das stimmt. Ich bin Jürgen Klinsmann. Hab mich aber nicht getraut, unter meinem echten Namen einzuchecken», erkläre ich. Kollegin Britta schiebt mich zur Seite und klärt die Sache mit der Reservierung. Es ist ihr peinlich. «Herr Löw kommt nicht, dafür kommt aber Herr Krause», sagt sie.

«Ist das sonst nicht immer mit Prominenten?», fragt der Hotelmensch.

Ich checke ein und möchte mein Gepäck eben aufs Zimmer bringen.

«Du willst dich sicher noch umziehen», meint die Kollegin.

«Nein, ich hatte eigentlich vor, so zu bleiben.»

Britta mustert mein Outfit. Schwarzes Jackett, schwarzer Mantel, dunkelgraues Hemd, dunkle Jeans, dunkle Schuhe.

«Vielleicht was Bunteres?», fragt sie vorsichtig. Ich sage ihr, sie soll meine Gutmütigkeit nicht ausnutzen, und bringe meine Tasche weg. Britta steckt die hinter ihrem Rücken versteckte rot gelockte Clownperücke wieder in ihre Tasche. Sie hat es erst gar nicht versucht. Gut so.

So ungefähr stelle ich mir die Hölle vor. Etwa viertausend verkleidete Menschen, für die Fastnacht die schönste Zeit des Jahres darstellt, singen im Chor das Fliegerlied. Es ist eng, heiß, und ich schwitze schon jetzt. Eine halbnackte Blondine mit aufgesetzten Hasenohren drängt sich an mir vorbei. Es muss sich um den Wellnessbereich der Mehrzweckhalle Offenburg handeln. Auf der Bühne hüpft ein als Vampir verkleideter und über die Maßen aufgedrehter DJ hospitalistisch auf und ab. Und immer will er Hände sehen. Warum will er immer Hände sehen? Ist das ein Fetisch, oder was?

Das Piratenkostüm scheint nach dem sechsundneunzigsten Teil von «Fluch der Karibik» immer noch der letzte Schrei zu sein. Wenig Johnny, viel Depp. Mit Britta kann ich mich nur schreiend unterhalten.

«UND JETZT?», frage ich sie.

«DER ZUNFTMEISTER KOMMT GLEICH!»

«DER WAS?»

Der Zunftmeister. Das ist so etwas wie der Chef des Hexenvereins. Die Oberhexe. Auffallend ist, dass die sich als Hexen verkleidenden Mitglieder zum größten Teil männlich sind. Und auch in der Führungsebene wird man bald über eine Frauenquote diskutieren müssen. Die Oberhexen sind ausschließlich Männer. Fastnacht ist eben doch eine reaktionäre Angelegenheit. Der Zunftmeister quetscht sich in voller Montur durch

die Menschenmenge und nimmt zur Begrüßung seine angstein-
flößende Holzmaske ab. Darunter befindet sich das Gesicht eines Finanzbeamten. Ein schmaler Haarkranz umrandet den kah-
len Hinterkopf, über der dünnen Oberlippe prangt ein gepflegtes
Bärtchen, auf der blassen Nase sitzt die obligatorische randlose
Brille. In seinem Kostüm sieht der Mann deplatziert und verloren aus. Der Zunftmeister begrüßt uns mit einem «Narri» oder
«Narro» oder «Helau again» oder was weiß ich. In Unkenntnis
der Begrüßungsrituale entgegne ich reflexartig ein «Heil», was
glücklicherweise im Geräuschpegel versinkt. Er geleitet uns vorbei am Sicherheitspersonal oder als Sicherheitspersonal verklei-
deten Versicherungsvertretern, man weiß es nicht, in einen etwas
ruhigeren Raum. Unter dem aus der Halle dröhnenden Bass begrüßt uns die Oberhexe, Herr Schwarz, noch einmal richtig im
VIP-Bereich der Hexenherren. Ein Thron in Form eines übergro-
ßen Fußballs wurde eigens für den zu Stempelnden gebaut. Auf
den mit bunten Papiertischdecken überzogenen Tischen stehen kleine Weltmeisterpokale aus Pappmaché. Sie tragen die In-
schrift «Weltmeister der Herzen».

«Vielen Dank, dass Sie so kurzfristig einspringen, Herr Kraus»,
bedankt sich Herr Schwarz.

«Krause», korrigiert ihn Britta.

«Macht nix. Sie dürfen mich auch Löwe nennen», sage ich.

Warum denn der Nationaltrainer nicht käme, frage ich vorsichtig. Da lief irgendwas mit der Anfrage schief, winkt der Zunftmeister ab und wechselt schnell das Thema. Ein ähnlich uniformierter
Mann stellt sich jetzt als Schriftführer vor, ein anderer als Vor-
stand, ein Nächster als Kassenwart. Hemmungsloser Spaß muss
gut und gründlich organisiert sein. Herr Schwarz erklärt die um
Mitternacht stattfindende Zeremonie und erzählt dann voll Ehr-
gefühl von der Tradition des Vereins. Alles begann 1933. Hätte ich
mir denken können. Stolz zählt er die Highlights der langen Liste

prominenter Persönlichkeiten auf, die diese Stempelung schon über sich ergehen ließen.

«… Hansi Vogt, Tony Marshall und Roy Black», schließt er seine Aufzählung ab.

Ich zeige mich so beeindruckt, wie es geht, und suche unterbewusst den Notausgang.

«Sie können sich gerne noch unters Volk mischen bis zur Zeremonie und ein bisschen die tolle Stimmung genießen. Hier sind zwei Getränkegutscheine für Sie», sagt der Zunftmeister feierlich. Kollegin Britta verabschiedet sich kurz, um irgendwelche Pressegeschichten zu verrichten. Ich nehme die Getränkegutscheine in sichere Verwahrung und wage es, mich «unters Volk zu mischen». In der Menge des feiernden Volkes falle ich als Einziger nicht verkleideter Teilnehmer auf. Zwei in Rastafari-Klamotten gehüllte Jugendliche mit roten, zu Schlitzen geformten Augen halten mich für einen Drogenfahnder in Zivil und rennen panisch weg. Drei aufreizende Teufelinnen hängen sich in den Armen und vernichten Kleine Feiglinge im Akkord. Eine steckt sich das Fläschchen in den Ausschnitt und fordert einen vorbeikommenden Clown auf, den Schnaps ohne Hände wegzukippen. Er kommt ihrer Bitte nach und hinterlässt seinen Gesichtsabdruck im Dekolleté der Teilzeit-Satanistin. Auf der Bühne tritt jetzt ein Büttenredner auf. Er trägt eine übergroße, grün gepunktete Fliege, einen roten, gewollt zu kleinen Hut und eine Brille, die die Augen vergrößert. Die Spaßformel öffentlich-rechtlicher Fernsehunterhaltungsshows stößt auf Zustimmung, das auf Sexismus und Alkoholismus basierende Witzerepertoire kommt beim Publikum sehr gut an. Der Cowboy hinter mir wiederholt jede Pointe laut lachend. Ein Witzecho. In Vorfreude auf Jogi Löw hat sich eine Gruppe junger Männer als Fußballnationalmannschaft verkleidet. Die werden sich gleich freuen, denke ich nicht ganz angstfrei. Eine hübsche, als Krankenschwester kostümierte junge Frau spricht mich an: «Als was gehst du denn?»

«Ich bin der als Drogenfahnder verkleidete Jogi Löw», antworte ich.

«Cool. Mal was anderes», sagt die Pflegekraft und steuert den Ausschank an. Ich krame meine Getränkegutscheine aus der Hosentasche und tue es der Krankenschwester gleich. Zwei als Vollidioten verkleidete, solariumgegerbte Bodybuilding-Proleten mit goldenen Halskettchen und in Beton gegossenen Gelfrisuren rufen ihr hinterher, sie solle mal einen Termin bei ihnen und Doktor Trinkmann in der Schwanzwaldklinik machen. Zu meiner Überraschung findet sie das lustig und gesellt sich flirtenderweise zu den beiden Hohlräumen. Erst jetzt erkenne ich, dass die zwei Typen gar nicht verkleidet sind. Ich bestelle ein Bier und bekomme dafür einen 0,5-Liter-Plastikbecher, gefüllt mir einer gelben, zimmertemperierten und schaumlosen Ersatzflüssigkeit. Da sich meine Ansprüche von Minute zu Minute verringern, trinke ich gleich einen großen Schluck davon. Alle haben hier Spaß und sehen dabei glücklich aus. Ich hinterfrage meinen Lebenswandel. «Partyyyy! Huuuuu!», schreit eine Gruppe als Schwarzwaldmädels verkleideter Teenager. Wie das Teenager eben so machen. Sie rufen andauernd «Partyyyy! Huuuuu!». So kommentieren sie ziemlich alles mit einem «Partyyyy! Huuuuu!». Wodka auf ex – «Partyyyy! Huuuuu!» Die Blonde macht mit dem Handy ein Foto von allen – «Partyyyy! Huuuuu!» Die Kleinste telefoniert mit der abhandengekommenen Freundin – «Partyyyy! Huuuuu!» Eine verabschiedet sich kurz aufs Klo – «Partyyyy! Huuuuu!» Ich lasse das mit dem Hinterfragen wieder sein.

Nach der «Guggenmusik» wird die Bühne von einem Männerballett dominiert, dann tritt ein Sänger auf, der zum lauten Halbplayback die komplette Palette der Mallorca-Fetenhits abfeuert. So ziemlich jeder kann jeden Text mitsingen. «Titten raus, es ist Sommer» von DJ Düse heißt die letzte, von der tobenden Menge geforderte Zugabe. Nach einem Blick auf die Uhr quet-

sche ich mich durch die Menge zurück in Richtung Backstagebereich. Es ist fünfzehn Minuten vor zwölf, ich werde gleich gestempelt. Auf dem Weg zurück befreie ich mich zweimal aus einer
eingehakten Schunkelattacke, kann mich nur beinahe vor einem
Konfetti-Inferno retten und bekomme von einer übergewichtigen
Piratin mit schief hängendem Plastikpapagei auf der Schulter einen sektfeuchten Kuss auf die Wange gedrückt. Vor dem VIP-Bereich wartet schon der mit Holzmaske vermummte Herr Schwarz,
bei ihm stehen sechs weitere als Hexen Maskierte und zwei Männer. Einer trägt eine blaue Uniform aus Star Trek und hält dazu ein
Plastik-Lichtschwert in der Hand. Ich möchte ihm stellvertretend
im Namen aller Nerds der ganzen Welt für diesen Fauxpas eine dicke Kopfnuss verpassen. Er stellt sich als irgendjemand vor, der irgendein Kommunalpolitiker ist. Mission Volksnähe erfordert Opfer. Der andere, ein leitender Polizeibeamter aus der Region, trägt
ein improvisiertes Phantasiekostüm aus Schlaghosen, Rüschenhemd, bunten Hosenträgern und roter, übergroßer Scherzbril-
lenfassung. Dann doch lieber Pirat. Den beiden lokalprominen-
ten Herren wird die Ehre der Hexenstempelung gleich ebenso
zuteilwerden. Sie freuen sich sichtlich darüber. Der Science-Fic-
tion-Dilettant fragt den Zunftmeister, ob Jogi Löw jetzt noch
käme, er hätte gerne ein Autogramm für seinen Sohn. Und ein
Foto mit dem Nationaltrainer, für die Zeitung. Bevor der Chef-
hexer antworten kann, wird ein großer Käfig von zwei Hexen mit
breitem Kreuz herangezogen. Da sollen wir jetzt rein. Wir gehorchen unterwürfig, die Hexen haben etwas einschüchternd Autori-
täres an sich. Männer, deren Gesichter man nicht erkennen kann,
sind ob ihrer schützenden Anonymität oft zu allem fähig. So stecke ich nun mit einem Kommunalpolitiker und einem Polizeibeamten in einem Käfig, der in dramatischer Geste durch die aufge-
heizte Meute gezogen wird. Ich präzisiere meine Aussage von vor
ein paar Seiten: SO stelle ich mir die Hölle vor. Die Guggenmu-

sik-Kapelle spielt eine Art Einmarsch-Musik. Links und rechts von unserem Gefängnis laufen je zwei Hexen mit, die uns unter dem Schutzschild ihrer Maskerade ab und zu mit einem Besen stupsen oder mit den behandschuhten Fingern zwicken. Auch das äußerst heiter gestimmte Volk lässt es sich nicht nehmen, die zur Schau gestellten Opfer physisch zu untersuchen. Der Kommunalpolitiker genießt das Bad in der Menge und grinst in so viele Kameras wie nur möglich. Einmal legt er für einen professionell aussehenden Fotografen den Arm freundschaftlich um meine Schultern. Ich versuche auf dem Foto wie sein heimlicher Lover auszusehen. Der Fotograf zeigt mir «Daumen hoch». Notiz an mich selbst: Morgen Lokalzeitung kaufen! Schließlich werden wir auf die Bühnenmitte gerollt, wo der Zunftmeister das Mikrophon aus dem Stativ nimmt und in pathetischem Tonfall das gleich folgende Spektakel ankündigt. Aus der grölenden Begeisterung der Masse lässt sich der hohe Alkoholpegel herauslesen. Von irgendwoher klingt ein «Partyyyy! Huuuuu!».

Die Stimme des Hexenmeisters klingt durch die Holzmaske hohl. Während wir Opfer von maskierten Hexen neckisch malträtiert werden, ruft der Zunftmeister Faschingsparolen in die Menge, die von der aufgebrachten Masse mit den dazugehörigen Fastnachtsrufen pariert werden. Jetzt kündigt der Holzkopf die Zeremonie an. Auf so eine ähnliche Frage wie «Wollt ihr die totale Stempelung?» reagiert das närrische Publikum in bester Sportpalast-Tradition. Zuerst wird der Kommunalpolitiker anmoderiert. Das Ganze soll natürlich witzig sein, weshalb ich dem Zunftmeister nach dieser Veranstaltung dringend empfehlen werde, seinen Gagschreiber fristlos zu feuern. Der Politiker hat seine Hausaufgaben natürlich gemacht und ruft in das ihm hingehaltene Mikrophon das richtige «Narri» und das richtige «Narro» zur richtigen Zeit. Ich komme als Letzter dran und werde als Ersatz für Jogi Löw angekündigt. Das Publikum kommentiert das Fernbleiben des Nationaltrainers mit Buhrufen. Danke für die Spitzenankündigung, alte Hexe! Zwei männliche Xanthippen zerren mich aus meinem Käfig und legen meinen Astralkörper auf eine Art hölzerne Folterbank. Einer zieht mein Hemd hoch und legt damit meinen Bauch frei. Der Zunftmeister hält zur Freude des Publikums drohend einen Stab über seinen Kopf. Es ist eine Art Eisen zur Brandmarkung von Rindern. Statt glühendem Stempel handelt es sich zu meiner Beruhigung allerdings nur um eine mit Tinte überzogene Prägemarke mit dem spiegelverkehrten Logo der Hexenzunft. Keine echte Brandmarkung. Wobei, zugetraut hätte ich es ihnen. Die Stempelung wird unter Tuschen und Grölen vollzogen, der Zunftmeister betrachtet sein Werk zufrieden und hält mir das Mikrophon vor den Mund. Ich rufe spontan «Alaaf!» und liege damit falscher als eine Prostituierte in George Michaels Bett. Das Publikum buht. Ich entschuldige mich und höre mich selbst über die Beschallung sagen, dass ich es ja nicht so mit Karneval hätte und daher den richtigen Schlachtruf nicht wisse. Jetzt gesellen sich vereinzelte Plastikbecherwürfe zu den lauter werdenden Buhrufen. Die Oberhexe entzieht mir das Mikrophon und ruft ein schlichtendes «Narri» zu seinem Volk, das gehorsam mit einem «Narro» antwortet. Die Kapelle spielt einen Tusch, und der Mob scheint fürs Erste beruhigt.

Der Hexenmann hält die Hand über das Mikrophon. «Sie sollten jetzt die Bühne verlassen», rät er mir und moderiert die drei soeben gestempelten Würdenträger ab. Polizeibeamter und Kommunalpolitiker werden unter Applaus, ich unter Pfiffen verabschiedet.

Kollegin Britta empfängt mich hinter der Bühne mit einem Gesichtsausdruck, den man demnächst als Bilderklärung unter dem Begriff «Schlechtes Gewissen» im Lexikon nachschlagen kann. Sie klopft mir behutsam auf die Schulter, quält sich ein Lächeln in die Mimik und sagt, dass das doch gar nicht so schlimm gewesen sei. Ich sage nichts. Für ein paar Abschlussfotos treffen sich alle Beteiligten noch einmal im VIP-Bereich. Der Kommunalpolitiker setzt sich auf den Fußballthron von Jogi Löw und zeigt den Fotografen der Lokalpresse zwei Daumen hoch. Ich versuche auf jedem der Gruppenfotos die Augen geschlossen zu halten und trinke den Höflichkeitssekt zur Verabschiedung ohne Gesprächspartner. Die Hexen halten deutlich Abstand zu mir. Die werte Kollegin steht beim Zunftmeister und ist in einem angeregten Monolog über die nachkommende Generation der Hexenzunft gefangen. Unbemerkt verlasse ich die Zusammenkunft und mache mich auf zur Toilette. Leider gibt es im Backstagebereich keine eigenen, sodass ich des Volkes Lokus verwenden muss. Ich folge den Pfeilen mit der Aufschrift «WC» und treffe unterwegs auf eine Gruppe junger Männer. Den Piraten darunter kenne ich. Es ist Tobias, der gerade so tut, als würde er mich nicht sehen. Ein lausiger Schauspieler ist das. Wahrscheinlich würde es bei seinen faschingsaffinen Freunden nicht besonders gut ankommen, dass er den eben schwer ausgebuhten arroganten Aushilfspromi persönlich kennt. Ich schaue ihm in die Augen, zwinkere ihm wissend zu und biege in den Gang zu den Toiletten ab. Dankbare Erleichterung zeigt sich in Tobias' Blick. Auf dem Boden des Toilettenflurs sitzt ein Typ in einem Ganzkörper-Hundekostüm. Er schläft laut schnarchend in sehr unbequemer Haltung. Sein Kopf liegt im Nacken, die Beine formen die Anfängerversion eines Schneidersitzes. Ein dreidimensionales Bröckelchenmuster ziert Hals und Teile des Bauchs. Seine Hundemarke wurde ihm in Braille aufs Fell gereiht. Ich steige über den Schnapsdackel und öffne die Tür zum WC. Dem Interieur der Herrentoilette ist die späte Stunde anzusehen. Und anzuriechen. Das grelle Neonlicht prallt gnadenlos auf das hochrote Gesicht des volltrunkenen Obelix, der da in der Hoffnung auf trocknende Föhnluft seit fünf Minuten die nassen Hände unter einen Papierhandtuchspender hält. Er flucht und haut zweimal gegen den Spender, dann torkelt er wieder hinaus zur Wildschweinjagd. Ich benutze zur bevorstehenden Verrichtung einer Flüssigkeitsreduktion eine der Kabinen, da ich Pissoirs grundsätzlich meide. Dieses Wummern neben mir fällt mir zunächst gar nicht auf. Das Geräusch der Spülung ertönt mehrmals von nebenan. Ich achte nicht weiter darauf und gehe erleichtert zum Waschbecken. Durch den offenen Türspalt der mittleren Toilettenkabine sehe ich, wie ein zur Hälfte abgeschminkter Clown an einer Teufelin in hektischen Stoßbewegungen einen Exorzismus durch- bzw. einführt. Ich wasche

Englischsprachige Touristen kehren hier selten ein. Nicht aus Sorge, sich zum Wildtier zu machen, sondern eher ob der international verständlichen Selbstbewertung dieses Gasthauses. Nebenan eröffnet bald das Restaurant «Bad Food».

meine Hände, trockne sie mit einem Papierhandtuch ab und rufe
«Partyyyy! Huuuuu!».

Im Taxi auf dem Weg ins Hotel sprechen die Kollegin und ich
nicht viel. Eher gar nichts. Der Taxifahrer fragt, ob wir Jogi Löw
gesehen haben, der sollte ja heute gestempelt werden. Unsere
Antwort ist Schweigen.

DISCOPOGO

Der Herr Kollege will feiern. Soll er doch. Er möchte dies bei der «Ladies Night» im «Zwetschgenbaum» tun. Soll er doch. Er möchte, dass ich mitkomme. Soll er mal schön vergessen.

«Komm, das wird lustig! Ist doch bei dir um die Ecke», redet der Herr Kollege auf mich ein.

«Das ist das örtliche Klärwerk auch. Und da will ich ebenso wenig hin», entgegne ich und stelle einen Vanillepudding auf mein Tablett. Wir haben uns vor ein paar Minuten zufällig an der Essensausgabe der Kantine getroffen.

«Mensch, du musst doch auch mal raus! So 'ne richtig schöne Dorfdisse mit den feiernden Ladies vom Land – das tut dir gut!» Man muss wissen, dass der Herr Kollege einer dieser großen, gutaussehenden Zeitgenossen ist, die sich vom Buffet immer das Leckerste aussuchen können. Und damit meine ich nicht das Kantinenessen. Außerdem ist der Herr Kollege seit acht Tagen Single.

«Komm schon, sei ein Freund und geh da mit mir hin! So was hilft mir, über die Sache mit der Birgit hinwegzukommen.»

«Hast *du* nicht mit *ihr* Schluss gemacht?», frage ich.

«Ja, aber da muss man ja auch drüber wegkommen», weiß der Herr Kollege, «also bist du dabei?»

«Auf gar keinen Fall», sage ich entschlossen.

Freitagabend, kurz nach halb elf. Ich stehe in der Schlange vor einem dröhnenden Kubus. Die Großraumdisco «Zwetschgenbaum» wurde in Würfelform gebaut, weil Zwetschgen ja nun mal würfelförmig sind. Rotierende mehrfarbige Scheinwerfer beleuchten abwechselnd das Gebäude und den Himmel. Das ist also das

Spaßzentrum von Dorfjugend, Partylustigen und Hängengebliebenen. Die Großraumdisco im nahegelegenen Industriegebiet ist die Anlaufstelle für feierwilliges Volk aus den umliegenden Dörfern. Hier kann man «abdancen» und die ganze Nacht «Partyyyy! Huuuuu!» rufen. Der Parkplatz ist so groß wie der eines Einkaufszentrums und stellt einen Fuhrpark zur Schau, der größtenteils aus messetauglichen Tuning-Fahrzeugen besteht. Ich versuche noch einmal zu rekonstruieren, wie der Herr Kollege es geschafft hat, dass ich jetzt hier anstehe. Anders kann ich mir es nicht erklären: Es muss etwas mit Hypnose zu tun haben. Vor uns kichert sich eine erfolgreich vorgeglühte Gruppe Petras schon einmal warm. Sie werden von einem Türsteher mit breitem Kreuz und niedriger Stirn ohne genauere Inspektion durchgewunken. Den Herrn Kollegen und mich nimmt der Sicherheitsbeauftragte genauer unter die Lupe. Unter anderem durch Abtastung. Nicht, dass jemand ein Buch oder irgendetwas anderes Branchenfremdes hineinschmuggelt.

Wir bezahlen je zehn Euro Eintritt und bekommen ungefragt einen Stempel auf den Handrücken gedrückt, die Brandmarkung als Beweis für ein gesundes und launiges Sozialleben. Nachdem wir an der Garderobe unsere Jacken abgegeben haben, gehen wir durch eine große, mit Bullaugen versehene Schwingtür ins Herz des Zwetschgenbaums. Zwetschgenmäßig dominiert die Farbe Lila das Innere der Diskothek. Ich hatte Terrakotta erwartet. Der Dancefloor wird von vier Käfigen bewacht. Darin rekeln sich spärlich bekleidete Go-go-Tänzerinnen mit gelangweiltem Gesichtsausdruck zu den Black Eyed Peas in denselben Bewegungen wie zu den Fetenhits von Mickie Krause. Alle vier tragen Bauchnabelpiercings und die Tattoo-Klassiker «Arschgeweih» oder «Tribal Armband». Auf einer Tribüne thront «DJ Andy» mit Blick auf die Tanzfläche über einem großen Banner seines eigenen Namens. Wie es sich für einen Discjockey gehört, ist sein Gesichtsausdruck auf coole Weise ernst, während er eine Muschel des Kopfhörers ans Ohr hält und dabei gleichzeitig mehrere Regler am Mischpult bedient. «Das Wichtigste am DJ-Beruf ist das Posen», erklärte mir einst ein solcher. DJ Andy hat das anscheinend auch kapiert.

Der Herr Kollege und ich steuern gezielt den in Schwarzlicht gehüllten Barbereich an, wo ein durchtrainierter Schankkellner im weißen T-Shirt wie ein Mensch gewordenes Uranstäbchen nach der Anabolikakur vor sich hin leuchtet.

«Erst mal hinsetzen und Lage checken», sagt der Kollege an. Wir setzen uns auf zwei freie Barhocker. Ich weiß nicht, wie man eine Lage checkt, und bestelle stattdessen eine Cola. Ich habe mir vorgenommen, das hier nüchtern durchzustehen. Der Herr Kollege ordert einen Gin Tonic und lässt seinen Blick über die feiernde Menge schweifen.

«Ganz schön voll», kommentiert er das Gesehene.

«Im doppelten Sinne», ergänze ich.

Der Anführer einer Gruppe junger Männer drängt sich an die Theke und bestellt fünf Wodka Redbull für sich und seine Kumpels. Dann stehen sie gemeinsam da und trinken, den Blick auf die Tanzfläche gerichtet, mit dem Kopf im Rhythmus der Musik nickend. Für eine Unterhaltung ist es zu laut, zum Tanzen sind sie noch zu nüchtern. Herr Kollege hat sein Glas schon geleert und bereits Nachschub bestellt, während ich mit dem Strohhalm zwischen den Eiswürfeln und Zitronenscheiben die Cola suche. Wir sitzen etwa eine Stunde da und trinken schweigend. DJ Andy spielt, was der Mainstream so hergibt. Man würde die Termini «tanzbar» und «querbeet» verwenden. Die Musikblenden von «Pokerface» über «Discopogo» zu «Ein Stern» beherrscht einzig DJ Andy so virtuos. Ständig macht der Stimmungsmacher diese Handbewegung, die das Drehen von Plattentellern imitiert, obwohl seine Konsole gar keine Turntables hat. Ich kann nicht genau sehen, was er da mit seiner Hand macht, und widme mich weiter dem Schweigen. Zwei sichtlich angeheiterte Mädels kommen auf uns zu. Die üppige Oberweite der einen wurde in ein enges, bauchfreies Top mit Glitzerapplikationen gezwängt. Spuren eines BH-Trägers sind nicht erkennbar. Würde jetzt die Klimaanlage anspringen, wäre sie bald des Rosinenschmuggelns verdächtig. Die andere trägt ein knappes schwarzes Kleidchen und hat Glitzersternchen unter den stark geschminkten Augen. Man würde die beiden auf etwa zwanzig schätzen. Und das meint vor allem die Anzahl der Stunden, die sie heute im Badezimmer verbrachten. Beide halten zur Hälfte geleerte Cocktailgläser in der Hand und sind in ausgelassener Stimmung. Miss Doppel-D scheint es auf den Herrn Kollegen abgesehen zu haben, sie spricht vor allem ihn an.

«Euch haben wir hier noch nie gesehen», kommt sie zur Sache. Man kennt sich eben auch in der Disco.

Des Dialektes, den ich hier zugunsten eines nationalen Publikums ins Hochdeutsche transferiere, nicht mächtig, fragt der Kollege noch einmal höflich nach: «Hä?»

«Seid ihr zum ersten Mal hier?», konkretisiert sie ihre Frage in bemüht deutlicher Aussprache.

«Ja. Und ihr?», antwortet der Herr Kollege mit einer Gegenfrage.

Die Mädels kichern. «Wir sind so gut wie jedes Wochenende hier.» Feiern hat Tradition.

«Schön hier», meint der Kollege und packt jetzt seine Charme-Utensilien aus, «vor allem seitdem ihr gekommen seid.»

Glucksen und Kichern ist die Antwort.

«Ich hab voll Bock auf Tanzen. Kommt ihr mit?», fragt die Geschmeichelte. Der Kollege stimmt sofort mit ein, kippt seinen Gin Tonic weg und macht sich mit den Damen auf zur Tanzfläche. Ich rede mich mit einer Knieverletzung, die ich mir bei der letzten Breakdance-Europameisterschaft zugezogen habe, raus und bleibe sitzen. Dem Herrn Kollegen gebe ich zu verstehen, dass ich sicher nicht mehr so lange bleiben werde.

«Das dauert hier bestimmt noch ein bisschen länger. Kannst ruhig schon gehen», erwidert er, entzückt von seiner Eroberung. DJ Andy hat sich einen Hall unter die Stimme gelegt und animiert sein tanzendes Publikum zum Mitmachen. Die beiden Mädels kreischen aufgeregt, als der Auftakt von «Komm, hol das Lasso raus!» ertönt. Amüsiert beobachte ich den Kollegen, wie er unter Anleitung der jungen Frauen die Performance zum Liedgut mitmacht. Er ist jetzt betrunken genug, das lustig zu finden, und die Lenkzentrale seiner Entscheidungsfindung ist gerade sowieso nicht mehr sein Kopf. Am meisten Freude zeigt sein Gesichtsausdruck, wenn der kollektive Tanz von seinem Gegenüber Hüpfen verlangt. Er schaut ihr dabei nicht in die Augen.

Eine große, sportliche Frau mit blonder Dauerwelle setzt sich neben mich und bestellt routiniert einen Caipirinha. Sie trägt eine ausgewaschene Jeansjacke, eng anliegende Röhrenjeans und braune Cowboystiefel. Das Alter lässt sich schwer schätzen, Sonnenbank und Tabak haben ihr Versprechen in puncto Hautalterung wahr gemacht. Sie legt ein Handy, eine Packung Marlboro und einen Motorradschlüssel auf den Tresen, dann wendet sie sich mir zu.

«Du bist neu», sagt sie mit der deutschen Synchronstimme von Bonnie Tyler.

«Wie meinen?», frage ich irritiert.

«Dich hab ich hier noch nicht gesehen. Zu Besuch hier?»

«Nein, ich wohne in der Gegend, bin aber heute in der Tat zum ersten Mal hier. Und Sie?», nehme ich das Gesprächsangebot an.

«Kannst mich ruhig duzen, ich bin die Herta.» Sie prostet mir zu.

«Pierre», nehme ich dieses Angebot an und proste mit der Mischung aus geschmolzenen Eiswürfeln und abgestandener Cola zurück. Herta erzählt von den Ü-30-Partys, auf die sie hier regelmäßig geht, dass der frühere Besitzer vom Zwetschgenbaum schwul war und dass es mit ihrem Motorrad nur zwanzig Minuten zu ihr nach Hause sind. Und dass sie einen zweiten Helm dabeihat. Anschließend trinkt sie den Rest ihres Cocktails in einem Zug, fischt ein Limettenachtel aus dem Glas und lutscht das Fruchtfleisch schmatzend heraus. Dann zwinkert sie mir zu. Ängstlich entschuldige ich mich für einen Moment auf die Toilette.

Meine planlose Flucht führt mich auf den übervollen Dancefloor, wo gerade alle «abdancen». In miserabel imitierten Tanzbewegungen schwofe ich durch die schwitzende Menge und meine, in einem der Käfige dem Fuchs sei Sandra zu erkennen. Auf der Herrentoilette fühle ich mich für einen Augenblick sicher. Die Toilette entspricht dem Standard einer sanitären Anlage zu später Stunde in einer Großraumdisco. Einer hilft seinem Kumpel gerade, sich über der Kloschüssel orale Erleichterung zu verschaffen. Zielen ist nicht seine Stärke. Ein anderer filmt die Aktion mit seinem Handy. Er kommentiert das Szenario und bleibt dabei in einem Loop stecken: «Alter, geil, Alter! Wie geil ist das denn, Alter? Alter, ist das geil …» Wahrscheinlich zitiert er gerade aus dem Repertoire von Mario Barth. Ich gehe immer wieder in Deckung auf meinem Weg zu den lilafarbenen Lounge-Sesseln, die auf der anderen Seite der Tanzfläche eine kleine «Chill-out-Zone» bilden. Keine Spur von Herta. Ich lasse mich in eine der Sitzgelegenheiten fallen und beobachte den Kollegen, der inzwischen ganz gut über die Sache mit Birgit hinweggekommen zu sein scheint. Um beim Tanz nicht das Gleichgewicht zu verlieren, hält er sich mit beiden Händen am Hintern seiner neuen Bekanntschaft fest. Die scheint das zu genießen. Von hier aus kann ich den DJ gut sehen. Mit der linken Hand hält er wieder betont lässig den Kopfhörer an sein Ohr. Auch auf dem Land setzen nur die uncoolen Disc-jockeys den Kopfhörer ganz auf. Mit der rechten Hand macht er erneut diese seltsamen Scratch-Bewegungen, die mit der wahrnehmbaren Musik in überhaupt keinem Zusammenhang stehen. Ich schaue genauer hin. DJ Andy bedient die schlichte Konsole des Clubs, in der man lediglich Audiofiles abspielen muss. Er tut also das, was jeder zu Hause an seinem Computer auch machen kann. Eine vorher erstellte Wiedergabeliste erspart weitere Arbeit im Laufe eines Discoabends. Um wenigstens geschäftig auszusehen, zieht DJ Andy den Klinkenstecker seines Kopfhörers aus der Buchse, steckt ihn wieder hinein und zieht ihn wieder heraus. Das macht er so den ganzen Abend lang im Takt der Musik und sieht dabei sehr «busy» aus.

Der lachende Mund der Grinsekatze aus «Alice im Wunderland» kommt auf mich zugeflogen. Ein schwebendes, weißes Gebiss strahlt in meine Richtung. Erst jetzt merke ich, dass der Lounge-Bereich des Zwetschgenbaums auch mit Schwarzlicht beleuchtet wird. Die Zähne gehören der Begleitung der Tanzpartnerin des Herrn Kollegen. Ihre Stimme ist ungewöhnlich hoch, ihr Dialekt sehr ausgeprägt.

«Hi! Da bisch du ja. Immer noch kein' Bock auf Zappeln?», fragt sie, vom Tanz sichtlich erschöpft.

«Nein, das Knie», rede ich mich raus.

«Ja, isch klar», lacht sie, «ich bin übrigens die Sonja.»

Ich stelle mich Sonja vor und biete ihr den freien Platz neben mir an. Sie gleitet in den Sessel und achtet dabei darauf, dass ihr kurzes Kleid nicht zu weit über die Schenkel rutscht. Unter anderen Umständen würde ich sie sexy finden. Oder, wenn sie nicht reden würde.

«Die Tamara scheint sich ja ganz gut mit deinem Freund zu verstehen», kommentiert sie die Szene auf der Tanzfläche. Gerade läuft «Livin' La Vida Loca» von Ricky Martin. Der Herr Kollege zählt laut auf Spanisch mit und macht erotisch gemeinte Hüftbewegungen. Er sieht dabei aus wie Antonio Banderas bei der Reha nach einem Reitunfall.

Sonja erzählt, dass sie aus der Gegend stamme und gerade ihre Ausbildung zur Frisörin abgeschlossen habe. Sie sagt, dass sie noch zu Hause wohne, worauf ich entgegne, dass ich auch zu Hause wohne, weil man ja immer irgendwie zu Hause wohnt. Sie sagt, ich sei «voll der Philosoph». Sonja erzählt, dass sie sich schon seit dem Kindergarten kennen, sie und die Tamara. Der Name kommt mir irgendwie bekannt vor, ich komme aber nicht darauf, woher. Dann wird Sonjas Blick abgelenkt, und ihr Gesichtsausdruck bekommt etwas Sorgenvolles.

«Scheiße. Da kommt der Ronny», sagt sie. Ein Hüne mit militärischem Kurzhaarschnitt betritt die Diskothek. Die Ärmel seines T-Shirts spannen sich um trainierte Bizepse. Trotz der Menschenmenge hat Ronny den Überblick, da er die anderen Discobesucher um einen Kopf überragt. Das G-Star-Logo seines Shirts wird von der muskulösen Brust verzerrt. Ronny schaut wütend. Stoßartig bläst er Luft durch seine Nüstern. Ronny hat Durst auf Blut.

«Der Ronny?», frage ich.

«Ja, das ist der Freund von der Tamara. Das wird dem nicht gefallen, was dein Kumpel und sie da abziehen.»

«Was? Die hat einen Freund? Und macht trotzdem mit dem Herrn Kollegen rum?», frage ich entsetzt.

«Warum sagst du eigentlich immer nur ‹Herr Kollege› und nie seinen richtigen Namen?», möchte Sonja wissen.

«Wegen der Leser. Damit die seine Identität nicht kennen», antworte ich.

«Ach so», sieht Sonja ein.

«Aber um noch einmal auf Ronny zurückzukommen», wechsle ich das Thema wieder schnell, «was bedeutet das jetzt?»

Für Sonja scheint das keine unbekannte Situation zu sein. Sie erklärt, dass Tamara zwar mit dem Ronny zusammen ist, aber in der Disco gerne mal einen Blick in die Speisekarte wirft und gelegentlich auch vom Teller nascht. «Und was passiert jetzt, wenn der Ronny die Tamara und den Herrn Kollegen zusammen sieht?», frage ich besorgt.

«Dann gibt's Dresche», antwortet sie knapp.

Ich sollte den Herrn Kollegen warnen. Schreibe ihm eine SMS: «Lass uns abhauen! Sie hat einen Freund!!!»

Dreißig Sekunden später kommt seine Antwort: «egsl. läft gradmsuper.»

In seinem Zustand auf dem Smartphone mit einer Hand und dabei tanzend eine Kurznachricht zu verfassen ist eine Herausforderung. Ich schaue mich nach Ronny um, er ist nicht mehr in Sichtweite. Auf der vollen Tanzfläche flackert jetzt Stroboskoplicht, man kann kaum jemanden erkennen. Ich muss den Kollegen persönlich warnen. Entschuldige mich bei Sonja und hetze auf die Tanzfläche. Blitzlichtgewitter. Zuckende Menschenmasse. Bilde mir ein, gleich einen photosensiblen Schock zu erleiden. Blitzblitz. Bin jetzt mittendrin. Es riecht nach Schweiß und Alkohol. Blitz. Tippe einen großen Dunkelhaarigen von der Statur des Kollegen an. Er ist es nicht. Flash. Moonwalke weiter. Da vorne blitzt Ronny auf. Er muss sich nicht durchdrängeln, man weicht ihm freiwillig aus. Suche nach dem Kollegen. Lichtblitz. Ronny findet ihn. Blitzlicht. Kann nicht hören, was gesprochen wird, sehe nur, wie der Herr Kollege von Ronny geschubst wird. Tamara will ihn beruhigen, er packt sie am Arm und schiebt sie beiseite. Der Herr Kollege geht in beschwichtigender Haltung auf Ronny zu. Blitzlicht. Kollege hält sich mit beiden Händen die Nase. Blut tropft. Kreischendes, flüchtendes Tanzvolk. Im Käfig stoppen die Go-go-Girls ihre Hüftbewegungen. Ein Kreis bildet sich um Ronny und den Kollegen. Schnell schaltet sich die Security ein und nimmt die beiden in den Polizeigriff. Sie werden nach draußen befördert. Das Stroboskop wird angehalten. DJ Andy reagiert routiniert und legt nach eigener Aussage eine «heiße Scheibe» zum Runterkommen auf. Es folgt der Auftakt von Jürgen Drews' «Ich bau dir ein Schloss». Hoffe, Ronny kommt zurück und kümmert sich auch um den DJ. Verlasse die Tanzfläche und folge den beiden Abgeführten.

Obwohl er dem Mann vom Sicherheitspersonal körperlich weit überlegen ist, leistet Ronny keinen Widerstand, als der ihn nach draußen komplimentiert. Auch der Herr Kollege geht anstandslos mit einem anderen Security zum Ausgang. Er hält sich inzwischen ein weiß-rotes Taschentuch an die Nase. Die beiden bekommen vom Chef für den heutigen Abend Hausverbot erteilt. Auf meinem Weg zum Ausgang treffe ich auf eine Go-go-Tänzerin, die gerade ihre Schicht beendet. Sie trägt einen goldfarbenen Bikini, kniehohe goldene Stiefel und Federschmuck auf dem Kopf. «Habe ich es nicht gesagt?», fragt sie mich und geht dann weiter. Es ist dem Fuchs sei Sandra. Wusste ich's doch. Jetzt erinnere ich mich auch an unsere Begegnung in der Bäckerei Fuchs. Tamara! Na klar. Draußen stehen sich nun Ronny und der Herr Kollege gegenüber. Tamara versucht, ihren Freund zu beruhigen, doch der hat seiner Faust Auslauf versprochen. Der im Kampf ungeübte Herr Kollege versucht es erneut mit Beschwichtigung. Bevor er seinen ersten Satz zu Ende spricht, spürt er schon Ronnys Faust in seinem Bauch. Der Kollege sackt zusammen und landet mit seinen Knien auf dem harten Asphalt des Parkplatzes. In der naiven Hoffnung, als Außenstehender unbehelligt zu bleiben, gehe ich dazwischen.

«Das kann man doch sicher in Frieden klären», sage ich nicht besonders originell.

«Ist das dein Kumpel?», fragt mich Ronny und zeigt auf den röchelnden Kollegen.

«Ähm. Ja. In gewisser Weise. Wir sind freundschaftlich gesinnte Kollegen und …»

«Halt die Fresse! Mitgegangen, mitgefangen!», unterbricht mich der Rowdy und geht entschlossen auf mich zu. Würde er in der Luft seine Faust schwingen, wäre das Bild komplett. Ich weiß nicht so recht, wie ich in so einer Situation reagieren soll, und bleibe irritiert stehen. Wie ein Reh im Scheinwerferlicht starre ich mein Schicksal an. Ronny steht jetzt vor mir und schaut auf mich herab. Er ballt seine Faust. Ich nehme an, gleich wird es dunkel. Das Geräusch des Schlages ist lauter als angenommen und echter als im Film. Und es klingt etwas Metallisches mit. Ich brauche zwei Sekunden, um zu erfassen, was gerade passiert ist. Ronny schielt, dann schließt er die Augen und kippt um. Sein breites Kreuz fällt wie ein Vorhang, der jetzt den Blick auf eine Gestalt in Jeansjacke und Cowboystiefeln freigibt. Es ist Herta. Sie hält einen eingedellten Motorradhelm in der Hand. Wie es sich für eine Actionheldin gehört, hat Herta den passenden One-Liner parat: «Hier herrscht Helmpflicht!» Dann zwinkert sie mir zu. Dieses Mal flüchte ich nicht. Tamara rennt zu ihrem Ronny, kniet sich neben den gefallenen Goliath und legt seinen Kopf in ihren Schoß. Ronny kommt langsam zu sich und hört den Entschuldigungen seiner Freundin unter Vogelgezwitscher zu. Dann küssen sie sich wild und sehr lange. Sie schmatzen dabei, und es sieht ein bisschen aus, als würde Ronny gleich Tamaras Kopf essen. Eine von der Security gerufene Polizeistreife kommt angefahren. Während die beiden Polizeibeamten Ausweise kontrollieren und Aussagen aufnehmen, wende ich mich an den Kollegen: «Das dauert hier bestimmt noch ein bisschen länger. Ich würde dann mal gehen.» Er lächelt ironisch und verabschiedet sich nasal.

Mit einem universell einsetzbaren Helm auf dem Kopf sitze ich hinter Herta auf ihrem Motorrad und halte mich konzentriert an ihr fest. Der frostige Fahrtwind dieser herbstlichen Nacht zerrt an meinem Mantel, die Kälte dringt durch den Stoff. So sitze ich, zitternd an die Jeansjacke meiner tragischen Heldin geklammert, auf dem Weg nach Hause. Herta setzt mich nach der zügigen Fahrt vor meiner Haustüre ab und verabschiedet sich. Ich bedanke mich vielmals und frage, warum sie mir geholfen hat. Sie öffnet den Helmsturz und sagt: «Das Leben ist schon hart, aber ich bin Herta.» Dann zwinkert sie mir zu, klappt das Visier des Helmes wieder herunter und verschwindet unter dem Geräusch der aufheulenden Maschine in der Nacht.

REVOLUTION IM TOPF

Gewiss, es gibt hier nicht viel. Wer seine Lohntüte gerne und regelmäßig in Konsumgüter investiert, muss entweder weit fahren oder sich mit dem Verfügbaren zufriedengeben. Die Holzpaletten produzierende Firma des Vermieters, «Kraft Paletten», befindet sich zum Beispiel gleich um die Ecke. Das ist praktisch, wenn man mal eine Palette braucht. Dann einfach schnell rüber zur Firma Kraft und eine aussuchen. Das ist so nah dran, da lohnt es sich nicht mal, Schuhe anzuziehen. Ich hebe mir das noch auf mit der Palette. Um es mir nicht zu früh zu verderben. Vor ein paar Jahren habe ich in der Stadt über einem chinesischen Schnellrestaurant gewohnt. Da hätte ich jeden Tag essen gehen können, ohne dabei das Haus verlassen zu müssen. Ich wollte mir das aufheben für besondere Momente. Letzten Endes habe ich da nie gegessen. So ist das meistens mit den Lokalitäten, die in unmittelbarer Nähe liegen. Man denkt: «Oh, wie praktisch – ein Palettenladen!», aber dann geht man ja doch nicht hin. Man schätzt das Naheliegende viel zu wenig. Vielleicht verschenke ich zum nächsten anstehenden Geburtstag mal eine schöne Europalette.

Dann gibt es da noch den Zeltverleih in unmittelbarer Nähe. Da kann man Festzelte leihen. Macht man auch viel zu selten. Nebendran bietet der «Anhänger-Lutz» Anhänger zum Verkauf oder auch zum Verleih an. Bisher habe ich nur das Schild gelesen, aber nie einen Anhänger dort gekauft oder auch geliehen. Gut, ich trage auch keine Ketten, aber für den Schlüssel vielleicht. Zunehmend muss ich feststellen, dass ich das hiesige Angebot mit viel zu geringer Wertschätzung betrachte. Stattdessen trete ich die Konsumflucht gen Stadt an, um meine anspruchsvollen Bedürfnisse zu befriedigen. Dieses Verhalten hatte vor allem in Ernährungsfragen Gültigkeit, da sich das kulinarische Angebot bisher auf die gutbürgerliche badische Küche beschränkte. Doch da verändert sich gerade Grundsätzliches. Er ist und hat es nämlich satt, der Landbewohner. Er möchte die Vielseitigkeit der internationalen Küche geschmacklich ergründen können, und so machen erste Anzeichen einer gustatorischen Revolution in diesen Tagen von sich reden. Die Revolution beginnt im Topf. Man möchte sich nicht länger dem Diktat von Sauerkraut und Schäufele unterordnen, das Volk begehrt nach Systemveränderung. Gutbürgerlich war gestern. Wutbürgerlich ist heute. Der mündige Bürger weiß: «Mündig» kommt von «Mund» und bezeichnet vor allem das Geschmackliche. Es sind weniger Veränderungen der bukolischen Speiseart, mehr sind es bereichernde Ergänzungen, die diese Sturm-und-Drang-Zeit markieren. Im Nachbardorf wurde letzte Woche eine Dönerbude eröffnet. Was in Berlin alle dreiundvierzig Sekunden passiert und dem Großstädter an sich so selbstverständlich erscheint wie Graffiti und in Pappbechern herumgetragene Kaffeegetränke, stellt hier noch eine exotische Besonderheit dar. Ein Dönerladen im Nachbardorf. Ja, ich konnte es zuerst auch nicht glauben und musste mich gleich höchstpersönlich von dieser kulturrevolutionären Sensation überzeugen.

«Planet Döner und Alis Biergarten» überzeugt durch stilechtes Design mit fleischinflationären Fotogalerien abgelichteter und bestellbarer Spezialitäten aus der Türkei und vereint das Innovative (türkisches Schnell-Essen im Dorf) mit dem Traditionellen (Biergarten) vorbildlich. Kein Familienmitglied der durchaus türkischstämmigen Gastronomiefamilie trägt den benutzerfreundlichen Vornamen «Ali», aber das marketingstrategische Kalkül geht auf. Schließlich hat die von den beiden Kroaten betriebene Pizzeria nebenan den ebenso deutlichen und Bezug nehmenden Namen «Luigis Pizza und Pasta». Außerdem kommt «Ali» im Wort «Spezialitäten» vor und suggeriert dadurch subtil vorhandene Fachkenntnisse des Koches. Die Dorfjugend honoriert die Neueröffnung dankbar durch sofortigen Besucheransturm und bestellt kenntnisreich sowohl «zum Hieressen» als auch «zum Mitnehmen» sowie «mit und ohne scharf». Sogar einige ältere, für Neues aufgeschlossene Bürger geben sich weltoffen und wagen den Feldversuch. Ein weißhaariger Mann in ausgeblichener blauer Latzhose, kariertem Flanellhemd und grünen Gummistiefeln nimmt seinen Cordhut nach Betreten des Ladens höflich ab. Neben seiner Kleidung verraten Arbeiterhände und das vom Sonnenlicht zerfurchte Gesicht die jahrzehntelange Verrichtung körperlich anstrengender Landwirtschaftsarbeit ohne viel Abwechslung davon. «Wer arbeitet, muss essen», hat meine Oma bestimmt irgendwann mal gesagt, weil Omas so etwas immer sagen, damit wir sie irgendwann zitieren können. Ein bisschen verloren sieht er aus, der hungrige Landwirt in Alis Lokal.

«Guten Tag, der Herr», begrüßt ihn der dunkelhaarige Mann hinter der Theke freundlich und akzentfrei, «was darf's denn sein?»

«Einen Wurschdweck bitte», bestellt der Mann.

«Wurstwecken haben wir leider nicht. Möchten Sie vielleicht einmal unseren Döner versuchen?», fragt der Ladenbesitzer und erkennt im fragenden Blick des überforderten Mannes, dass dieser mit der orientalischen Merkwürdigkeit nichts anzufangen weiß. Er ergänzt also sogleich: «Das ist warmes Fleisch zwischen zwei Weißbrotscheiben.»

«Ach so. Ein Schnitzelweck. Also gut, dann nehm ich einen Schnitzelweck», sagt der Landwirt.

Der Ladenwirt schneidet gütig lächelnd Fleischstücke vom sich drehenden Spieß herunter und beginnt die dönertypische Zubereitungsprozedur.

«Mit allem?», fragt er den Mann.

«Ohne des ganze Gemüs», antwortet dieser und erhält sogleich einen wunschgemäß zubereiteten, deutsch-türkischen Schnitzelweck, den er daraufhin zufrieden verzehrt.

«Und, schmeckt?», fragt der nette Türke.

«Anderscht, aber gut», bekommt er schmatzend zur Antwort. So sieht praktizierte Völkerverständigung und erfolgreiche Integration aus. Ali heißt in Wirklichkeit übrigens Fatih und erzählt mir lachend, dass er sich am Eröffnungstag einer älteren Dame mit dem Satz «Guten Tag, ich bin Fatih» vorstellte, worauf diese ihm nach Nennung ihres Namens dafür gratulierte, betonte, dass Kinder ja das Beste seien, und stolz verkündete, schon vierfache Großmutter zu sein. Ich bestelle einen Yufka auf dem Dönerplaneten und setze mich damit in Alis Biergarten. Die Spezialität schmeckt wie in jeder städtischen Dönerbude auch, lediglich die Umgebung will nicht so ganz mit der Geschmacksrichtung korrespondieren. Gut, der Blick auf die Fußgängerzone zeigt Omas, die zu ihren Kittelschürzen passende Kopftücher tragen. Umrandet von Buchsbaum und Jägerzaun, erinnert Alis Biergarten allerdings nicht unbedingt an den Urlaub in Antalya. Der Gartenzwerg, der den Eingang mit deutscher Strenge bewacht, hat nicht die doppelte Staatsbürgerschaft, und da hängt auch keine Kückücksührr an der Deutschen Aische, sondern der bekannte Schwarzwälder Holzkastenchronometer mit stündlich pünktlichem Vogeleinsatz. Was in Berlin urbaner Hipsterhumor wäre, ist hier schlicht geschäftsorientierte Anpassungsstrategie. Und die funktioniert. «Planet Döner und Alis Biergarten» erfreut sich zunehmender Beliebtheit, sogar über das Nachbardorf hinaus, und hat es schnell zu dem Ruf gebracht, einen vorzüglichen, wenn auch anderen Schnitzelweck zuzubereiten.

Doch es ist nicht nur die türkische Gastronomie, die das ländliche Ernährungsverhalten bereicherte. Weitere ausländische Küchenkuriositäten finden ihren Weg ins badische Dorfidyll. In einer Parkbucht an der Landstraße, die ins Dorf führt, werden regelmäßig saisonale landwirtschaftliche Produkte angeboten. Da steht dann ein einzelner Verkaufsstand, der etwa im Frühjahr neuen Spargel oder im Sommer frische Erdbeeren feilbietet. Kürzlich musste ich zweimal hinsehen und hätte dabei fast eine Kollision mit dem entgegenkommenden Traktor riskiert. Steht da doch ein Schnellimbisswagen. Und zwar ein Schnellimbisswagen mit thailändischer Küche im Angebot. Auf dem Parkplatz, wo sonst die deutsche Kartoffel heimisch ist. Ist ja ein Ding.

«Is ja 'n Ding», denke ich da so im Vorbeifahren und frage mich, seit wann ich in Gedanken Achtziger-Jahre-Sprüche wie «Is ja 'n Ding» verwende. «Schnellimbiss Mama Thai» steht da in einfach gehaltenem Grafikstil über der Durchreiche des Imbisswagens. Mama Thai kommt verblüffenderweise aus Thailand und spricht so gut wie kein Deutsch. Papa Thai kommt wohl aus einem umliegenden Dorf und spricht auch so gut wie kein Deutsch. Er spricht Badisch. Papa Thai heißt Manfred und hat sich in seinem bisherigen Leben offensichtlich nicht regelmäßig den gesunden Genüssen der fettarmen thailändischen Küche hingegeben. Sein gelbes, ärmelloses Shirt hat große Mühe, die beträchtliche Plautze oberhalb der Gürtellinie zu halten. Der verwaschene Aufdruck «Singha Beer» erhält durch die verzerrte Spannung der Baumwolle einen eindrucksvollen 3D-Effekt. Shirt und Träger erscheinen im Vintage-Look. Manfred steht neben dem Imbisswagen und raucht eine Selbstgedrehte. Mit einem Kopfnicken begrüßt er mich, den einzigen Kunden in diesem Moment. Unter der übersichtlichen Auswahl von sechsundzwanzig fotografisch dargestellten Gerichten, die im Wesentlichen aus den gleichen Zutaten bestehen, wähle ich ein Thai-Curry aus.

«Einmal die Nummer zwölf bitte, das Thai-Curry mit Hühnchenfleisch», bestelle ich bei Mama Thai. Diese versteht mich offenbar nicht und fragt zur Sicherheit noch einmal nach: «Hä?» Das ist thailändisch und heißt «Wie bitte?». Manfred scheint der Muttersprache von Mama Thai mächtig zu sein und übersetzt meine Bestellung, indem er in den Imbisswagen ruft: «Curry mit!» Sie versteht und zündet die Gasflamme des Herdes an. Während Mama Thai von so ziemlich jeder ihr zur Verfügung stehenden Zutat etwas in die heiße Pfanne wirft, frage ich sie, ob dieser Imbiss denn schon lange hier stünde. Mama Thai nickt auffordernd in Manfreds Richtung. Dieser schnippt seine ausgerauchte Kippe auf die Landstraße und atmet den Rauch langsam durch die Nasenlöcher aus. Er spuckt beiläufig ein paar Tabakkrümel weg, dann geht er einige Meter auf mich zu.

«Was isch los?», fragt er.

«Gibt es diesen Imbiss schon lange?», frage ich freundlich.

«Sinn Sie vom Amt, odda was?», fragt Manfred in defensiver Haltung. Nicht so freundlich.

«Nein, ich bin nur hungrig», antworte ich eingeschüchtert. Manfred lässt die Fingerknochen einzeln knacken, sein Blick fixiert mich dabei ohne Unterbrechung. Jetzt sehe ich die selbstgestochenen Tattoos auf seiner Hand. Die Buchstaben auf den Knöcheln sind abgewetzt, man kann nicht mehr lesen, was da einst stand. Es scheint viel Abnutzung auf dieser Haut gegeben zu haben.

«Esse kommt!», klärt mich Manfred auf.

Ich versuche es mit einem versöhnlichen Smalltalk: «Schön, dass man hier jetzt auch thailändisch essen kann. Wusste ich ja gar nicht. Sieht lecker aus. Und ist ja auch gesund.»

«Sinn Sie vom G'sundheitsamt?», bellt Manfred.

«Nein, nicht doch. Wie kommen Sie denn darauf?», frage ich und bekomme eine Art Grunzen zur Antwort.

Ich möchte mich auf die aufgestellte Bierbank setzen, die zusammen mit dem Biertisch einen schnell auf- und abbaubaren Biergarten improvisiert. Manfred erkennt mein Vorhaben und macht dem entschlossen einen Strich durch die steuerfreie Rechnung.

«Zum Mitnehme!», ruft er Mama Thai zu.

Ich bleibe also stehen und sehe unter Manfreds misstrauischem Blick zu, wie Mama Thai stoisch mein Curry zubereitet. Der Chef dreht sich eine neue Zigarette, während seine Köchin gerade eine ganze Dose Sojasprossen in die Pfanne wirft, um damit die geringe Menge Fleisch zu vertuschen.

«Scharf?», fragt Mama Thai nicht mich, sondern Manfred. Der sieht mich daraufhin fragend an, woraufhin ich ihm sage, dass es gerne ein bisschen scharf sein dürfe. Dann sagt er etwas auf Thailändisch, und beide lachen laut. Die Thaimutter schüttet eine rote, dickflüssige Sauce aus einer unbeschrifteten Flasche in die Wokpfanne, die mit einem lauten Zischen antwortet. Essen ist fertig. Die Köchin verpackt mein Curry in eine Styroporschachtel, steckt diese in eine Tüte und legt Plastikbesteck bei. Manfred nennt den Preis: «Fünf fuffzig.»

Ich gebe sieben und bekomme mein Essen erst nach der Geldübergabe. Natürlich nimmt Manfred das Geld entgegen. Er kratzt sich an der freien Stelle am Bauch, die das hochgerutschte Shirt jetzt preisgibt, und nimmt einen Zug von der Zigarette, ohne dieselbe dabei in die Hand zu nehmen. Der Stummel kreist im Mundwinkel, das Glühen der Kippe steht in Konkurrenz zu dem seiner Augen. Manfreds haarige Nüstern blasen den Rauch unter dem Pfeifen raucherfahrener Lungenflügel aus. Er wirkt sehr angespannt.

«Guten Appetit», sagt er in einem Ton, der das Gegenteil meint. Mama Thai deaktiviert den Gasherd und setzt sich stumm auf den Klappstuhl neben dem Kühlschrank. Es scheint, sie hat sich selbst auch deaktiviert. Mit meinem Abendessen in der Hand und Manfreds verfolgendem Blick im Nacken laufe ich zu meinem Auto. Ich setze mich hinein und stelle das asiatische Mahl auf den Beifahrersitz. Um es schön warm zu halten, schalte ich noch die Sitzheizung ein. Manfred lässt mich keine Sekunde aus den Augen. Ich winke zum Abschied, fahre los und erkenne im Rückspiegel, wie er gestikulierend zu seiner Köchin spricht. Dann klappt er die Rollläden der Durchreiche des Imbisswagens zu, faltet die Bierbank-Garnitur zusammen, verstaut sie im Kofferraum des Zugfahrzeugs, springt auf den Fahrersitz des Geländewagens und fährt ruckartig mitsamt angehängtem Imbisswagen los. Mama Thai scheint auf ihrem Klappstuhl sitzen geblieben zu sein. Ein Vorhang aus aufgewirbeltem Staub fällt und lässt das Fahrzeug dahinter verschwinden.

Seitdem ward dieser Imbiss nie wieder auf jenem Parkplatz gesehen. Und auch woanders in der Umgebung tauchte «Mama Thai» nicht mehr auf. Wenn ich mit Ansässigen über den Imbisswagen spreche, stoße ich auf große, über den Köpfen schwebende Fragezeichen. Thai-Imbiss? Hier? Nie gehört, nie gesehen. Hätte ich nach dem Verzehr des ersten Plastiklöffels nicht meine Zunge unter das fließende, kalte Nass des Wasserhahns gehalten, hätte mein Magen keine brodelnde Protestveranstaltung veranstaltet, wären da nicht die roten, nie mehr auswaschbaren Saucenflecken auf meinem Beifahrersitz, dann würde ich wirklich an meinem Verstand zweifeln und mich fragen, ob ich mir die seltsame Begegnung mit Paranoia-Manfred und seiner devoten Köchin nicht doch eingebildet habe.

Der Thai-Imbiss hätte sicherlich seinen Platz hier gefunden, entwickelte der neugierige Gaumen der Dorfbewohner doch über die Jahre ein hohes Maß an gustatorischer Toleranz. Einer hat es allerdings nicht geschafft, im badischen Lokalpatriotismus zu bestehen. Dietmar Weckle, selbständiger Gastronom und Schwabe,

eröffnete vor einem Jahr ein Restaurant für schwäbische Spezialitäten im Dorf. Obwohl die Maultaschen wirklich lecker schmeck-
ten, musste der Laden kürzlich schließen. Das war dann doch zu
exotisch.

PLASTIK

—

Frau Nowak, meine über mir wohnende Nachbarin aus Polen, treffe ich meistens an der Biomülltonne. Wir haben wohl denselben Biorhythmus. Auch heute bringen wir wieder gleichzeitig unseren organischen Müll zur Entsorgung. Eine umweltfreundliche Begegnung. Leider muss ich dabei unter ihrer Beobachtung eine größere Menge verdorbenen Gemüses der Kompostierung zukommen lassen.

«Ist schade um viel Gemuse», bemerkt die nette Nachbarin mit ihrem putzigen osteuropäischen Akzent.

«Ja, das ist leider im Kühlschrank angeschimmelt, weil ich wieder für ein paar Tage nicht zu Hause war», erwidere ich.

«Gibt es Möglichkeiten, damit das nicht passiert. Ich zeige Ihnen, wenn Sie wollen.»

Ich frage sie, ob sie vor meinen Augen große Mengen Gemüse verspeisen möchte, schließlich sei das die effektivste Lösung gegen Verderben. Frau Nowak lacht.

«Nein, kommt an auf Lagerung! Ich zeige Ihnen. Kommen Sie heute um sieben zu mir hoch, ja?», lädt mich Frau Nowak völlig unerwartet ein. Ich zögere kurz und nehme die spontane Einladung dann schließlich aus einer Mischung aus Höflichkeit und Neugierde an. Außerdem ist Frau Nowak viel zu attraktiv, um eine Einladung von ihr abzulehnen.

Um neunzehn Uhr klingle ich bei Frau Nowak. In offensichtlicher Erwartung meines Besuches öffnet sie freudestrahlend die Türe und begrüßt mich überschwänglich. Sie ist nicht alleine, eine Gruppe von Frauen hat bereits um den großen Küchentisch Platz

genommen. Darunter auch Frau Haag von nebenan und Tobias'
Freundin Sarah. Insgesamt sammeln sich dort sieben Frauen an
Frau Nowaks rundem Tisch aus hellem Kiefernholz. Sie haben
sich schick gemacht für dieses Treffen. Während alle sitzen, steht
an der Stirnseite eine moppelige, stark geschminkte Mittvierzige-
rin. Sie trägt ein mintgrünes Kostüm und eine dunkelblaue Bluse
mit sehr weitem Ausschnitt, aus dem mich ein übergroßer Busen
bedroht. Das blondgefärbte Haar hat sie zu einer betongleichen
Hochsteckfrisur gezimmert, ihre langen Fingernägel sind knallrot, die olfaktorische Aura besteht aus einer intensiven Duftwolke
aus Parfüm und Haarspray. Sie ist ein Hybridwesen aus Business-
frau und Douglas-Verkäuferin. Auf dem Tisch vor ihr stehen ein
tragbarer CD-Player und ein voluminöser, kastenförmiger Präsentationskoffer aus Aluminium. Daneben liegen geschälte Zwiebeln
und andere Lebensmittel in einer blauen Schüssel aus Hartplastik.
Auf dem Boden stapeln sich zudem drei große Plastikkisten.

«Komme ich ungelegen?», frage ich unsicher.

«Nein, genau richtig! Wir wollten fangen gerade an. Nehmen Sie
Platz!» Frau Nowak verweist auf den noch freien Stuhl und stellt
mich der Runde vor. Während ich mich zögerlich hinsetze, begrüßen mich die anderen Damen freundlich und werden mir der Reihe
nach von Frau Nowak vorgestellt. Da ich mir Namen schlecht merken kann, versuche ich erst gar nicht, alle im Gedächtnis zu behalten. Sarah und Frau Haag kenne ich ja bereits, das muss reichen. Die
Frage, was hier eigentlich gerade passiert, ist noch nicht beantwortet.
Gläserrücken, Geisterbeschwörung, Terrorzelle? Der Hybrid ergreift als Letzter das Wort und stellt sich mit einer schrillen Stimme
vor: «Und ich bin die Gitte Hurst, offizielle Beraterin, und ich freue
mich sehr auf unsere kleine Party heute. Ich verspreche: Diesen
Tupperabend werden wir nicht vergessen!»

«Was?!», platzt es lauter aus mir heraus, als ich es eigentlich
wollte. Acht Augenpaare fixieren mich fragend.

«Ich wusste ja gar nicht ... also ... Mensch, Tupperabend! Das ist ja ... interessant», stammle ich.

«Herr Krause ist neu dabei und hat Gemuse, wo schimmelt», erklärt Frau Nowak. Die Frauen nicken so verständnisvoll, als hätte man ihnen von meinem Knastaufenthalt und der gerade laufenden Entzugskur erzählt. Bevor ich mich mit einem eingeschalteten Herd, der einlaufenden Badewanne oder einer einstündig gebuchten Edelprostituierten rausreden und schließlich abhauen kann, nimmt mir Frau Hurst schon den Wind aus den Segeln.

«Na dann, herzlich willkommen! Wir hatten alle einmal unser erstes Mal, nicht wahr?» Die Frauen kichern und nicken zustimmend. «Außerdem ist es doch schön, dass wir auch mal einen Mann in der Gruppe begrüßen dürfen! Wir sind nämlich eine sehr aufgeschlossene Tuppertruppe, nicht wahr?», fragt die Tuppertante in die Runde. Die Damen nicken und prosten mir mit gefüllten Sektgläsern entgegen. Dann applaudieren sie mir und sich selbst zu. Ich sitze neben einer schlanken, rothaarigen Frau Mitte fünfzig. Für dörfliche Verhältnisse ist sie mit ihrem zur Haarfarbe passenden Brillengestell mit den zwei unterschiedlich geformten Bügeln und der mit funkelnden Applikationen versehenen Jeansbluse eine recht moderne Erscheinung. Sie selbst würde sich wohl als «flippig» und «unspießig» bezeichnen. Mit der derben Stimme einer konsequenten Raucherin flüstert sie mir zu: «Ich finde das toll, dass Sie so dazu stehen.»

«Wie meinen?», frage ich im Flüsterton zurück.

«Na ja, wie war das doch gleich? ‹Und das ist auch gut so›, hat der Wowereit doch gesagt. Recht hat er», sagt die Rothaarige in einer Duftwolke aus Parfüm und kaltem Zigarettenrauch und lächelt dabei gütig, bevor sie ihr Sektglas in einem Zug leert.

«Oh, nein. Ich bin nicht ...» Bevor ich meinen Satz zu Ende sprechen kann, hat Frau Hurst wieder lautstark das Wort an sich gerissen.

«Sooo. Dann wollen wir mal anfangen. Wie immer darf jetzt jeder über seine Erfahrung mit den Produkten berichten, die ihr beim letzten Mal gekauft habt. Sarah, willst du heute mal anfangen?»

Sarah hat rote Wangen, was weniger der Aufregung, sondern mehr dem als Auflockerungsübung absolvierten Piccolokonsum geschuldet ist. Sie räuspert sich und berichtet von einer praktischen Salatschleuder, dem Thermo-Duo, dem Dingsbums und dem Sieb-Servierer. Sie tut das so schwärmerisch, als würde sie von ihrem letzten Urlaub erzählen. Ich rechne fest mit einer gleich startenden Diashow posierender Plastikbehältnisse. Obwohl ich immer noch nicht weiß, was ein Thermo-Duo ist, will ich jetzt auch eines haben. Oder gleich ein Thermo-Quartett. Es liegt wohl an der vom Prosecco geschwängerten Luft. Ein paar der anderen Frauen reden über Dosen, die man «ganz toll einfrieren» kann, und diverse praktische Küchenhelfer. Ich kann leider nicht mitreden. Ich hab nicht mal Dosen, die man nur ein bisschen toll einfrieren kann. Ich glaube, ich habe noch nie eine Dose eingefroren. Das behalte ich jetzt besser für mich. Es hat etwas von einer Sekte hier. Würde man jetzt zur rituellen Verbrennung eines geflochtenen Brotkorbes übergehen, mich würde es nicht wundern. Tupperabende sind mehr als nur eine Produktschau mit anschließender Kaufoption. Es sind soziale Zusammenkünfte feierlicher Art. Nicht umsonst heißt es «Tupper-Party». Eine stellt ihre Wohnung zur Verfügung, lädt so viel potenzielle Kundschaft wie möglich ein, und die Beraterin führt das neue Produktangebot vor. So kommt man mal mit anderen Frauen zusammen, und man kann aus einem reichhaltigen Angebot unterschiedlichster Plastikschüsseln schöpfen. Vor allem kommt man mal raus. Das wäre jetzt auch genau mein Plan, aber der mysteriöse Magnetismus von Frau Nowaks Küchenstuhl hat meine Beweglichkeit irgendwie gelähmt.

«Wollen Sie mal über Ihr Problem reden, Herr Krause?», fragt mich die Beraterin plötzlich.

Mein Problem? Erwartet man von mir jetzt, dass ich aufstehe und massiven Alkoholismus oder frühzeitige Ejakulation gestehe? Mach ich nur, wenn dann alle applaudieren und ich einen Fortschritts-Chip bekomme.

«Wegen dem Schimmel», konkretisiert Frau Hurst.

«Ach so. Wegen des Schimmels», verwende ich kess den Genitiv, «ja, das Gemüse ist geschimmelt, weil ich eine Weile nicht zu Hause war. Blöd.»

«Und genau das muss nicht sein», sagt Tupper-Gitte.

«Doch, schon. Ich muss öfter mal ein paar Tage weg», entgegne ich.

«Ja, aber das mit dem Schimmel muss nicht sein», insistiert die Beraterin und öffnet daraufhin motiviert ihren Präsentationskoffer. Sie holt eine rechteckige Plastikdose heraus, deren Boden wellenförmig verläuft. An den Seiten der Dose sind Lüftungsschlitze, die sich durch Drücken öffnen und schließen lassen. Frau Hurst öffnet und schließt und öffnet und schließt und richtet ihr Plädoyer für diese Frischebox an alle Versammelten.

«Das ist unsere Frischebox ‹Fresh and Fun›. Verkaufe ich sehr viel. Sehr beliebte Schüssel. Wird immer gerne genommen. Da können Sie dank modernster Technologie unterschiedlichstes Gemüse besonders lange drin lagern. Aber auch Obst, meine Damen.»

Frau Nowak richtet ihren Blick zuerst auf Frau Hurst, dann auf mich.

«Und Herren, natürlich», ergänzt Tupper-Gitte professionell und kichert dann quiekend.

Die Rothaarige neben mir stupst mich neckisch in die Seite und flüstert mir zwinkernd zu, dass das ja bei mir keinen allzu großen Unterschied mache.

«Nein, ich bin nicht – », setze ich erneut an, werde aber von einem weiteren Quieken und dem überzeugten Vortrag der engagierten Beraterin unterbrochen.

«Durch den nach modernsten wissenschaftlichen Erkenntnissen wellenförmig abgestuften Boden und die seitlichen, wiederverschließbaren Öffnungsschlitze ist eine ständige Luftzirkulation gewährleistet, welche den Schimmelprozess langfristig verhindert.» Voller Stolz, den auswendig gelernten Satz fehlerfrei vorgetragen zu haben, wirft Frau Hurst nun einen erwartungsvollen Blick in die Runde.

«Welche wissenschaftlichen Erkenntnisse liegen dem denn zugrunde?», schließe ich die entstandene Gesprächslücke mit meiner interessierten Frage.

«Modernste. Auf neuestem Stand der Forschung», antwortet Gitte Hurst mit gespielter Sicherheit.

So läuft das also. Grau melierte Männer in klinisch weißen Kitteln experimentieren Tag und Nacht in modernen, sterilen James-Bond-Laboren mit Hilfe von allerlei Hochtechnik an Behältnissen aus Polyethylen. «Heureka! Es ist eine Schüssel! Ruf den Präsidenten an!»

«Die ‹Fresh and Fun› gibt es in sechs verschiedenen Trendfarben. Sie müssen später einfach ‹Fresh and Fun› und die gewünschte Farbe auf der Liste ankreuzen, dann können Sie die praktische Schüssel für nur neunundzwanzig Euro neunzig nächste Woche bei mir abholen», referiert Frau Hurst.

Neunundzwanzig Euro neunzig für eine Plastikschüssel. Die muss was können, die Schüssel. Da erwarte ich dann aber auch, dass das Gemüse mit mir Geburtstage feiert und die Schüssel für mich die Steuer macht.

«Salsa!», schreit da Hurst plötzlich schrill aus heiterem Himmel und drückt die Play-Taste an dem mitgebrachten tragbaren Abspielgerät. Der Lautstärkeregler war noch auf leise gestellt, sodass der gewünschte Knalleffekt mit plötzlich einsetzender Musik leider ausbleibt. Tupperlady Gitte Hurst, schon in der Ausgangsposition für eine einsetzende Tanzeinlage, dreht am Regler und schaltet dabei versehentlich in den FM-Modus, sodass das Rauschen schlecht empfangener Radiosender zu hören ist. Sie drückt hektisch und fachfremd ein paar Knöpfe am Gerät. Die CD-Schublade öffnet und schließt sich zweimal, das Kassettendeck springt auf, per Mittelwelle funken Außerirdische. Frau Nowak assistiert der Gitte jetzt und nimmt besonnen die richtige Einstellung vor. Gitte Hurst, jetzt mit schwitzender Stirn, bringt sich erneut in Tanzstellung und quiekt: «Salsa!» Play. Vier Sekunden Vorlauf. Jetzt plärren blecherne Töne eines Gema-freien Salsa-Samplers aus den Plastikboxen des Discounter-Ghettoblasters. Frau Hurst hebt die Arme und bewegt ihren Unterkörper in ungelenken Tanzbewegungen, die so sehr an Salsa erinnern wie Tine Wittler an «Black Swan». Der synthetische Stoff ihres mintgrünen Jacketts raschelt bei jeder Bewegung lauter, als es die Musikeinlage überspielen kann. Nach zwanzig Sekunden hilf- und würdelosem Gebärmutterschaukeln kommt die Gitte mächtig ins Schnaufen und blickt in peinlich berührte, aber höflich lächelnde Gesichter bewegungsloser Teilnehmer. Die Gitte bleibt hochprofessionell.

«Zeit für eine Salsa-Party! Wer liebt sie nicht – die leckere Salsa-Sauce?», fragt Frau Hurst im Tonfall eines Animateurs im Robinson-Club.

«Ich krieg davon immer Blähungen wegen der Zwiebeln», antwortet die Rothaarige auf die rhetorische Frage.

Gitte Hurst überspielt die unqualifizierte Bemerkung und führt ihre gut einstudierte Produktschau fort. Sie hat sich wohl überlegt, wie man so einen Vortrag lebendiger gestalten kann.

«Wer kennt das nicht? Früher flossen die Tränen vom mühevollen Zwiebelschneiden. Doch damit ist jetzt Schluss!», sagt

Gitte Hurst ihren Text auf und präsentiert eine stromlose Zwiebelschneidemaschine, die man durch das Drehen einer Kurbel benutzt. Die Gitte führt aufgedreht die Handhabung der Schneidemaschine vor, indem sie voll Inbrunst und mit Hausfrauentermini abregnendem Wortgewitter eine Salsa-Sauce zubereitet. Wie oft bereite man schließlich eine Salsa-Sauce zu und denkt sich, wie einfach das doch wäre ohne das lästige Zerkleinern des Gemüses. Ich versuche, mich daran zu erinnern, wie oft es mir schon so ging. Ich komme auf «null Mal». Nachdem die Gitte so ziemlich alles zerhackt hat, was da eben noch in der blauen Plastikschüssel war, füllt sie die fertige Sauce in ein Servierbehältnis aus Plastik, das man auch ganz praktisch zum Picknick mitnehmen kann. Kein Picknick ohne meine Salsa-Sauce. Natürlich. Dann lässt sie gekonnt eine Tortilla-Chipstüte platzen und kredenzt diese in einer anderen Plastikschüssel zum Probieren. Alle Frauen tauchen begeistert Chips in die Salsa-Sauce und schwärmen davon, dass man so eine Sauce ja wohl nicht kaufen kann. So eine Sauce kann man nur selber machen. Das schmecke man einfach. Die schmecke nämlich so gar nicht künstlich.

«Mmmh. Lecker!», kommt es aus Frau Nowak heraus, noch bevor der soßengetunkte Chip Zungenkontakt hatte. Ich probiere auch und finde, das schmeckt so ganz okay. «Mmmmh. Lecker!», kommt es aus mir heraus.

Frau Nowak hat den Allesschneider selbstverständlich schon. Zum Beweis zeigt sie ihn der Beraterin und offenbart ihr und der Gruppe dabei einen Blick in eine große Schublade ihrer ockergelben Einbauküche. Es scheint, Frau Nowak besitzt die gesamte Produktpalette sämtlicher Tuppergenerationen. Sie öffnet noch ein paar Schubladen und zeigt ihr Plastikrepertoire. Jeglicher Stauraum ihrer Küche wird von Plastikgefäßen in allen erdenklichen Größen, Farben und Formen eingenommen. Aus sämtlichen Fächern quillt die Überdosis Dose – der goldene Polyethylen-Schuss.

Ihre Küche gleicht einem industriellen Warenlager. Natürlich erfüllt keines der Gefäße seine Funktion, alle Schüsseln sind leer, und so nehmen die platzsparenden Behältnisse ganz schön viel Platz weg. Ich befürchte, Frau Nowak ist tuppersüchtig. Welch Ironie, mutet diese Veranstaltung doch wie eine Therapiesitzung für Abhängige an und bewirkt tatsächlich das Gegenteil davon. Muss man der Frau helfen, sie vielleicht schützen und von solchen Veranstaltungen fernhalten? Oder kauft sie dann heimlich in dunklen, schäbigen Discounterecken gestreckte Hartplastikschalen aus chinesischen Plagiatswerkstätten? Ich mache mir Sorgen und tunke einen weiteren Tortillachip in die frische Salsa-Sauce. Schmeckt wirklich gar nicht schlecht. Vielleicht könnte ich so einen Zwiebelschneider ja auch ganz gut gebrauchen. Dann würde ich öfter mal Salsa-Sauce machen. Wahrscheinlich habe ich bisher nie welche gemacht, weil ich dieses Gerät nicht hatte. Klingt logisch. Vor mir liegt inzwischen eine personalisierte Liste, auf der die vorgestellten Geräte und Behältnisse aufgeführt werden. Ich kreuze den Allesschneider an. Und wenn ich schon mal dabei bin, nehme ich diese Superdose da auch noch gleich. Neunundzwanzig neunzig ist ja eigentlich recht preiswert, wenn man bedenkt, wie lange man so etwas hat. Die hält ja ewig und drei Tage. Sogar ewig und vier Tage, wenn sie da so unbenutzt in der Schublade herumliegt. Ich mache mein Kreuz und bestelle gleich noch das Thermo-Duo. Wird schon was Tolles sein, wenn die Sandra so davon schwärmt. Tupper-Consultant Gitte Hurst bereitet derweil noch eine Guacamole mit dem Zerkleinerer zu. Schmeckt wie selbst gemacht. So unkünstlich. Im weiteren Laufe des Abends präsentiert Frau Hurst munter weitere Neuheiten aus der wunderbaren Welt der Aufbewahrung. Darunter eine gelbe Dose in Bananenform, die als Verpackung für Bananen dient. Selbst ein mit Verpackung gewachsenes Obst bekommt hier seine Verpackung. Ich ziehe meinen Hut vor der grenzenlosen Kreativität der Plastikmacher und kreuze natürlich sofort an. Inzwischen habe auch ich drei Gläser Prosecco intus und steige engagiert in jedes peripher stattfindende Gespräch mit ein. Lästereien über nicht anwesende Frauen aus der Nachbarschaft werden von mir ebenso kommentiert wie brandheiße Neuigkeiten aus der brodelnden Gerüchteküche des Dorfes. Meine an Debilität grenzende Begeisterung für Plastikzeug und der vierte Schub Prosecco sorgen dafür, dass ich rhetorisch nicht über «Nein!» – «Wirklich?» – «Gibt's doch gar nicht!» und «Diese Schlampe!» herauskomme. Das «Party» in Tupperparty kristallisiert sich dank des Schaumweins zunehmend heraus. Weil ich es bis jetzt aufgegeben habe, die inzwischen deutlich angetrunkene Rothaarige neben mir von meiner Heterosexualität zu überzeugen, weiht die Gute mich ungefragt und ohne Umschweife in ihr Sexualleben ein. Sie vertraut mir Details an, die sich in meine Albträume der nächsten fünf Nächte tätowieren werden. Alle Versuche, dem zu entgehen scheitern aufgrund meiner exzessiven Höflichkeit. Ich weiß nun Dinge über ihren Mann, die will ich nicht wissen. Und über einen Kollegen in ihrem Büro im Rathaus auch.

«Ich bin übrigens die Bettina, kannst aber ruhig Betty zu mir sagen. ‹Die Betty ist gut im Betti›, sag ich immer.» Sie lacht selbst am lautesten über ihren Spruch. Am späteren Tupperabend sagt Bettina irgendwann, dass sie schon immer einen schwulen Bekannten haben wollte, und legt dabei ihren Arm vertraut und freundschaftlich um meine Schultern. Als würde ich ein Geständnis ablegen, erwidere ich vorsichtig: «Also eigentlich bin ich ja gar nicht schwul. So gar nicht.» Dann lache ich leicht verzweifelt in der Hoffnung, dass sie es mir ob dieses lustigen Missverständnisses gleichtut. Tut sie nicht. Blitzschnell zieht Bettina ihren Arm von meiner Schulter und sieht mich mit den geweiteten Augen einer betrogenen Frau an. Ich erwarte eine Ohrfeige, erhalte aber nur einen kalten, enttäuschten Blick.

«Aber ich kenne ein paar Schwule und könnte euch miteinander bekannt machen», versuche ich es versöhnlich. Betty sagt nichts, rückt ihre Bluse zurecht und kontrolliert dabei die Weite ihres Ausschnittes. Sie knöpft einen weiteren Knopf zu. Ich unterlasse es, sie zu beruhigen, dass sie sich darüber nun wirklich keine Sorgen machen muss. Ich hoffe sehr für Betty, dass sie eines Tages einen schwulen Freund haben wird. Oder einen schwarzen. Eben jemanden, der zu ihrer «unspießigen» und «flippigen» Art passt.

Für Wurst-Hurst, das Show- und Verkaufstalent, hat sich der Abend gelohnt. Jeder Teilnehmer bestellt etwas aus dem Angebot der Beraterin. Tupper-Junkie Frau Nowak hat sich dieses Mal für einen Ravioli-Teigausstecher, eine Aufbewahrungsbox für Müsli und ein sechsteiliges Pausen-Set entschieden. Am Ende erhält jeder Anwesende ein Mikrofasertuch als Geschenk. Gitte Hurst bedankt sich unter Applaus bei ihrem Publikum und der Gastgeberin. Sie nutzt die Gelegenheit auch gleich, um auf weitere Veranstaltungen hinzuweisen.

«Übrigens organisiere und veranstalte ich auch wunderbare Kerzenabende, an denen man die wunderschönsten und qualitativ hochwertigsten Kerzen in allen Größen und Dicken erwerben kann. Außerdem», jetzt kichert die Gitte quiekend, «mache ich auch tolle Dildoabende für die moderne Hausfrau von heute!»

Frau Nowak läuft rot an, Sandra schüttelt peinlich berührt den Kopf, einige Damen kichern, und Bettina trägt sich sofort in die Teilnehmerliste ein. Ich frage mich, ob Kerzenabend und Dildoabend zur selben Zeit stattfinden und irgendwie auch produktmäßig ineinanderfließen. Aus Angst vor der Antwort stelle ich die Frage nicht laut und verabschiede mich lieber.

DER SECHZIGSTE GEBURTSTAG

Linda kommt von hier. Sie ist auf dem Dorf aufgewachsen, ihre Familie und ein paar ihrer Kindheitsfreunde wohnen hier. Zum Beweis trägt sie den Nachnamen Huber. Vor zwei Jahren hat Linda noch beim Sender gearbeitet, bis sie ein gutes Angebot nach Köln zog. Seitdem kommt sie sporadisch aufs Dorf, um ihre Eltern zu besuchen, frische Luft zu schnappen oder um richtiges Bier zu trinken. Meistens treffen Linda und ich uns dann auch zum launigen Informationsaustausch. Und um richtiges Bier zu trinken. Da wir uns regelmäßig E-Mails schreiben, sind wir über unsere aktuellen Situationen bestens informiert, was uns bei den Treffen mehr Zeit für die Sache mit dem Bier einräumt. Dieses Wochenende kommt Linda in den Schwarzwald, weil die Mutter ihren sechzigsten Geburtstag feiert. Eine große Feier steht an, die Vorbereitungen dafür laufen offensichtlich schon seit dem achtundfünfzigsten Geburtstag der Mutter. Linda lud mich per E-Mail ein, sie zu diesem Event zu begleiten. Sie sei sich sicher, das würde mir gefallen. Ich sage zu, und wir verabreden uns direkt am Ort des Geschehens.

Die Saloontüren öffnen sich, der Pianist pausiert sofort sein Spiel. Sämtliche Gespräche brechen schlagartig ab, der Sheriff legt behutsam seine Hand auf den Colt. Nur noch das Ticken der Uhr und das gleichmäßige Quietschen rostiger Scharniere erfüllen den Raum. Die Saloontüren schwingen langsam hinter dem Fremden aus. Alle Blicke sind nun auf ihn gerichtet. Man kann das kollektive Misstrauen förmlich riechen. Sein Gang, jede seiner Bewegungen stehen unter genauester Beobachtung. Der Saloon ist der Festsaal des Gasthauses «Zum Löwen», und der Fremde bin ich. Ich komme etwas zu spät, Linda ist schon da und hat bereits am zugewiesenen Tisch Platz genommen. Man wollte mich eben schon nicht hereinlassen, da hier eine geschlossene Gesellschaft stattfindet, wie die Tafel am Eingang des Saales deutlich verrät.

«Ich gehöre dazu», versicherte ich der Bedienung.

«Ach. Sie kenne ich aber gar nicht», erwiderte diese misstrauisch.

«Linda Huber ist eine gute Freundin von mir.» Ich werde schließlich hereingelassen, stehe aber unter Observation, bis mich Linda schließlich zur Begrüßung umarmt. Die Bedienung im Blick, spreche ich in meinen Ärmel: «Okay, ich bin drin. Mission erfolgreich.»

Der Festsaal ist seiner Bestimmung getreu festlich geschmückt. Bunte Lampions und ein weit reichender Luftschlangenangriff bringen feierliche Farbe in die holzvertäfelte Stube. Es scheint, Holzvertäfelungen waren einst günstig zu erwerben. Oder es wurden zehntausend ausgemusterte Särge recycelt. In diesem Raum jedenfalls wurde ausnahmslos alles mit dunklen Holztafeln ausgekleidet. Wände, Türen, Boden, Decke, der Blick der Bedienung. Die gelben Scheiben der typischen Kneipenfenster haben das klassische Bienenwabenmuster. Alle Fenster sind geschlossen, damit sich Essens- und Menschengeruch in der dicken Gaststättenluft ungestört paaren können. Der Gilb auf den gehäkelten Lampenschirmen erzählt dem Besucher von früher, als man hier noch rauchen durfte. Ich wünschte, es wäre auch heute noch erlaubt, da Zigarettenrauch die wunderbare Eigenschaft der Verdrängung aller anderen Gerüche mit sich bringt. Ölbilder von Mummelseeidyllen und Schwarzwaldpanoramen teilen sich die verholzte Wand mit den Köpfen ausgestopfter Wildtiere. Ich finde Tierpräparate gruselig. Heute ist es der ausgestopfte Dachs, morgen übernimmt Gunther von Hagens die Gestaltung der Innenarchitektur. Der Wildschweinkopf über dem Kamin hat vor Jahren ein Auge verloren. So zwinkert die Sau den ganzen Abend neckisch dem gegenüberhängenden Hirschkopf zu. Ein irre guckendes Ganzkörperwiesel wurde in Angriffsposition eingefroren, und ein schleichender Luchs mit erheblichen Streichelabnutzungen am Fell bewacht das Fensterbrett. Auf acht großen runden Tischen sind die Familienmitglieder nach Rang und Namen verteilt. Linda und ich sitzen mit Lindas Eltern, ihrem Onkel mütterlicherseits, dessen pubertierender Tochter und ihrer Tante väterlicherseits an einem Tisch. Tante und Onkel haben jeweils ihre Ehepartner neben sich sitzen. Lindas Großmutter thront am Tischende. Ja, ich bin mir der Tatsache bewusst, dass es bei einem runden Tisch kein Tischende geben kann, aber die autoritäre und einschüchternde Ausstrahlung von Lindas Oma grenzt ihren Platz deutlich von den übrigen ab. Links und rechts neben Lindas Oma sitzt die Aura von Lindas Oma. Die Großmutter hat hier das Sagen. Wenn jemand in der zentralen Position am Tischende eines runden Tisches sitzen kann, dann Lindas Oma. Unser Platz bietet einen guten Blick zu der kleinen Bühne, von der ich befürchte, dass sie heute noch benutzt werden wird. Die Tischdekoration fällt saisonbedingt herbstlich aus. Kastanien und Nüsse in einem Bett aus Herbstlaub. Ich suche die ausgestopfte Spitzmaus unter den Blättern. Keine da. Erleichterung. Auf der mit Word-Art gestalteten Menükarte stehen zwei Dreigängemenüs zur Auswahl. Eines mit Fleisch, das andere mit mehr Fleisch. «Vegetarier gibt's bei uns nicht», kommentiert die Oma das treffend, «und damit fangen wir auch gar nicht erst an.»

Wie angenommen, wird nun die Beleuchtung auf der Bühne hochgefahren. Lindas Onkel, ein dreiundfünfzigjähriger Rathaus-Beamter mit korrekt gestutztem Haarkranz, betritt das Podium voll gespielter Sicherheit. Er trägt heute den guten blauen Nadelstreifenanzug von Hugo Boss und die mauvefarbene Krawatte, die ihm seine Frau letztes Jahr «einfach so» schenkte. Sie ist der Meinung, ein bisschen Farbe täte ihm gut. Und Lila sei jetzt in. Das Reden vor Leuten liegt ihm nicht so, hat mir Lindas Onkel eben noch verraten und dann einen ermutigenden Obstler weggekippt. Und dann noch einen bestellt und den dann auch weggekippt. Er nestelt an seiner Krawatte herum, das Manuskript seiner kleinen Rede ist von nervösem Handschweiß gezeichnet. Auf der Bühne tippt er mit dem Zeigefinger auf das im Stativ steckende Shure-Mikrophon. «Test, Test. Hallohallo? Funktioniert das hier?» Das typische Fiepen des Feedbacks ertönt kurz. Man kann ihn jetzt hören. «Ja, also. Liebe Gisela, liebe Anwesenden, wir freuen uns, dass ihr alle anwesend seid.» Vereinzelt klatschen ein paar der anwesenden Anwesenden. «Liebe Schwester, zu deinem sechzigsten Geburtstag haben wir uns ein schönes Programm einfallen lassen, das dir hoffentlich genauso viel Freude bereitet wie mir, also uns. Bevor es gleich mit dem Essen losgeht, werden jetzt eure Lachmuskeln ... äh ... angegriffen. Hier kommt der lustige Bauchredner», er schaut auf seinen Zettel, «Oskar! Und er hat auch jemanden mitgebracht – den frechen Hasen Ferdy!» Von hinter der Bühne wird Lindas Onkel vom Künstler persönlich korrigiert: «Pssst! Freddy! Der freche Freddy!» Lindas Onkel berichtigt seine Anmoderation steif. Er hat recht, es liegt ihm nicht so. Der Alleinunterhalter betritt unter verhaltenem Applaus die Bühne. Auf seinem Arm sitzt der freche Freddy, ein weißer Stoffhase. Alleinunterhalter Oskar und sein debiler Rammler ziehen eine halbe Stunde durch: Blondinenwitze, Beamtenwitze, Fritzchenwitze. Evergreens der Humorgeschichte. Das Publikum honoriert die Gebrauchtpointen mit Applaus, Lachern und regelmäßigem Prosten. Lindas Onkel bestellt sich noch zwei Obstler, denn er muss gleich wieder auf die Bühne. Oskar und der freche Freddy verabschieden sich mit der Drohung, dass Oskar nach dem Essen als Zauberer zurückkehren wird. Wesentlich lockerer als vorhin betritt jetzt Lindas Onkel die Bühne. Seine Wangen sind vom Schnaps gerötet, und ein seliges Grinsen dominiert das glattrasierte Gesicht. Die entkrampfende Wirkung des Obstlers. «Liebe Gäste, das war der Ferdy und sein frecher Oskar. Jetzt wünsche ich euch guten Appetit. Prost!» Das «Prost» schien improvisiert. Selbst überrascht von seiner verräterischen Geste, verlässt der Onkel die Bühne schnellen Schrittes.

Vier geschäftige Kellnerinnen servieren jetzt die Speisen. Die eindeutig in der Pubertät befindliche Tochter von Lindas Onkel mault über das Menü, bevor es auf dem Tisch steht. Ihre Mutter fordert sie auf, die Kopfhörer wenigstens beim Essen aus den Ohren zu nehmen und endlich mit der Tipperei aufzuhören. Das Kind beschäftigt sich seit Ankunft ausgiebig mit seinem Mobiltelefon. Die einzige analoge Kommunikation mit den Anwesenden besteht aus verächtlichen Blicken, die sie vor allem mir, dem Fremden, zuwirft. Fast alle haben den Badischen Sauerbraten bestellt – da weiß man, was man hat. Beim Essen wird weitgehend geschwiegen. Einmal stupst mich Linda unter dem Tisch an und lächelt mir fast entschuldigend zu. Ich signalisiere ihr, dass ich gerne hier bin, und spreche aus, dass das Essen hervorragend schmecke. Bevor die restlichen am Tisch Sitzenden mir in dieser Aussage zustimmen, schauen sie fragend zur Oma. Diese bestätigt mit einem royalen Kopfnicken das von mir Gesagte großzügig. Jetzt erst stimmen alle zu, dass das Essen ja hervorragend schmecke. Bevor das Dessert serviert wird, gibt es noch einen Programmpunkt in der Abendunterhaltung. Ich weiß das schon vorher, weil Lindas Onkel gerade einen neuen Obstler zum bereits dritten Hefeweizen wegkippt. «Dasss Redn vor Leutn liegt mir nischt sssso», erklärt er mir noch einmal und macht sich etwas wackelig zur Bühne auf. Wieder das Feedback-Piepsen. Lindas Onkel nimmt das Mikrophon nach ein paar missglückten Versuchen aus dem Ständer heraus und hält es lässig in der Hand. Seine Krawatte ist gelöst, die Hemdsärmel hochgekrempelt, und sein blaues Nadelstreifenjackett hängt noch über dem Stuhl. «Sssehr vererehrte Damn und Herrn. Jedsd kommd noch einmal der Alleinundahalda Fridolin mit seinem Oskar. Viel Spss!» Beinahe wäre ihm das Kabel des Mikrophons zum Verhängnis geworden, aber Lindas Onkel hat sich in kürzester Zeit zum Showprofi entwickelt und weicht einem Stolpern galant aus. Er lacht freudig über seinen Stunt und sucht im Zuschauerraum Zustimmung für seine akrobatische Leistung. Die Augen des Publikums sind aber schon auf den Alleinunter-halter Oskar gerichtet, der jetzt mit einem Zauberkoffer auf die Bühne tritt. Er trägt außerdem einen Zylinder und eine Frackjacke. Ja, und er hält wirklich einen Zauberstab in der Hand. Der freche Freddy darf bei dieser Nummer nicht mitspielen. Wahrscheinlich vergnügt er sich derweil im Backstage mit Nuttenhasen und Koks. Oskar bleibt seinem Stil treu, macht Zauberknoten, Kartentricks und zieht bunte Tücher aus seinem Ärmel. Alles, was der Kinder-Zauberkasten so hergibt. Für einen Kartentrick bestimmt er einen Freiwilligen aus dem Publikum.

«Vielleicht der junge Mann dort?», sagt der Zauberer und zeigt auf ein kleines Mädchen mit kurzen Haaren. Das Mädchen ist be-leidigt und versaut ihm diese Vorführung durch spontanes Wei-nen. Er macht den Kartentrick mit Lindas Oma, die sich aus einem Stapel eine Karte merken soll und nach der Frage «Ist das Ihre Karte?» leider vergessen hat, welche nun dieselbe war. Dann mul-tipliziert er Schaumstoffbälle in der geschlossenen Faust, nicht ohne vorher ein verheißungsvolles «Abrakadabra» in den Saal zu rufen. Lindas Onkel gönnt sich währenddessen noch einen Obstler mit Pils-Beilage. Seine Tochter schreibt unentwegt SMS und Posts und würdigt den Country-Copperfield keines Blickes. Ich schaue mir die Show konzentriert und amüsiert an und sage im Scherz zu Lindas Tante: «Faszinierend! Wie macht der das bloß?» Sie entzaubert meine kindliche Welt und sagt ernsthaft: «Ich glaube, dahinter steckt ein Trick.» Linda verkneift sich ein

Lachen. Das pubertierende Kind mischt sich ein, ohne vom Handydisplay aufzuschauen: «Mama, der verarscht dich bloß! Der meint eh immer, er ist voll witzig.» Ich möchte dem widersprechen, doch eine Explosion lenkt die Aufmerksamkeit wieder zur Bühne. Oskar, der diese Performance übrigens als «Magic O.» bestreitet, hat zur Überraschung des Publikums ein kleines Bühnenfeuerwerk gezündet. Fünf Tische weiter stehen drei Männer von der Freiwilligen Feuerwehr auf und hoffen auf einen Einsatz. Alles gut. Magic O. hat die Sache im Griff. «Voll uncool», weiß der tippende Teenager und macht dann, ohne zu fragen, ein Foto von mir, welches sofort als MMS versendet oder irgendwo in der Facebook-Kloake landen wird. Ich sage nichts und überlege, dass die Sache mit dem Obstler vielleicht eine gute Idee wäre. Apropos: Das Feuerwerk war die Schlussnummer des Zauberers, Zeit für den Moderator, seine Bühne zu betreten. Vorher aber schnell noch einen Obstler, um die Augen zu öffnen. Lindas Onkel zieht die Pfütze erneut auf null und nimmt sein frisch gezapftes Pils als Proviant gleich mit auf die Bühne. Das Hemd hängt ihm aus der Hose, seine Stimmung ist bestens. «Freundeeeee! Dasss war Marc O., diessssmal ohne den Scheißhasen.» Er lacht. Alleine. «Und jetzt will isch, dass wir alle sssingen!» Aus der ersten Reihe macht seine Frau Lindas Onkel darauf aufmerksam, dass zuerst das Dessert serviert würde, dann käme das Singen. Das sei so geplant gewesen. «Aaahsssooo. Ja, stimmts. Sie weiß halt imma alles bessa. Dessert gibt's vorher! Lasst'ssss euch schmeckn!» Lindas Onkel hat sein Publikum im Griff. Er nimmt den letzten Schluck von seinem Pils noch auf der Bühne und stellt das leere Glas am holzvertäfelten Rednerpult ab, bevor er die Treppe heruntertorkelt. Der Nachtisch, Birne Helene und diverse Eissorten, wird von allen Gästen schnell verputzt. Jetzt soll das Geburtstagskind sein Ständchen bekommen. Lindas Onkel steht schon wieder auf der Bühne, ich weiß nicht, wie er so schnell da raufgekommen ist. Er scheint Gefallen an seiner Rolle zu finden. «Sooo, jedsd aba! Liebe Gisla, heud is dein Gebursdag, daher sssingen wir nuhun alle für disch. Unzwar ein Lied!» Er gibt ein Zeichen an das andere Ende des Saales. Dort sitzt Oskar an einem Keyboard, auf der Frontseite ein selbstgebasteltes Schild mit dem in bunten Glitzerbuchstaben gefassten Schriftzug «Groovy Oskar». Der Mann ist ein Multitalent. Groovy Oskar zählt ein, und auf «Zwei» fängt Lindas Onkel schon an, aus aller Kraft in das Mikrophon zu singen. Sein «Happy Birthday» zerrt wie türkisches Fernsehen. Wir anderen Gäste stimmen mit ein, Lindas Mutter nimmt das Ständchen geschmeichelt an und bedankt sich gestikulierend. Das letzte, langgezogene «to you» zelebriert Lindas Onkel auf seinen Knien. Er ist mit geschlossenen Augen tief in seinen durch das Mikrophon verstärkten Gesang versunken und bekommt nicht mit, dass er jetzt als Einziger noch singt. Mit einem «Yeah!» schließt er die Nummer ab und fordert Beifall für seine Schwester Gisela. Eine dicke Frau in einem rosafarbenen Hosenanzug gesellt sich jetzt zu Lindas Onkel auf die Bühne. Sie nimmt ihm das Mikrophon ab und stimmt prächtig gelaunt ein Lied an, das hier alle im Saal kennen. Wirklich alle. Nur ich nicht. Es ist mir nicht möglich, den Text zu zitieren, der ist aber auch nicht wichtig. Maßgeblich bei diesem Stück Liedgut ist die Performance. Bei bestimmten Textzeilen interagieren die Sängerinnen und Sänger mit ihrem Nebenan oder Gegenüber. Ehe ich mich auf die Toilette herausreden kann, werde ich von links und rechts eingehakt und mit in den Takt gezogen. Als Einziger ohne Textkenntnisse muss ich stumm alle Aktionen über mich ergehen lassen. Schunkeln. In die Nase kneifen. Am Ohrläppchen ziehen. Kopfnuss. Kitzeln. Ohrfeige. Ich blicke verzweifelt zu Linda, die erschreckenderweise gerade am Ohrläppchen ihrer Tante zieht. Ich bin in einem seltsamen Ritual gefangen. Wo ist eigentlich das schlechtgelaunte Teenagermädchen? Sie hat sich natürlich verzogen, weil sie wusste, dass das jetzt kommt. Cleveres Biest. Das Lied hat gefühlte siebenhundert Strophen, und jede ist mit einer körperlichen Peinigung verbunden. Ich taste mit meiner Zunge den Mundraum nach einer Zyankalikapsel ab, werde aber zu meiner Enttäuschung nicht fündig. Linda lacht herzlich und zeigt sich über meine Situation sichtlich amüsiert. Sie zuckt mit den Schultern. Da muss ich wohl jetzt alleine durch. Auf der Bühne geben Miss Piggy und Lindas Onkel den Takt vor. Einmal greift Lindas Onkel der Frau aus Versehen an die Hupen. Kommt im Text nicht vor. Macht aber nichts, danach ist sowieso die Ohrfeige dran. Irgendwann ist jeder Song zu Ende, so auch dieser. Mir schmerzen Wange und Ohrläppchen, ich fühle mich benutzt und möchte am liebsten mitsamt Klamotten stundenlang unter einer heißen Dusche kauern. Das miesgelaunte Handykind setzt sich jetzt wieder an unseren Tisch und grinst mich triumphierend an. Ich zwinge mich, so authentisch wie möglich zu klingen: «Mensch, das hat aber Spaß gemacht!» Der Teenager glaubt mir kein Wort.

«Wenn du willst, kannst du auch gehen, das ist schon okay. Ich bin ja stolz auf dich, dass du es bis hier geschafft hast», flüstert mir Linda zu.

«Nein, nein, das gefällt mir alles sehr. Wird heute Abend noch ein Lied angestimmt, bei dem ich verprügelt werde?», frage ich vorsichtig.

«Alles ist möglich», droht mir Linda in konspirativem Ton und lacht ihr sympathisches Linda-Lachen.

Groovy Oskar spielt unaufdringliche Backgroundmusik und moderiert sich dabei selbst ab: «Liebe Festgemeinde, liebes Geburtstagskind, gleich geht es weiter mit Groovy Oskar, und dann lassen wir die Fetzen fliegen. Vorher möchte euch der Klaus aber noch etwas mitteilen.» Klaus ist Lindas Onkel, der inzwischen das ist, was man in Fachkreisen als «hickehackerotzevoll» bezeichnet. Er steht wackelig im Rampenlicht und schaut mit glasigem Blick auf sein Publikum. Lindas Onkel versucht jetzt, sich zusammenzureißen. Unbeholfen steckt er das Hemd in die Hose und richtet seinen zerstörten Krawattenknoten, der nach der Korrektur noch schiefer sitzt als vorher. Das Klappern und Pochen des ungeschickt aus dem Stativ gefummelten Mikrophons wird über die Beschallungsanlage im ganzen Saal übertragen. Feedbackfiepen erfüllt die Bude. «Sssoooo, ihr Liebn. Jedsd istes Seit für unsssere kleine Showeinlage. Ich präsntiere euch das Familienballett Huber!» Der hauseigene Tontechniker startet die CD mit Tschaikowskys *Nussknacker-Suite*. Zuerst zu leise, dann zu laut, dann richtig. Die Herren der Familie führen ein Männerballett auf. Ein Dauerbrenner und Lachgarant. Perücken tragende, ihre Homophobie überwindende Sparkassenangestellte zwängen sich in Frauenkleidung und tänzeln dabei völlig talentfrei über die Bühne. Rein statistisch müsste es einem der zehn Tänzer insgeheim gefallen, Netzstrumpfhosen zu tragen. Das Publikum freut sich, und als Humordienstleister habe ich das zu akzeptieren. Darauf bestelle ich einen Obstler. Die Vorführung endet mit einem Spagat, dessen dilettantische Darbietung als Teil der Komik zu verstehen ist. Ich klatsche am lautesten und am längsten. Das pubertierende Mädchen sieht kurz von seinem Mobiltelefon in meine Richtung hoch und schüttelt fassungslos den Kopf über meine lautstarken Bravorufe. Dann zuckt sie zusammen, die gelangweilte Coolness weicht ihr für einen Moment aus dem Blick. Showmaster Klaus nennt gerade ihren Namen: «Vor zehn Jahrn hat meine Tochter Laura ihrer Tante Gisla zum Fünfzgstn ein schöns Gdicht vorgetragn. Da warse vier. Laura – komm doch mal biddö auf die Bühne! Na komm!» Lauras Blick verrät Panik, sie winkt ab und schüttelt heftig den Kopf. Das Publikum zwingt sie durch motiviertes Rufen und heftigen Applaus, der Bitte des Vaters nachzukommen. Widerstand ist zwecklos. Ich genieße den Moment und wünsche ihr «Viel Spahaaaß!». Laura wird von der pinken Frau auf die Bühne geschoben, dort überreicht ihr Klaus einen Zettel mit dem Gedicht. Lindas Onkel verlässt die Bühne, Laura muss nun ihre Zeilen vortragen. Gelangweilt und in monotonem Erzählduktus rotzt der Teenager die Prosa herunter, ohne dabei auf das Kaugummikauen zu verzichten. Den anerkennenden Applaus der Geburtstagsgäste honoriert sie mit einem genervten Augenrollen und verlässt die Bühne mit hochrotem Kopf. Ich applaudiere erneut am lautesten. Bevor Laura sich hinsetzt, streckt sie mir unter einem bösen Blick die Zunge heraus. Dann widmet sie sich wieder ihrem Telefondisplay. Klaus übergibt an Groovy Oskar. Und dann sich. Zumindest interpretiere ich sein schnelles Rennen zur Toilette so. Das Repertoire von Groovy Oskar reicht von Roger Whittaker bis Robbie Williams. Bei «Angel» tanzen einige Pärchen den im Kurs gelernten Schritt. Die Oma kann «Albany» fehlerfrei mitsingen und tut dies auch laut und selbstsicher. Onkel Klaus ist von der Toilette zurück und bestellt ein Mineralwasser und einen «Expresso». Die Kellnerin stellt klar: «Heißgetränke sind aus. Wir haben die Maschine schon geputzt.»

Klaus begnügt sich mit einer großen Cola und macht mal eben die Tischplatte mit seiner Stirn bekannt. Seine Frau tanzt mit einem geschiedenen Getränkelieferanten, dessen verwandtschaftliche Beziehung zu Lindas Mutter mir unbekannt ist. Die beiden scheinen sich aber ganz gut zu kennen. Groovy Oskar läutet jetzt die Partyrunde ein: «So, Leute. Jetzt geht das ab hier! Alle auf die Tanzfläche! Hopp, hopp!» Er spielt «Fiesta Mexicana». Irgendwelche Menschen ziehen Linda und mich auf die Tanzfläche. Linda nimmt es mit Humor und lässt sich lachend darauf ein. Ich versuche mich zu wehren, bin der Freiwilligen Feuerwehr aber körperlich unterlegen. Das Gitarrenintro kommt vom Keyboard-Sampler, und beim ersten «Hossa!» stimmen alle mit ein. Jeder tanzt nach seiner Fasson und ist sichtlich happy dabei. Linda dreht unter dem ausgestreckten Arm ihres Opas eine Pirouette, die Frau im rosa Hosenanzug tanzt mich mit stoßenden Bewegungen aus dem Unterleib an. Ich suche das Notausgangschild, improvisiere Tanzbewegungen und bete, dass Groovy Oskar nicht die Maxi-Single-Version spielt. Nach dem Schlussakkord applaudieren sich alle selbst zu. Oskar spielt jetzt was Ruhiges von den Flippers. Linda und ich verzichten auf einen Stehblues und kehren zu unserem Platz zurück. Dort schnarcht Onkel Klaus mit dem Kopf auf dem Tisch. Ein dünner Speichelfaden schleicht sich aus seinem Mundwinkel. Die Oma sitzt bei einer Gruppe devot zuhörender Familienmitglieder am Nebentisch und fällt laut Urteile über die einzelnen Lebenswege ihrer Nachkommen. Ich brauche frische Luft und entschuldige mich kurz nach draußen. Mein Atem zeichnet Dampfwolken in die kalte Herbstluft. Gegen die Kälte trete ich von einem auf den anderen Fuß, stelle den Kragen meines Jacketts auf und schaue auf dem Display meines Mobiltelefons nach der Uhrzeit. Es ist kurz nach Mitternacht. Zug um Zug füllen sich meine Lungen mit der sauberen Schwarzwaldluft. Ich vertrete mir ein bisschen die Beine und laufe einmal um das Gasthaus «Zum Löwen» herum. Dörfer und die Namen ihrer Gaststätten. Die Namensgebung «Traube» und «Schiff» erschließt sich mir aus einer gewissen Logik. Weingegend gleich Traube. Nähe zum Rhein gleich Schiff. Ich frage mich, wann genau eigentlich der Schwarzwald-Löwe ausgestorben ist. Die Straße scheint es dem Schicksal dieses Löwen jedenfalls gleichgetan zu haben. In den Hauptstraßen sind die Laternen schon ausgeschaltet, die Lichter in den Häusern ebenso. Vorsichtig setze ich einen Fuß vor den anderen, weil es so unglaublich ruhig ist, dass selbst ein Blinzeln als Ruhestörung geahndet werden könnte. Die typische Grabesstille wird nur manchmal vom nach draußen pumpenden Bass des wandlungsfähigsten Alleinunterhalters Südwestdeutschlands durchschnitten.

«Scheiße», tönt es plötzlich aus der Dunkelheit. Es ist Laura, die da auf der Treppe zum Hintereingang sitzt und heimlich eine

Zigarette raucht. Böses Mädchen. Mein Handy noch in der Hand, mache ich geistesgegenwärtig und schnell ein Foto von ihr und sage: «Quitt!»

«Oh Mann! Fuck!», flucht der Teenager und wirft die zur Hälfte gerauchte Kippe weg.

«Keine Angst, ich werde es niemandem sagen», beruhige ich Laura, «unter der Bedingung, dass du die Zigaretten jetzt abgibst. Rauchen ist nämlich sehr schädlich und nur was für charakterschwache Menschen!»

Widerwillig händigt das Mädchen mir ihre noch fast volle Schachtel Gauloises Rot aus. Zur Sicherheit lasse ich mir das Feuerzeug auch noch geben und schicke Laura wieder nach drinnen. Ich kann eben gut mit Kindern.

Das Klicken des Feuerzeuges erscheint im ruhigen Nachtleben des Dorfes wesentlich lauter als sonst. Genüsslich inhaliere ich eine von Lauras Zigaretten.

«Und? Frische Luft geschnappt?», fragt mich Linda nach meiner Rückkehr in den Festsaal.

«Gewissermaßen», antworte ich ehrlich.

«Hast du geraucht? Du riechst nach Kippe», stellt die olfaktorisch hochbegabte Vollblutjournalistin investigativ fest.

«Ich? Nein, ich bin doch Nichtraucher», verteidige ich mich.

«Ich auch. Komm, wir gehen eine schmoken!» Lindas Wunsch ist mir Befehl, wir rauchen heimlich draußen weiter aus dem geheimen Vorrat des Teenagers. «Das darf die Oma auf keinen Fall erfahren», vertraut die achtundzwanzigjährige Linda mir an.

Eine halbe Stunde später ist der Großteil der Gäste schon gegangen. Oskar lädt das Keyboard in sein Großraumtaxi. Hauptberuflich ist Oskar nämlich Taxifahrer. «Der rollende Oskar». Ein Multitalent eben. Lindas Tante hilft ihrem Mann an der Garderobe in den Mantel. Onkel Klaus entschuldigt sich für die Sache mit dem Wildschwein. «Was denn für ein Wildschwein?», möchte die Gastgeberin, Lindas Mutter, wissen. «Ach nix», winkt Klaus ab. Die Frauen rollen mit den Augen und machen die Trinkgeste in Klaus' Richtung. Von seiner Frau abgestützt, wird dem betrunkenen Galamoderator nach draußen geholfen. Laura folgt ihren Eltern, ich zwinkere ihr verschwörerisch zu. Sie rollt genervt die Augen und murmelt ein «Arschloch» in sich hinein. Die Oma bleibt bis zum Schluss und scheucht zur eigenen Freude das bereits aufräumende Personal noch etwas herum. Linda und ich verabschieden uns von der restlichen Festgemeinde und voneinander. «Wenn du das nächste Mal in Köln bist, machen wir das Kontrastprogramm hierzu», verspricht mir Linda.

Die Wirtin entzieht der Oma irgendwann schließlich das Kommando und schickt die erschöpften Bedienungen nach Hause. Dann löscht sie das Licht im Festsaal und schließt ihn ab. Auf dem Boden zertretene Luftschlangen, soßenverkleckerte Tischdecken, vollgesogene Bierdeckel, zerknibbelte Flaschenetiketten, Geschenkpapierberge und jede Menge leere Gläser bleiben im Dunkeln zurück. Der ausgestopfte Wildschweinkopf blickt stumm über das hinterlassene Schlachtfeld. Aus seiner rechten Augenhöhle ragt der Griff eines Bühnenmikrophons heraus.

DER SCHWUR

Auf dem Stuhl hinten links, da saß er. Der Horst Köhler. Ganz normal saß der da, so wie die anderen auch.» Der Landwirt ist sichtlich stolz darauf, im Frühling 2007 den damaligen Bundespräsidenten empfangen zu haben. Heute empfängt er nur unsere Wandergruppe in seiner kleinen Weinstube.

«Und jetzt trinken wir einen Schnaps!», kündigt der gastfreundliche Bauer entschlossen an und stößt dabei auf keinerlei Widerstand. Der Herr Kollege und ich sind ja irgendwie auch genau deshalb hier. Und natürlich wegen der schönen Natur, der vielen historischen Mühlen, der erquickenden Bewegung und alldem. Den ausschlaggebenden Anreiz, diese «Mühlenwanderung» zu unternehmen, gab aber letztendlich dann doch die verheißungsvolle Aussicht auf eine regelmäßige Verköstigung regionaler Branntweine. In verlässlichen Abständen findet der durstige Wanderer auf diesem Weg zu seiner Freude unbewachte Schnapshäuschen, welche ein umfangreiches Angebot an brunnengekühlten Flaschen hochprozentiger Laufmotivatoren aus eigener Herstellung anbieten. Die äußerst budgetfreundliche Preisliste und ein großes Schnapsglas-Arsenal laden zur Selbstbedienung ein. Undenkbar wäre es, in einer Großstadt solche Alkoholmengen unbeaufsichtigt irgendwo stehenzulassen und auf die Einhaltung freiwilliger Bezahlung der Trinkenden zu zählen. Obwohl so etwas sicher eine preisgünstige Maßnahme wäre, deutsche Städte, denen der Ruf ästhetischer Mängel vorauseilt, auf Dauer schöner aussehen zu lassen. Sich Kassel oder Duisburg einfach schönzusaufen, schont die Staatskasse schließlich mehr als aufwendige Restaurationsarbeiten. Der Herr Kollege und ich haben einen naiven

Schwur geleistet. Er besagt, dass wir an jeder dieser Alkhütten einen Kurzen trinken werden. Egal, was komme. Schwur ist Schwur. Männerehrenwort, Hand drauf, abgemacht. Wir haben nun schon vier solcher Schnapshäuschen und zwei Alibi-Mühlen hinter uns. Wanderführer Franz kennt sich bestens aus und hat den interessierten Ausflüglern – sowie dem Herrn Kollegen und mir – bis jetzt sehr ausführlich viel Wissenswertes über Mühlen erzählt. Mit Erschrecken musste ich feststellen, wie entsetzlich wenig ich bisher über Mühlen wusste. Nach vier Schnapshütten hat sich der Schrecken der Unkenntnis dann so langsam gelegt. Jetzt sind wir auf dem Hof eines Bauern, den der Franz gut kennt. Der Franz kennt sowieso alle gut. Mühlen und Menschen. Und alle kennen den Franz, diesen stets wohlgelaunten vierundsiebzigjährigen Rentner und ehrenamtlichen Wanderbegleiter. «Wanderführer» hört er nicht so gern, das habe etwas Anrüchiges, sagt der Franz, der trotz Hitze einen wandertypischen grauen Filzhut auf dem Kopf trägt. An sich sieht Franz so aus, wie man sich einen Wanderer vorstellt. Bis zu den Knien hochgezogene rote Wollsocken, weiß-rot kariertes Hemd und lederne Wanderschuhe. Sein selbstgeschnitzter Stock zeigt deutliche Abnutzungsspuren am Griff, die lederne Latzhose wurde an zwei Stellen geflickt. Der Franz ist viel gelaufen in seinem Leben.

«Zum Wohl», prostet der Landwirt der mit Schnapsgläsern bewaffneten Gruppe zu. Das Wandervolk besteht aus einem urlaubenden Rentnerpaar aus Norddeutschland, einer Familie mit zwei Kindern aus Stuttgart sowie dem Herrn Kollegen und mir. Alle trinken brav ihren Blutwurz und attestieren dem würzigen Rachenpuster unmittelbar nach Speiseröhrenkontakt Wirkung und Geschmack durch ein unter verzerrter Miene kollektiv ausgestoßenes «Aaaaah!». Die kleine Stube ist ein umgebauter Schuppen, Schnitzereien und in lasierte Baumscheiben gebrannte Weisheiten dekorieren die fichtenholzverkleideten Wände. An prominentester Stelle hängt ein vom großen Tisch aus gut sichtbarer Glasrahmen. Verschiedene Fotos vom Besuch des ehemaligen Bundespräsidenten sind darin symmetrisch angeordnet. Im Mai 2007 war der Horst Köhler nämlich hier. Man kommt ja rum als Präsident, da ist er eben auch mal ins Mühlendorf gekommen. Zum Händeschütteln und Lächeln. Vielleicht hat er noch eine Kuh gemolken, ein Kalb getauft oder ein Schwein geschlachtet. Was Präsidenten auf Feldmissionen eben so machen. Das Gruppenfoto mit Staatsoberhaupt, Präsidentinnengattin und der festlich gekleideten Familie des Landwirts wird von zwölf weiteren Fotografien umrahmt. Der Bundespräsident trinkt Most aus einem gemusterten Keramikkrug. Der Bundespräsident liest den in traditionelle Schwarzwaldtrachten gehüllten Bauernkindern etwas aus einem Buch vor. Der Bundespräsident guckt. Der Bundespräsident lächelt. Der Bundespräsident sitzt da auf diesem Stuhl in dieser Stube. Und das macht er ganz normal. Sitzt da einfach so, der Bundespräsident.

«Wie war er denn, der Köhler?», fragt Franz den Landwirt im Auftrag der Gruppe.

«Ein ganz normaler Mensch ist das. Der saß da und hat gegessen und getrunken. Ganz bodenständig. Also, der ist wirklich ganz normal», schwärmt der Bauer vom präsidialen Kontakt.

«Einer von uns», sagt Franz.

«Einer von uns», bestätigt der Bauer.

«Schade, dass der weg ist», ergänzt Franz.

«Und dem Köhler seine Frau?», fragt er investigativ nach.

«Auch. Ganz normale Frau. Sehr nett. Saß auch da.» Der Landwirt zeigt auf einen anderen leeren Stuhl, der von den Gästen jetzt mit besonderer Ehrfurcht betrachtet wird. Der Stuhl der Frau Präsidentin. Die Rentnerin macht ein Foto vom hölzernen Stuhl.

«Nein, der andere», weist sie der Landwirt hin. Sie macht ein weiteres Foto, dieses Mal vom richtigen Stuhl. Wie peinlich wäre das, wenn sie nach Hause käme und den neugierigen Bekannten und Mühlenliebhabern das Foto vom falschen Stuhl zeigen würde. «Und da saß einst die Gattin des ehemaligen Präsidenten!» – «Niemals, das sehe ich doch gleich, dass das der falsche Stuhl ist! Also so was! Uns einen gewöhnlichen Stuhl als Präsidentengattinnenstuhl zu präsentieren. Wie peinlich!»

«Ganz normale Leute», betont der Gastgeber noch einmal, «die Frau und der Horst Köhler. Wie du und ich.»

Bisher dachte ich, der Bundespräsident sei mit besonderen Fähigkeiten wie Röntgenblick, Laseraugen und ausklappbaren Flügeln ausgestattet. Schon irgendwie enttäuschend, dass der jetzt ganz normal sein soll. Die hölzerne Unterseite der Sitzfläche vom Stuhl des ehemaligen Amtsträgers ist mit einer Gravur versehen. Da steht «Horst Köhler Mai 2007». Wer auf diesem Stuhl sitzt, bekommt seit dem präsidialen Hofbesuch einen Schnaps aufs Haus, erzählt der Bauer. Noch bevor der Hofbesitzer den Satz zu Ende gesprochen hat, nimmt der Herr Kollege demonstrativ und zur Belustigung der Anwesenden auf des Expräsidenten Exstuhl Platz. Der Landwirt hält sein Versprechen und schenkt dem gewitzten Gewinner noch einen ein. Hätten wir mehr Zeit, würde wahrscheinlich gleich die lustige Reise nach Jerusalem beginnen. Wanderbegleiter Franz klopft mit seiner großen Hand auf den Tisch und kündigt den Fortgang der Mühlentour an. Unser nächstes Ziel ist eine unterschlächtige Mühle. Bisher haben wir ausschließlich oberschlächtige Mühlen betrachtet. Ich kann vor lauter Aufregung kaum an mich halten und muss mich sehr zügeln, ja keinen oberschlächtigen Begeisterungsschrei auszustoßen. Wir wandern durch das malerische Mühlendorf, vorbei an rauschenden Bächen, saftigen Wiesen, idyllisch gelegenen Bauernhöfen. Wir laufen durch Mittelerde. Die Hobbits grüßen uns freundlich, vor allem, weil sie den Franz kennen. Der flirtet mit den jungen Frauen, scherzt mit den alten Männern und lacht mit so ziemlich jedem. Bevor wir die Mühle, die oberschlächtige, erreichen, kommen wir am nächsten Schnapshäuschen vorbei. Das Rentnerpaar und die beiden Elternteile lehnen einen weiteren Umtrunk dankend ab, Franz möchte die Tradition wahren und zählt jetzt ganz auf uns. Zu Recht – auf den Herrn Kollegen und mich ist natürlich Verlass, schließlich haben wir einen Schwur geleistet. Ich werfe drei Euro in das gusseiserne Kässchen, einen Euro pro Schnaps. Wir entscheiden uns für ein Kirschwasser und erheben die milchigen, hygienisch bedenklichen Gläser.

«Auf das Mehl! Weil, ohne Mehl bräuchte man keine Mühlen, und Mühlen sind echt super», improvisiere ich einen wahrlich miesen Trinkspruch. Kipp und weg. Weiter geht es, da wollen noch mehr Mühlen besichtigt werden. Wir laufen durch ein Waldstück, wo uns Franz erzählt, er habe hier früher einmal Feuerholz gestohlen und sei dabei vom Förster erwischt worden. Der Förster habe ihn, den Franz, gefragt, was der denn mit dem Holz da wolle. Der Franz habe darauf geantwortet, das sei Futter für seine Hasen. «Hasenfutter? Aber das fressen die Hasen doch nicht!», habe der Förster darauf verdutzt gesagt. «Also gut», habe der Franz dann geantwortet, «dann verbrenne ich es eben.» Franz erzählt gerne Witze, in denen er selbst die Hauptrolle spielt.

Stolz zeigt er uns die nächste, aufwendig restaurierte, voll funktionsfähige und wie versprochen oberschlächtige Mühle. Meine Schnapsseligkeit lässt die gespielte Begeisterung etwas übertrieben wirken.

«Wunderbar! Einfach wunderbar! Das Oberschlächtige setzt dem Ganzen noch oben einen drauf! Wie soll das jetzt noch gesteigert werden?»

Der Herr Kollege stimmt mir zu und imitiert das Schlagen einer unsichtbaren Stimmgabel. Dann singen wir euphorisch «Es klappert die Mühle am rauschenden Bach». Bei jedem «Klipp-

Klapp» schlagen wir ein, treffen unsere Hände allerdings nicht jedes Mal. Der Rest der Gruppe versucht, uns höflich zu ignorieren.

«Wird denn hier noch Mehl gemahlen?», fragt der schwäbische Familienvater den Franz interessiert.

«Nur zur Demonstration», antwortet der Franz.

«Wogegen demonstrieren Sie denn?», fragt eines der beiden protesterprobten Kinder aus Stuttgart. Alle lachen, der Herr Kollege und ich ein paar Dezibel lauter als der Rest. Da hat wohl das Kirschwasser am Regler gedreht. Im weiteren Verlauf erfahren wir noch mehr spannende Details über Mühlen. Wichtige Material- und Funktionsfragen werden geklärt, historische Daten genannt. Klipp-Klapp.

Auf dem Weg zu unserer nächsten Station, der gutbürgerlichen Vesper bei der nächstgelegenen Mühle, treffen wir auf eine weitere Schnapstankstelle. Ich tue zunächst so, als hätte ich sie nicht gesehen, aber dem Herrn Kollegen entgeht in dieser Hinsicht nichts. Also gut. Klipp-Klapp.

Wir sitzen plötzlich an einem großen Holztisch, der nach Franz' Auskunft aus einem ganzen Baumstamm gesägt wurde. Wie wir dorthin gekommen sind, weiß ich nicht mehr, der Mirabellenschnaps von vorhin hat das Navi deaktiviert. In der Mitte des Tisches steht ein Schinken, der aus einem ganzen Schwein gesägt wurde. Eine stämmige, naturbelassene Frau mit roten Backen serviert jedem von uns ein Brett, auf dem sich ein umfangreiches Angebot an weiteren Wurstsorten stapelt. «Mühlenvesper» nennt sich die deftige Kreation aus Leberwurst, Blutwurst, Schwartenmagen, Fleischwurst, Wurstwurst und noch mehr Wurst. Ein kleiner Beilagen-Wurstsalat frischt das Ganze auf, dazu wird selbstgebackenes Ofenbrot gereicht. Ich frage, ob das Brot denn mit oberschlächtig selbstgemahlenem Mehl gebacken wurde. Wurde es nicht, antwortet mir die rustikale Mühlenbesitzerin und Wurstexpertin knapp. Mühlenbesitz verpflichtet also nicht. Die deftige

Vesper mundet vorzüglich und wird ob der Notwendigkeit alko-
holaufsaugender Fettzufuhr schmatzend und schweigend verspeist. Es ist üppig gedeckt, die Kapazität eines konventionellen
menschlichen Magens kommt an die Belastungsgrenze. Man will
aber höflich sein und isst, bis schließlich Fleisch auf Fleisch trifft.

«Lieber den Magen verrenkt, als dem Wirt was g'schenkt»,
kaut Franz eine Weisheit über den Tisch.

Nachdem jeder Wanderer einen kompletten Zoo verspeist
hat, kommt der Herr des Hauses, stellt wortlos Schnapsgläser in
die Tischmitte, befüllt alle großzügig und prostet uns auffordernd
zu. Wir gehorchen und fragen schon gar nicht mehr nach, wel-
cher Branntwein uns da gerade die Speiseröhre verätzt. Franz erzählt uns, dass in der anliegenden Gaststätte Tony Marshall einst
für den Lohn von zwei Flaschen selbstgebranntem Schnaps gesun-
gen haben soll. Der Herr Kollege bietet spontan dieselbe Dienst-
leistung für nur eine Flasche an. Man kommt zu meiner Erleichterung nicht ins Geschäft. Wir bezahlen unsere Vesper, und ich frage
nach, ob es hier denn grundsätzlich möglich sei, auch etwas Vege-
tarisches serviert zu bekommen.

«Brot halt», antwortet Rotbäckchen nach längerem Überlegen,
«und Butter drauf. Vielleicht noch Käse.»

Franz kündigt jetzt den Weitermarsch an. Wir haben noch eine
Mühle und eine unbekannte Anzahl an Schnapshäuschen vor uns.
Der Martin-Semmelrogge-Marathon. Nur eben mit Mühlen. Ich
weiß nicht, ob ich das überlebe, aber Schwur ist und bleibt nun
einmal Schwur.

Franz kommt jetzt erst richtig in Fahrt. An einem mit Heidel-
beersträuchern übersäten Feldstück pflückt er eine große Hand-
voll der Früchte und fordert uns auf, es ihm gleichzutun. Wir bleiben ein paar Minuten bei den Büschen stehen und erfreuen uns
am köstlichen Mundraub.

«Sind die gespritzt?», möchte das Rentnerpaar wissen.

Franz zuckt mit den Schultern.

«Kann sein, aber das bringt uns nicht um», ist seine Antwort. Auf den unauffälligen Befehl ihres Vaters spucken die Schwabenkinder die noch in ihren Mündern befindlichen Beeren geräuschlos aus. Ein paar Meter weiter halten wir an einer Reihe Zwetschgenbäumen und sehen Franz beim Ernten zu. Sein mit fruchtvollem Mund ausgesprochenes Angebot, doch reichlich mitzuessen, es sei ja umsonst, lehnen alle dankend ab. Auf dem Weg zur nächsten Mühle laufen wir durch eine mit Apfelbäumen gesäumte Allee. Naturbursche Franz bedient sich am Fallobst und verschlingt zwei vom Boden aufgelesene Äpfel unter saftigem Speichelfluss. Er bietet mir einen Apfel mit einigen bräunlichen Dellen und zwei Wurmlöchern an. Obwohl der bereits in Gang gekommene Gärungsprozess etwas Verlockendes hat, lehne ich dankend ab. Da kommt ja sicher bald wieder eine Schnapshütte. Genauer gesagt, kommen da drei solcher Tankstellen. Schwur ist Schwur. Inzwischen sind es nur noch der Herr Kollege und ich, die diese spezifische Angebotsvielfalt tapfer wahrnehmen und der von Franz gerne benutzten Bezeichnung «stramm wandern» zunehmend eine neue Bedeutung geben.

Die letzte Mühle sieht so aus wie die Mühle davor und die davor. Die vor der davor sah auch so aus. Und die davor auch. Während Franz vom vielfaserigen Apfelbaumholz erzählt, das zur Herstellung des Zahnrades von großer Bedeutung ist, albern der Herr Kollege und ich mit dem im Sammelbehälter liegenden Vorführmehl herum. Der Kollege malt sich einen Schnurrbart aus Mehl und versucht, Christoph Daum zu imitieren. Ich mache einen schlechten «Deine-Mutter-ist-so-alt-Witz», den ich aus ästhetischen Gründen hier nicht zitieren möchte. Franz ignoriert unsere infantile Suff-Konsequenz, als gehöre sie zu seinem Alltag als Wanderführer auf einem schnapsgeteerten Weg. Am Ende des Vortrages hat der Herr Kollege noch immer seinen Mehlschnurrbart, und ich sehe aus wie ein ungeschickter Bäckerlehrling. Franz verkündet, dass dies die letzte Mühle auf unserer Wanderung sei, und möchte wissen, ob es denn noch Fragen gäbe. Ich möchte die Hand heben, doch der Herr Kollege hindert mich schnell daran. Franz präsentiert nun zwei Optionen zur weiteren Begehung des Wanderweges. Man könne entscheiden, ob man mit dem Franz zusammen den offiziellen, schönen, aber auch langen Rückweg laufen möchte oder ob man doch lieber den kurzen, direkten Weg zum Ausgangspunkt, dem Bahnhof, nehmen will. Der Herr Kollege fragt, ob sich auf dem kürzeren Weg auch noch Schnapshäuschen befänden. Das «Ja, natürlich» von Franz macht uns die Entscheidung einfach.

An einer Weggabelung verabschieden wir uns von der restlichen Gruppe, die beschlossen hat, das Ding jetzt mit ihrem Wanderführer vollends durchzuziehen. Franz erklärt uns den Rückweg, der nach seiner Aussage im Wesentlichen darin besteht, einfach geradeaus zu laufen. Genau das fällt uns beiden allerdings gerade nicht mehr ganz so leicht. Wir treten die Reise trotzdem in Vorfreude auf Dusche und Bett entschlossen an.

Der Bauernhof, an dem wir vorbeikommen, hat das Prinzip Schnapshütte professionalisiert und bietet den Hochprozentigen gar in einem an das Stromnetz angeschlossenen Kühlschrank an. So ein Angebot kann man nicht ablehnen. Außerdem ist da ja der Schwur. Wir fragen uns, wie viele Hütten uns noch blühen, bevor wir endlich im Zug heimwärts sitzen. Und was das in Promille umgerechnet bedeutet. Eine Hütte auszulassen kommt für uns jedenfalls nicht in Frage, der faule Kompromiss, den kürzeren Weg zu wählen, ist schon beschämend genug. Ein bisschen Ehre muss man sich erhalten. Ich werfe also meine letzte Zwei-Euro-Münze in das Kässchen, wir erfrischen uns jeweils mit einem kalten Kirschwasser und taumeln dann weiter. Wir durchqueren eine Landschaft, die aus einem kitschigen Bilderbuch herauskopiert wurde. Glückliche Kühe stehen auf leuchtend grünen Hügeln und fressen mit entspannter Gelassenheit saftiges Gras. Mit den um ihre Hälse hängenden Glocken spielen sie den Heidi-Soundtrack dazu.

«Ich hab noch nie eine Kuh gestreichelt», stellt der Herr Kollege in melancholischem Tonfall fest.

«Und du willst gelebt haben?», frage ich ihn.

«Nee, echt jetzt. Ich meine, jeder hat doch schon mal eine Kuh gestreichelt, oder? Hast du schon mal eine Kuh gestreichelt?», fragt er mich mit Schnaps im Ton.

«Ja, hab ich. Ich habe schon mal eine Kuh gestreichelt. Du bist der einzige Mensch auf der ganzen weiten Welt, dem dies bisher verborgen blieb, mein Lieber», lalle ich, «jetzt wäre die Gelegenheit dazu, deinem einzigen Manko ein Ende zu bereiten.» Ich zeige auf eine Kuh, die sich gerade mit lässigem Gesichtsausdruck einer großen Menge Wiedergekäutem entledigt. Der Herr Kollege geht zielstrebig zum Zaun, der die Weide vom Weg trennt. Zwei Drähte, im Abstand von etwa vierzig Zentimetern übereinander verlaufend, fassen die Herde ein. Herr Kollege möchte zwischen den Drähten hindurchsteigen und hebt den einen dafür an. Da er noch nie in seinem Leben eine Kuh gestreichelt hat, ist ihm der Zauber eines Elektrozauns auch verborgen geblieben. Bis jetzt. Ein Stromschlag durchfährt den Kollegen blitzschnell. Er schreit auf, zittert kurz, fällt zu Boden und flucht dort bitterlich. Ich meine, sogar einen Funken gesehen zu haben. Nach einer Schocksekunde und der anschließenden Feststellung, dass er noch lebt, lache ich das Lachen eines Mannes, der heute noch kein Schnapshäuschen ausgelassen hat. So lustig findet's der Kollege nicht, er rafft sich auf, zeigt mir den Mittelfinger und nähert sich seiner Auserwählten von hinten. Ich beobachte das Ganze aus sicherer Entfernung und freue mich, gleich Zeuge eines ganz besonderen Momentes im Leben meines lieben Kollegen zu werden. In gewisser Weise werde ich das auch. Das sonst so gemächlich wirkende Rind erschrickt und tritt in beeindruckender Reaktionsgeschwindigkeit mit einem Hinterbein aus. Die Ballerina unter den Kühen hat das Bein so hoch geschossen, dass sie damit sogar das Gesicht des Kollegen streift. Das reicht, dem verdutzten Herrn ein im wahrsten Sinne des Wortes schlagartiges Nasenbluten zu bescheren.

«Scheiße, verdammte!», ruft der Herr Kollege und hält sich das Nasenbein. «Dich streichel ich im Leben nicht! Und heute Abend esse ich ein fettes Steak! Hörst du? Ein saftiges Rindersteak werde ich essen!»

Die Kuh macht relativ unbeeindruckt einen Schritt auf den Kollegen zu. Dieser ergreift panisch zappelnd sofort die Flucht und vergisst dabei, auf den geladenen Elektrozaun zu achten.

«Vorsicht!», rufe ich. Leider schon, nachdem der aus der Nase blutende, geschlagene Kuhfighter elektrisiert am Wegesrand kniet. Ich helfe dem Kollegen auf und reiche ihm ein Taschentuch.

«Geht's?», frage ich.

«Kann es sein, dass ich am Ende jeder Geschichte eine blutende Fresse habe?», fragt mich der Kollege nicht ganz ohne ein gewisses Maß an Aggression im Sprachduktus. Ich zucke mit den Schultern und stütze ihn ein paar Meter des Weges.

Der verkürzte Rückweg führt noch einmal an dem ersten Bauernhof vorbei, bei dem wir zu Beginn unserer Reise Rast machten. Der Bauer schraubt gerade an einem Traktor, erkennt uns sofort wieder und lächelt uns zu. Als er das blutgetränkte, aus den Nasenlöchern des Kollegen herauslugende Taschentuch erblickt, fragt der Landwirt besorgt, was denn los sei.

«Ach, ein kleiner Unfall. Nichts Schlimmes», sagt der Kollege. Der Bauer bittet uns in die Weinstube, dort habe er Pflaster und Verbandszeug. Außerdem werde ein Schnaps helfen. Unser Schnapsdurst ist fürs Erste definitiv gestillt, aber man möchte ja nicht unhöflich sein. Wir stehen um drei auf dem Tisch aufgereihte Schnapsgläser und schauen dem Bauern beim Einschenken zu. Mir dünkt, der Landwirt ist in seiner Gastfreundschaft nicht ganz uneigennützig. Jede Begründung, ein Gläschen Schnaps zu trinken, scheint ihm doch sehr willkommen zu sein. Er bittet uns, kurz Platz zu nehmen, bis er das Verbandszeug geholt hat. Wir setzen uns und starren auf den Glasrahmen, aus dem uns Horst Köhler mit einem Glas Most in der Hand und weit aufgerissenen Augen anlächelt.

«Wie viele Schnapshäuschen hat der wohl passiert?», frage ich den Kollegen.

Bevor dieser antworten kann, kommt der Landwirt mit einer zum Verbandskasten umfunktionierten Keksdose wieder und lacht, als er uns da so sitzen sieht. Wir begreifen trotz ethanolverbeulter Synapsen sofort, stehen auf und schauen auf die Unterseiten der Sitzflächen unserer Stühle. Der Herr Kollege saß auf dem Präsidentenstuhl, ich auf dem der Präsidentengattin. Der Bauer freut sich und schenkt uns dreien noch eine Runde Blutwurz ein. Schwur ist Schwur, und Tradition ist eben Tradition.

Ein Pflaster verdeckt jetzt den Kratzer auf der Nase des Kollegen, das Bluten hat inzwischen aufgehört. Wir wackeln die letzten Meter bis zum Ziel. Der Schwur bescherte uns noch zwei zu überwindende Schnapshütten, keiner hat schlappgemacht bisher. Kurz vor dem Bahnhof erwartet uns noch eine Etappe – das letzte Schnapshäuschen des Weges. Erleichterung macht sich breit. Im Gegensatz zu unserer Gangart bleiben wenigstens die Preise für Branntwein stabil. Ein Schnaps für einen Euro. Routiniert öffnen wir gleichzeitig die Kleingeldfächer unserer Geldbörsen und müssen schockiert feststellen, dass wir beide kein Kleingeld mehr haben. Nicht eine Münze blinkt da noch aus dem Portemonnaie heraus. Klauen ist nicht, das entspricht nicht unserem Stil. Ich ziehe einen Zwanzig-Euro-Schein aus der Brieftasche – alles, was ich noch an

Bargeld dabeihabe. Weit und breit keine Wechselmöglichkeit. Wir schauen uns seufzend an.

«Wir beide wissen, was das bedeutet», sagt der Kollege und stößt dabei auf.

«Ja, da müssen wir jetzt wohl durch», entgegne ich und stecke den Schein in das Kässchen. Und so stellen wir uns unserem Schicksal am Ende einer erinnerungswürdigen Reise. Wenn man sich danach denn noch erinnern könnte. Schwur ist und bleibt eben Schwur.

Der Bundesdeutsche Wanderverein empfiehlt weltweiten Pilgern, denen der Jakobsweg zu anstrengend ist, den Tony-Marshall-Weg. Im Gegensatz zum Jakobsweg, dessen Gesamtlänge sich nach der Anzahl der Jakobsisters richtet, handelt es sich beim Marshall-Weg um einen kurzen. Man kann wählen zwischen Kirsch und Topinambur. Zudem ist Kartenmaterial kostenfrei bestellbar unter *www.marshall-plan.de*.

HIER KANN MAN GUT SITZEN

Heute zickt es herum, das elende Schriftstück. Wörter und Sätze verstecken sich irgendwo und wollen einfach nicht herauskommen. So kurz vor Schluss. Die Schreibblockade ist in Zeiten moderner Textverarbeitung eine noch perfidere Angelegenheit als früher, wo man am Abend wenigstens einen Berg aus zerknülltem Papier als Tagwerk betrachten konnte. Man hat Mist geschrieben, aber wenigstens hat man etwas geschrieben. Und dann weggeworfen. Franz Josef Wagner könnte es noch veröffentlichen. Heute fehlt da eindeutig die Schriftstellerromantik. So sitzt man vor einem erwartungsfrohen, aufgeregt blinkenden Cursor und weiß gar nicht, wie man seinem Frust Ausdruck verleihen soll. «Steuerung A» und «Entfernen» erzeugt schlicht nicht dieselbe haptische Wirkung wie ein ordentlich energisches Herausreißen aus der Transportrolle der Schreibmaschine. Den DIN-A4-Bogen dann verzweifelt mit beiden Händen in Ballform zu bringen, um ihn schließlich in dramatischer Geste dem erbarmungslosen Schlund des Papierkorbs zu überlassen, das hat schon was. Der Papierkorb vergisst nicht, er zeigt einem anhand der zahlreichen Knüller, dass man ja gearbeitet hat. Ich habe mir nun angewöhnt, jede geschriebene, aber nicht zufriedenstellende Seite vor der digitalen Löschung auszudrucken. Dann ziehe ich das Papier fluchend aus dem Ausgabeschacht, zerknülle es unter selbstmitleidigem Ausatmen und werfe die Knitterprosa dann in den weißen Plastikeimer neben meinem Schreibtisch. Anschließend kippe ich den Inhalt des absichtlich nur zu einem Drittel gefüllten Glases Apfelsaft im Ganzen herunter und simuliere mit gespielt schmerzverzerrtem Gesichtsausdruck selbstzerstörerischen Alkoholmissbrauch. So hat das Scheitern wenigstens Stil.

Um mir selbst gegenüber die Illusion aufrechtzuerhalten, ich würde mich regelmäßig bewegen, unternehme ich öfter Spaziergänge. In der Hoffnung, heute dadurch Inspiration zu finden, mache ich einen Spaziergang durch das Dorf. Damit ich nicht schon in zwanzig Minuten damit fertig bin, laufe ich sehr langsam. Ich sammle Impressionen. Es ist ein schöner Spätsommermittag im September, die Sonne scheint, es duftet nach Weintrauben, die Traktoren fahren offen. Ein Sonnenstrahl wirft einen Spot auf die kleine Bank am Brunnen neben der Kirche. Ich fühle mich eingeladen, setze mich hin und gucke so herum.

Zwei Jugendliche laufen, in ein angeregtes Gespräch vertieft, nebeneinander. Sie kommen gerade von der Schule, tragen beide Rucksäcke, einer schiebt sein Fahrrad neben sich her, der andere balanciert einen Fußball in der Hand. Ich höre zwar nur einen Gesprächsfetzen ihrer Unterhaltung, aber der gefällt mir schon sehr gut.

«Hast du das gelesen?», fragt der eine.

Der andere antwortet: «Lesen? Bin ich schwul, oder was?»

Eine alte Frau in blauem Kopftuch und geblümter Kittelschürze trägt einen Eimer mit Gartenutensilien und eine grüne Plastikgießkanne mit sich. Oft habe ich mich gefragt, wer eigentlich dafür sorgt, dass die öffentlichen Blumenkästen im Dorf in Schuss gehalten werden. Es sind Freiwillige wie diese Frau. Mit Liebe und Sorgfalt befreit sie die Flora von verwelkten Blüten, Zigarettenstummeln und toten Insekten und versorgt die Erde der Geranien anschließend mit der genau richtigen Menge an Gießwasser. Eine andere, ebenso ausgerüstete Oma in einer rosa Kittelschürze kommt angelaufen. Es bahnt sich ein Revierkampf an.

«Gerda? Seit wann machsch du die Käschde do? Die mach doch ich immer am Donnerschdag!», kommt die rosa Kittelschürze zur Sache.

«Noi, ich mach die immer am Donnerschdag! Ned du! Du machsch die am Rathaus», kontert die geblümte Schürze.

«Stimmt doch gor net! Komm jetzt, hau ab, ich mach des fer dich», will Rosa Geblümt verscheuchen.

Mir wird etwas unwohl bei dem Gedanken, dass die beiden vielleicht gleich aufeinander losgehen werden. Rosa wird Geblümt mit einem Gartenhandschuh eine Ohrfeige erteilen und damit das Duell eröffnen. Dann wird Geblümt die Rosenschere aus ihrem Eimer ziehen und in Angriffsposition gehen. Den Kultivator als Ersatzhand eingesetzt, mimen sie drohend die Tigerkralle, während sie sich gegenseitig umkreisen. Rosa jongliert eindrucksvoll mit Harke und Ausstecher, Geblümt lässt die Sprühflasche wie einen Colt auf ihrem Zeigefinger rotieren. Es kommt anders.

«Heid isch doch Donnerschdag?», fragt Geblümt irritiert und stoppt das Rechen der Blumenerde.

Gleichzeitig schauen die zwei an den Hauseingang auf der anderen Straßenseite. Dort steht eine Biomülltonne, die von einem Anwohner zur Abholung bereitgestellt wurde. Schnell ziehen die beiden Omas daraus die richtige Schlussfolgerung: Heute ist Freitag.

«Ach Gott, heid isch Freidag!» Beide wissen, was das bedeutet, und ziehen ab zum Friedhof. Freitags kümmern sie sich da gemeinsam um die Grabpflege. Hier konnte ein Konflikt dank alternativer Recyclingmethoden gewaltfrei gelöst werden.

Nach ein paar Minuten läuft mein Nachbar, Herr Huber, vorbei. Er hat eine Tageszeitung unter seinem Arm. Herr Huber sieht mich dasitzen und so herumgucken.

«Hallo, Herr Krause. Sie sitzen schön auf der Bank, ja?»

«Hallo, Herr Huber. Ja. Genau.»

«Warten Sie auf jemanden?», fragt Herr Huber.

«Nein, ich sitze nur so da», antworte ich.

«Sie sitzen nur so da?», fragt Herr Huber.

«Ja.»

«Nichts zum Lesen dabei?», fragt er.

«Nein, brauche ich nicht. So ist es auch schön», sage ich.

«Und zu trinken? Auch nicht mal was zu trinken dabei?», fragt Herr Huber und klingt dabei fast besorgt.

«Nein. Ich sitze so ganz gut», beruhige ich ihn.

Er schweigt. Einfach so dasitzen, ohne auf jemanden zu warten, etwas zu lesen oder wenigstens zu trinken, das scheint ihm ungewöhnlich vorzukommen. Da tut er sich schwer mit. Macht man ja sonst auch nicht. Man macht immer irgendwas. Selbst wenn man dabei nur so sitzt. Dann liest man eben, trinkt was oder schneidet sich die Fußnägel. Viele mähen sogar ihren Rasen im Sitzen. Aber einfach dasitzen und so herumgucken, das ist schon seltsam.

«Ich war eben im ‹Adler›, da gibt's Mittagstisch», wechselt Herr Huber in gewohnter Manier das Thema.

«Und, war er lecker?», frage ich nach.

«Da kann man gut sitzen», antwortet er und verabschiedet sich freundlich winkend.

Herr Huber hat soeben eine in der Region oft angewandte, zum Idiom gewordene Formulierung, gebraucht. Sie wird vor allem für die Empfehlung von Cafés, Restaurants oder Biergärten verwendet. Zum Besuch einer bestimmten Gaststätte wird mit den Worten «Hier kann man gut sitzen» geraten. Die Qualität von Speisen, Service und Toilettenhygiene wird dabei nicht erwähnt. Wie man ein Stehcafé anpreist oder ob die Redewendung auch für Parkbank und Gefängnis gebraucht wird, weiß ich nicht. Ich weiß nur, dass mich dieses Gerede vom Sitzen hungrig gemacht hat, und deshalb beschließe ich, der Empfehlung von Herrn Huber nachzukommen. Zum «Adler» ist es ein kleiner Fußmarsch, da sich das Restaurant auf einem Rebenhügel befindet.

Gemütlich laufe ich los, an der Bäckerei Fuchs vorbei. Davor steht die Fuchsmutter und unterhält sich mit einer Kundin. Sie rauchen und sind in ein Gespräch vertieft, in dem beide abwechselnd den patzigen Tonfall und grimmigen Gesichtsausdruck einer Person nachahmen, um die es bei der gepflegten Lästerei geht. Das Gespräch besteht vor allem aus «Ich so …», «Dann sie so …», «Und dann ich so …» Die beiden Gesichtsausdrücke schalten schlagartig in den lächelnden Grüßmodus, wir nicken uns freundlich zu, dann geht der Klatsch in spielfreudiger Mimik weiter.

Ein Schaukasten an der Hauswand des Rathauses berichtet über die aktuellen Feste und Ereignisse im und ums Dorf. Zu diversen «Dorfhocks», Schützenbällen, Wein- und Zwetschgenfesten wird da eingeladen. Außerdem listet der Aushang in der Kategorie «Feste» eine «Große Blutspende mit Gesangseinlagen» auf. Man findet immer einen Anlass zum Feiern. «Die große Organspende mit Herzklappen-Tombola» vermisse ich auf dieser Liste.

Bankkaufmann Tobias schließt gerade den Pfennig zur Bank ab und läutet damit die tägliche Mittagspause ein. In seiner rechten Hand hält er ein iPhone, welches er stolz der Kassiererin, Frau Lange, präsentiert. Das Smartphone ist offenbar seine neue Errungenschaft. Frau Lange spielt Interesse vor.

«Und da kann man dann sehen, wie der DAX steht», erklärt Tobias stolz die App.

«Das können wir doch auch im Bildschirm sehen», entgegnet Frau Lange und meint damit den Computer der Bank.

«Ja, aber nicht von unterwegs», kontert Tobias.

«Aber wir sind doch nie unterwegs», sagt Frau Lange.

«Doch, jetzt zum Beispiel», widerlegt Tobias und checkt demonstrativ die Börsenkurse.

«Aber jetzt ist doch Mittagspause», bemerkt Frau Lange.

«Gut, aber zum Beispiel für nach der Arbeit», argumentiert Tobias wieder.

«Da hat die Börse zu», weiß Frau Lange.

«Okay», er streichelt hektisch das Display, «damit kann man sehen, wie das Wetter ist!»

«Das sehe ich doch auch so», beginnt Frau Lange den nächsten Schlagabtausch und schaut dabei demonstrativ zum Himmel. Tobias gibt nicht auf und führt die Ebay-App vor, worauf Frau Lange auf den Flohmarkt am Samstag hinweist, und so verschwinden die beiden, ins angeregte Gespräch vertieft, in ihre Mittagspause.

Zwischen den Weinreben folge ich spazierend der Ausschilderung «Zum Adler». Vor mir ist Herr Kramer in eine angeregte Unterhaltung mit seinem Schäferhund vertieft. Klitschko hört brav zu und kotet artig eine Bewertung des Gesprächs an den Wegesrand. Auf einer Bank sitzt der pflichtbewusste Postbote, Herr Fritsch, und absolviert widerwillig seine angeordnete Mittagspause bei Vollkornstulle und Tee aus der Thermoskanne. Er nimmt zum Gruß tatsächlich kurz seine Postmütze ab. Ich grüße zurück und sehe dann von weitem schon die badische Fahne wehen. Sie gehört zum «Adler». Fahnen markieren auf dem Dorf die unterschiedlichsten Hotspots. Doch auch der Privatmensch lässt es gerne flattern. Lange bevor die FIFA-Fußballweltmeisterschaft 2006 in DIDA-Deutschland das stolze Schwingen der Nationalflagge wieder salonfähig machte, tanzten hier schon die Bekennertücher weit über dem Boden im Wind. Besonders beliebt ist selbstredend das Lokalkolorit, sodass eine badische Fahne zum hauseigenen Garten genauso gehört wie der obligatorische Buchsbaum.

Eine für die Gastronomie typische Menütafel lädt zur Einkehr im «Adler» ein. Ich nehme an einem freien Tisch auf der großen Terrasse Platz. Ein wunderbarer Blick über die Weinberge und Dörfer bis hin zu den höchsten Bauten der nächstgelegenen Städte bietet sich dem Besucher eindrucksvoll dar.

Am Tisch neben mir sitzt ein älteres Paar, das sich wahrscheinlich im «Urlaub Zu Hause» befindet. Durch den Kontrast zu ihren gebräunten Gesichtern leuchtet das weiße Haar des Mannes und das blond gefärbte der Frau in der herbstlichen Mittagssonne. Beide sind in teure Funktionskleidung gehüllt, ihre Nordic-Walking-Stöcke lehnen am Geländer der Terrasse. Die Frau löffelt schweigend den Milchschaum ihres Cappuccinos, der Mann tupft in Gedanken versunken mit der Kuppe des Zeigefingers die Rudimente des Apfelkuchens von der Tischplatte. Krümel-Tupfen, die wohl am weitesten verbreitete Überschusshandlung bei akutem Gesprächsmangel.

«Bei dem guten Wetter kann man bis in die Vogesen sehen», sagt die Frau plötzlich mit einem Anflug von Begeisterung.

Der Satz «Man kann bis in die Vogesen sehen» ist für die hier ansässige Gastronomie das, was «Das passt auch gut zu Jeans» für die Kleidungsindustrie ist. Viele der zahlreichen Gaststätten befinden sich auf Hügeln oder Bergen. Da kann man dann nicht nur gut sitzen, da kann man gut sitzen und dabei gut gucken. Gefällt mir.

Die männliche Begleitung der Frau am Nebentisch übertrumpft die geographischen Kenntnisse mit der Aussage, man könne auch das Straßburger Münster erkennen. Da ich nicht genau weiß, ob sie mir oder sich gegenseitig von diesen Phänomenen berichten, schaue ich artig auf die Umrisse der Vogesen, dann auf die winzige Silhouette des Münsters und nicke beeindruckt.

«Den Rhein hast du ganz vergessen. Siehst du den?», fragt der Mann seine Frau.

«Den hab ich nicht vergessen, den Rhein. Den sieht man natürlich auch. Da – ein Schiff!»

Ein Schiff auf dem Rhein. Ja, gibt es denn so etwas? Ich bestätige erneut Sichtkontakt zu dieser Kuriosität durch eine anerkennende Kopfbewegung.

«Und die B3 sieht man auch», ergänzt die Frau wieder.

Ich zolle auch dem nickend Respekt und schaue ins Leere, da ich keine Ahnung habe, wo diese Bundesstraße verläuft.

«Das ist die B500, die B3 verläuft woanders», korrigiert der Mann.

«Ist doch egal, man kann sie jedenfalls von hier aus sehen. Bei gutem Wetter. So wie die Vogesen», entgegnet die Frau.

«Die B500, nicht die B3», weist der Mann noch einmal auf die Korrektur hin.

Eine Kellnerin reicht mir die in Kunstleder gebundene Speisekarte und begrüßt mich freundlich. Im Prolog der umfangreichen Karte wird erwähnt, wie hervorragend die badische Küche sei. Ich hoffe, das trifft auch auf das Essen zu, und entscheide mich für das Tagesmenü «Badisches Kasseler mit Sauerkraut und Kartoffeln». Die nette Kellnerin nimmt meine Bestellung entgegen und bringt daraufhin eine kleine, mit Schwarzwaldschinken belegte Brotscheibe, den «Gruß aus der Küche». In meiner Sakkotasche finde ich ein Karamellbonbon, gebe es der Bedienung, bedanke mich und sage «Gruß zurück!». Wollte ich schon immer mal machen.

Ein lautes, fast explosionsartiges Dröhnen erschreckt die Gäste kurz. Auf dem Parkplatz fährt ein getunter Opel ein. Dem Tageslicht zum Trotze ist die blaue Unterbodenbeleuchtung eingeschaltet, ein seismographisch messbares Vibrieren brummt aus dem quietschgelben Ameisensolarium. Mit dem Bass der High-End-Stereoanlage kann man Sahne schlagen oder einsame Hausfrauen glücklich machen. Die Fahrerseite spuckt ein Mitglied der Opel-Gang aus, der Beifahrer scheint ein Kumpel desselben zu sein. Ähnlich stilecht präsentiert er sich in einer Trainingshose mit seitlich angebrachten Druckknöpfen und dem dazu harmonierenden Seidenblouson, auf nacktem Oberkörper getragen, den Reißverschluss nur bis zur Hälfte geschlossen. Beide Ärmel sind bis zur Armbeuge hochgekrempelt und geben den Blick auf höchstwahrscheinlich selbstgestochene Tattoos frei. Weiß besockte Füße stecken in bequemen Adiletten, die Kippe im Mundwinkel tanzt nach den Launen der Mundbewegungen. Die beiden nehmen an einem Tisch unter dem Sonnenschirm mit Brauerei-Logo Platz. Passend zum Label bestellen sie zwei Pils. Dann sitzen sie da, rauchen und unterhalten sich in knappen Worten und teerhaltigem Husten. Einen Blick zu erhaschen, in dem beide keine Zigarette am oder im Mund haben, stellt eine ähnlich große Herausforderung dar, wie für den Tierfilmer die Fotografie dieses einen Momentes, in dem der Löwe die Antilope reißt. Die beiden rauchen durch. Das erste Pils war für den Durst, bei halbleerem Glas wird gleich präventiv ein neues vorbestellt.

Das Paar am Nebentisch schweigt sich seit der Bundesstraßendiskussion weiter an. Sie gucken so herum. Man muss nicht immer was sagen. Der Mann tut es dann doch: «Das hat der Meister Erwin im dreizehnten Jahrhundert erbaut.»

«Das Restaurant? Sieht aber gar nicht so alt aus», fragt seine Frau.

«Nein, das Straßburger Münster. Hat der Meister Erwin gebaut», referiert der Mann.

«Ganz alleine?», möchte seine Frau wissen.

«Natürlich nicht. Was ist das denn für eine Frage?»

«Das war doch ein Witz», sagt sie und schaut sich auf der Terrasse nach Bestätigung um.

«Ach so. Das musst du doch sagen.»

«Dann ist es ja kein Witz mehr», erklärt sie.

«Der kam von hier, der Meister Erwin. Und dann hat er das Münster gebaut. Da kann man es sehen. Schon toll», philosophiert der Mann und schnippt einen größeren Krümel von der

Tischplatte. Sie nickt. Dann schweigen beide wieder für eine ganze Weile.

«Kasseler?», fragt die Kellnerin in die Runde. Ich gebe mich als Kasseler zu erkennen, obwohl ich da noch nie war, und bekomme meine Mahlzeit serviert. «En Gude!», sagt die Bedienung fachmännisch. «En Gude!» meint «Guten Appetit!» und gehört als feste Floskel in jede badische Gaststube. Das Versprechen auf der Speisekarte wurde eingehalten, die gute Hausmannskost schmeckt lecker.

Hinter mir sitzen acht alte Frauen an ihrem Stammtisch. Ein Kaffee-Stammtisch ist das. Kuchen und Koffeinhaltiges wird konsumiert, die Lage der Nation kommentiert, der moralische Verfall kritisiert. Hier kann man noch mit längst sozialisierten Selbstverständlichkeiten schocken: Unverheiratete Paare mit Kindern, ein schwuler Apotheker, bauchfreie Tops bei Teenagermädchen, lange Haare bei Teenagerjungs, das Wort «geil». Ich werde fast ein bisschen melancholisch bei dem Gedanken, dass es in unserer nahezu tabulosen Gesellschaft kaum noch möglich ist, mit Trivialem rebellisch zu wirken und echte Empörung zu erzeugen. Am Kaffee-Stammtisch geht das noch. Die verschiedenen Kuchenstücke auf den Tellern der Omas wecken nach dem Essen bei mir starke Gelüste auf eine gutbürgerliche Nachspeise. Ich frage die Kellnerin, ob ich die Dessertkarte sehen dürfe. Da das Kuchenangebot täglich wechselt und es deshalb keine Karte gibt, zählt sie die Produktpalette aus dem Kopf auf: «Ich habe Schwarzwälder Kirschtorte, Latte-Macchiato-Torte, Champagnercreme-Torte, Karamellcreme- und Himbeer-Quark-Sahne-Torte. Ach, und Zwetschgenkuchen.» Wer etwas Leichtes für die Mittagszeit möchte, ist hier genau richtig. Nach einem Blick in den Cholesterinspiegel bestelle ich den Zwetschgenkuchen und eine Tasse Kaffee.

«Draußen nur Kännchen», klärt mich die Bedienung auf, «Cappuccino geht auch so.» Dann eben auch so.

Das Paar am Nebentisch schweigt immer noch. Alle Krümel sind aufgetupft, der Mann stellt jetzt Serviettenspender und Zuckerdöschen in exakter Linie parallel nebeneinander. Seine Frau befreit stumm die Schenkel ihrer atmungsaktiven Wanderhose sorgfältig von einzelnen und eingebildeten Fusseln. Die Anführerin der Oma-Gang erzählt eine Geschichte, die sich vor zwanzig Jahren im Dorf zugetragen haben soll. Der ortsansässige Pfarrer wurde einmal von der klerikalen Reinigungsfachkraft versehentlich in der Kirche eingesperrt, heißt es da. Der Geistliche habe sich nach verschiedenen gescheiterten Befreiungsversuchen zum Kirchturm aufgemacht, um zu unchristlicher Uhrzeit, 15:38 Uhr, dort die Glocken zu läuten. Die gläubige Bevölkerung merkte recht schnell, dass etwas nicht stimmte, da weder ein Gottesdienst, noch eine Hochzeit oder Beerdigung anstand. So wurde der Pfarrer schließlich aus seinem Gefängnis befreit. Alle anderen Omas am Tisch kennen diese Geschichte natürlich, und es klingt so, als wäre ihre Nacherzählung permanenter Bestandteil eines anständigen Kaffee-Stammtisches. Jede erzählt ergänzende oder eigene Versionen der Sensation von damals. Vor zehn Jahren starb dieser Pfarrer übrigens. Die Kirchenglocken, welche die Messe zu seiner Beerdigung ankündigten, wurden um exakt 15:38 Uhr geläutet. Eine schöne Geschichte, deren Erinnerung von den alten Damen mehrfach mit einem «So war des damals» abgeschlossen wird.

Opelpilot und Opelbeifahrer halten sich rauchend und in Gedanken versunken an den Stielen ihrer Pilsgläser fest. Die Kellnerin bringt einen neuen Aschenbecher und nimmt den alten zur Entleerung mit. Auf der B500 war letzte Woche ein Blitzer aufgestellt, sagt der Fahrer mit verlorenem Blick auf dieselbe. Da wurde er geblitzt.

«Und, wie schnell?», fragt der Beifahrer.

«Hundertvierzig», antwortet der Fahrer nicht ganz ohne Stolz.

Da müsse er aufpassen, so etwas könne schnell den Lappen kosten, warnt ihn der Beifahrer. Der Opelfan bläst einen Rauchkringel in die Luft, nickt reumütig und sagt, dass das ja das Letzte sei, was er wolle. Dann bestellt er sein viertes Pils.

Zu meiner Sahne bekomme ich ein Stück Zwetschgenkuchen und das bestellte Heißgetränk. Mein Gaumen freut sich, mein Zwölffingerdarm zeigt mir den Mittelfinger. Der Nordic Walker vom Nebentisch hat jetzt die Schornsteine der Raffinerie in Karlsruhe entdeckt. Die kann man von hier auch sehen. Bei gutem Wetter. Man muss nur genau hinschauen. Seine Frau beeindruckt das nicht besonders. Wahrscheinlich, weil der Mann nicht weiß, wer die Schornsteine gebaut hat. Der Schmackhaftigkeit geschuldet, verdrücke ich meinen Nachtisch schneller, als Meister Erwin «Münster» sagen konnte, und genieße selig meine anschließende Übersättigung. Der Kaffee-Stammtisch löst sich auf, die Damen bezahlen und verabschieden sich. Es ist inzwischen kurz nach vierzehn Uhr, wahrscheinlich wird es für die Mädels langsam Zeit für das Abendessen.

Das Nordic-Walker-Duo hat ein Gesprächsthema gefunden. Es überlegt, wo man denn heute das Abendessen einnehmen könne. Beim «Gasthaus zum Löwen» sei es freitagabends zu laut, da könne man sich ja kaum unterhalten. Ansonsten würde man da ja schon gut sitzen. Ohne die Frage nach dem Austragungsort des Abendmahls final geklärt zu haben, bezahlen sie und attestieren der hiesigen Terrasse noch einmal einen tollen Blick. Bei gutem Wetter. Dann marschieren sie schwingenden Stockes weiter.

Ich bleibe noch ein bisschen sitzen und genieße die zu Recht gelobte Aussicht. Von hier oben kann man nicht nur die Vogesen, Bundesstraßen, Schornsteine und die Hütte vom alten Erwin sehen, man hat auch eine ausgezeichnete Sicht auf das Dorf.

Da liegt es, im Schutze der Weinreben, umrandet vom dichten Schwarzwald. Klein und friedlich schaut es aus. Unaufgeregt und unspektakulär. Es ist das kleine gallische Dorf aus den Asterix-Heften. Und es ist Deutschland. Und wenn man es mag, dann ist es auch schön. Vieles kann man hier nicht, aber man kann hier wirklich gut sitzen.

EPILOG

—

Wer ist eigentlich die Frau auf dem Cover des Buches, und warum trägt sie einen schwarzen Anzug?» Solche Fragen werden kommen, das weiß ich doch. Gestatten Sie mir daher bitte, werte Leserin, werter Leser, ein paar noch nicht gestellte Fragen ungefragt zu beantworten. Begeben wir uns dazu in die Kulisse einer fiktiven, allumfassenden Mega-Fernsehtalkshow und fingieren eine illustre Gesprächsrunde mit den besten und respektabelsten Moderatoren der Showbranche. Ein träumerischer Ausblick auf die unausweichliche Promo-Tour.

Vorspann. Applaus. Alle Gäste werden vorgestellt. Jeder hat ein Buch, eine CD, einen Film oder einen Skandal dabei. Die Sendung beginnt mit dem am wenigsten prominenten Gast.

Markus Lanz: «Herzlich willkommen, Pierre M. Krause. Schön, dass Sie da sind.»

Applaus. Markus Lanz moderiert professionell drüber und sieht mal wieder toll dabei aus.

Markus Lanz: «Herr Krause, Sie haben ein Buch geschrieben, das finde ich schon toll. Da beschreiben Sie in lustigen Kurzgeschichten das Leben in der Provinz. Sind das autobiographische Geschichten?»

Ich: «Alle Geschichten in diesem Buch entspringen zum größten Teil meiner Phantasie, basieren aber auf wahren Begegnungen oder tatsächlich erlebten Situationen. Manchmal sind es nur kleine Beobachtungen, geführte oder aufgeschnappte Gespräche und eben der dörfliche Alltag, der mich zu so einem Text inspirierte. Es gibt aber tatsächlich zwei, drei Geschichten, die nahezu genau so passiert sind. Welche das sind, behalte ich aber für mich.»

Thomas Gottschalk: «Mensch, mein Lieber. Das ist ja, also, ich bin ja selber schon überall gewesen, auf Dörfern, in Städten. In Amerika ist das ja alles anders, da kennt mich ja keiner, aber hier kennen sie mich alle, da wissen die, da kommt der Entertainer, das bist du dann auch beim Einkaufen oder Rasenmähen. Herrschaften, sag ich dann, jetzt ist er aber mal privat, und man macht es ja auch gerne. Pierre, du bist ja auch privat, aber immer auch im Dienst, und du machst Fernsehen, und jetzt schreibst du auch noch ein Buch, das hab ich ja so auch noch nicht gemacht, du schon, obwohl ich ja dein Vater sein könnte.»

Ich: «Stimmt.»

Sandra Maischberger: «Auf Ihrem Buchcover ist ein alter Mensch zu sehen, und es ist offensichtlich nicht Helmut Schmidt. Hand aufs Herz: Warum ist das so, und wer ist das?»

Ich: «Der wunderbare Rowohlt Verlag wollte, dass ich auf dem Cover des Buches auftauche. Ich war da eher skeptisch und schlug den Kompromiss vor, ein spontanes Fotoshooting mit der Fotografin meiner Wahl im und ums Dorf zu machen. So haben wir das dann auch gemacht. Bei der Motivsuche fiel mir ein altes Gebäude besonders auf, eine seit Jahren stillgelegte Bäckerei, an deren Fassade der Schriftzug ‹Bäckerei Konditorei› bröckelte. Der morbide Charme des Verfalls zog mich schon immer irgendwie an. Wahrscheinlich bin ich auch deshalb so lange der ARD treu geblieben.»

Das Publikum lacht. Günther Jauch zieht eine Augenbraue hoch und schaut wieder auf seine Moderationskarten.

Ich: «Wir schossen ein paar Bilder, bis sich ein Fenster öffnete, aus dem dann eine alte Dame neugierig blinzelte. Wir dachten, dass es jetzt bestimmt Ärger gibt, weil wir ja ohne Erlaubnis Fotos vor ihrem Haus machten. Doch das herzliche, zahnlose Lächeln dieser zuckersüßen Oma betitelte schnell das Gegenteil. Ich bat die sympathische Frau, doch zu uns herunterzukommen. Und so lernten wir Hilde kennen und waren gleich in sie verliebt. Jeder im Dorf kennt Hilde, und Hilde kennt jeden. Sie wusste auch genau, wer ich bin und wo ich wohne. Wir setzten uns auf eine Bank vor ihrem Haus und baten um die Erlaubnis, ein paar Bilder mit ihr zu machen. Sie willigte ein, und wir kamen in ein langes, interessantes und sehr nettes Gespräch.»

Frank Plasberg: «Im Faktencheck erfahren wir nach der Sendung mehr über Hilde. Aber vorher vielleicht eine kurze Beschreibung von Ihnen, Herr Krause: Wer ist Hilde?»

Ich: «Hilde war damals die erste Bäckermeisterin in der Region. In präemanzipatorischen Zeiten auf dem Land eine kleine Sensation. Hilde war quasi eine Karrieristin und somit dem einen oder anderen sicherlich suspekt. Und Hilde war und ist die gute Seele, die gerne half, immer ein offenes Ohr hatte und mit ihrem wunderbaren Humor einen Tupfer Farbe in die grauesten Zeiten bringen konnte. Während unserer Unterhaltung hat Hilde sehr viel gelacht und mich zum Lachen gebracht. Ein wirklich ansteckendes Lachen ist das.»

Stefan Raab: «Ja, ähm. Du hast jetzt also eine neue CD, nein... ähm, ein Buch geschrieben, oder was? Aha. Und ähm, diese Bäckerei? Gibt es die heute noch?»

Ich: «Die Bäckerei ist seit über zehn Jahren geschlossen. Die Einrichtung ist aber noch komplett erhalten. Wahrscheinlich hängt die Hilde noch sehr daran.»

Frank Elstner: «Mein lieber Pierre, dein Buch spielt ja im wunderbaren Baden-Baden. Sprichst du denn selbst auch Badisch?»

Ich: «Selbstverständlich. Allerdings nur äußerst selten. Die meisten Personen in diesem Buch und auf diesem Dorf sprechen übrigens tiefstes Badisch. So intensiv, dass ich oft Schwierigkeiten habe, Sinn und Inhalt des Gesagten zu verstehen. Ich habe mir daher erlaubt, das in den Dialogen der Geschichten drastisch abzuschwächen oder manchmal sogar ins Hochdeutsche zu übersetzen, um eine Massentauglichkeit für den Weltmarkt zu gewährleisten.»

Reinhold Beckmann: «Wie fühlt sich das an?»

Ich: «Gut.»

Harald Schmidt: «Vielen Dank, Pierre M. Krause. Morgen zu Gast: Bushido, er hat mehr Bücher geschrieben, als er gelesen hat. Danke fürs Zuschauen und bis zum nächsten Mal!»

Applaus. Abspann.

Hilde winkt.

DANKE AN

Jasmin, Mama, Papa, Susanne, den Rowohlt Verlag
und Hilde.

Das für dieses Buch verwendete FSC®-zertifizierte Papier
Lux Cream liefert Stora Enso, Finnland.